SIEGFRIED HOFMANN UND WILHELM REISSMÜLLER

INGOLSTADT

BILDDOKUMENTE DER STADT INGOLSTADT 1519–1930

INGOLSTADT

BILDDOKUMENTE DER STADT INGOLSTADT 1519–1930

HERAUSGEGEBEN VON
SIEGFRIED HOFMANN UND WILHELM REISSMÜLLER

VERLAG DONAU COURIER INGOLSTADT

©1981 by Verlag DONAU KURIER KG, Ingolstadt
ISBN 3-920253-14-0
Gesamtherstellung: Courier Druckhaus Ingolstadt
Printed in Germany

Inhaltsverzeichnis

Zum Geleit

Die beiden 1974 in unserem Hause erschienenen bibliophilen Bände INGOLSTADT
I und II (Herausgeber Professor Dr. Theodor Müller und Dr. Wilhelm Reissmüller
unter Mitarbeit von Dr. Siegfried Hofmann) fanden als bisher umfassendste Kultur-
und Kunstgeschichte der Stadt Ingolstadt ein uneingeschränkt positives und weites
Echo. Das wissenschaftliche Fundament dieses großangelegten Werkes schufen
Professor Dr. Theodor Müller, ehemaliger Generaldirektor des Bayerischen Nationalmuseums, und Archivdirektor Dr. Siegfried Hofmann.

Der vorliegende (imaginäre III.) Bildband INGOLSTADT trägt den Titel »Bilddokumente der Stadt von 1519 bis 1930«. Dieses Werk stellt gewissermaßen den äußeren
Abschluß von INGOLSTADT I und II dar. In seiner spezifischen Abbild-Thematik ist
dieser Band als Einzelopus eine Informationsquelle von besonderer anschaulicher Art.
Bilder dokumentieren durch ihre individuelle Aussage – was sonst kaum faßbar ist –
unbestechlich die Geschichte eines Gemeinwesens.

Vom Gesamtwerk her ging es mir um ein möglichst umfassendes kultur- und kunst-
geschichtliches Portrait der Stadt Ingolstadt. Dr. Siegfried Hofmann, der verdienstvolle
wissenschaftliche Direktor des städtischen Archivs, Initiator und Schöpfer des neuen,
unvergleichbar großartigen Ingolstädter Stadtmuseums, nahm meine Anregung zu
dieser vorliegenden Bilddokumentation mit Elan auf und legt nunmehr diesen Bildband
vor.

Der Stadt Ingolstadt (für Dr. Hofmann wie auch für mich zur schicksalhaften Heimat
geworden) widmen wir die aus dem Schoß geschichtlicher Vergangenheit wieder ins
Licht gebrachten Bilddokumente dieser Stadt. Möge dieses Werk der Information
dienen, nicht zuletzt aber dazu beitragen, in den Entscheidungen von heute und morgen
der Stadt Ingolstadt gerecht zu werden.

Ingolstadt, am 5. Juni 1981   Wilhelm Reissmüller

Vorwort

Das vorliegende Werk mit Ansichten Ingolstadts hat den Untertitel »Bilddokumente der Stadt«. Dies grenzt das Vorhaben gegen eine Bilddokumentation zur Geschichte der Stadt schlechthin ab, in der auch Urkunden oder Ereignisbilder ohne Wiedergabe des Stadtbilds ihren Platz hätten. Zum andern ist damit angedeutet, daß bei diesem Band dokumentarischer Charakter angestrebt ist. Nicht die ästhetische Qualität der Bilder war ausschlaggebend, sondern ihr dokumentarischer Wert. Das Buch ist also eher ein Urkundenbuch als ein Kunstbuch. Es möchte, soweit möglich, Aufschluß über das Aussehen der Stadt in früherer Zeit geben, ohne sich auf den topographischen Aussagewert zu beschränken. Nicht selten zeigt auch die formelhafte Wiedergabe älterer Bildvorlagen einen neuen Stellenwert an: sei es ideeller Art, sei es hinsichtlich der Rezeptionsgeschichte eines allgemein verbreiteten Ingolstadtbilds, das zu aktualisieren man andernorts nicht für nötig gehalten hätte.

Bei Werken dokumentarischen Charakters wird man nach absoluter Vollständigkeit streben. In diesem Falle hat sich spätestens bei den Bildern des 19. Jahrhunderts gezeigt, daß dies angesichts des schwer überblickbaren Privatbesitzes nicht erreichbar ist. Bei manchen Bildautoren war eine Auswahl unumgänglich. Daß die Bestände von Stadtarchiv und Stadtmuseum durch Abbildungen von Werken in Privatbesitz ergänzt werden konnten, ist dem Entgegenkommen vieler Sammler zu verdanken.

Zu größtem Dank fühle ich mich Herrn Dr. Wilhelm Reissmüller verpflichtet. Er hat die Anregung zu diesem Buch gegeben, er hat es in den verschiedenen Stadien des Entstehens begleitet und entscheidend geprägt. Was die Großzügigkeit der Ausstattung dieses Bandes betrifft, ist kein Wunsch offengeblieben.

Bilder der Stadt vor den Zugriffen des letzten Krieges und der Nachkriegszeit stimmen nachdenklich. Sie werden für Stadtplaner und Architekten zur Herausforderung. Bei weitem nicht alles, was seit 1945 entstanden ist, hält der Konfrontation mit dem Gesamtkunstwerk der alten Stadt stand. Hier gewinnen historische Stadtansichten eine unvermutete Aktualität.

Ingolstadt, im Juni 1981   Siegfried Hofmann

Die Stadt als Bild

Eine Stadt in alten Ansichten vorzustellen ist auf vielfältige Weise möglich: in einem Bildband der schlichten wie der prätentiösen Art, im wissenschaftlich fundierten Bilderatlas, dem vor allem an der topographischen Aussage gelegen ist, oder auch im anspruchsvollen Kunstbuch, das seinen Maßstab im Ästhetisch-Kostbaren findet. Doch noch immer scheint der Blick nicht weit und der Zugriff nicht konkret genug, um allen Dimensionen alter Städtebilder gerecht zu werden.

In der langen Reihe von Bildern einer Stadt spiegelt sich im Grunde das Verhältnis des Menschen zum Bilde, letztlich dasjenige des Menschen zu sich selbst, aber auch das dem Wandel unterworfene Lebensgefühl einer Zeit wie auch das geschichtliche Schicksal, das einer Stadt oder einem Landstrich zugefallen war. Unter diesem Aspekt mag nicht außer Betracht bleiben, wie lange es jeweils gedauert hatte, bis eine Stadt zum Bildgegenstand wurde. Man ist versucht, sowohl den jeweiligen Gründen der Bildlosigkeit wie dem vergessenen Aussehen einer Stadt in jenen vedutenlosen Zeiten nachzuspüren. Selbst die Jahrhunderte, aus denen sich Bilder einer Stadt in mehr oder minder großer Zahl erhalten haben, zeigen merkwürdige Vorlieben wie Aussparungen. Das Bild einer Stadt gewinnt somit Aussagekraft und Kontur gerade vor dem Hintergrund des nicht ins Bild Eingegangenen, ob dies nun die Stadt als Ganzes oder nur gewisse Sichtweisen oder topographische Details betrifft.

An Anlässen zur Abbildung einer Stadt gab es viele, nicht zuletzt im Bereich des Kultischen. Bild konnte Vergegenwärtigung des Abgebildeten am heiligen Orte bedeuten, und man wird diese Vergegenwärtigung angesichts mittelalterlicher Bildtheologie gerade wegen des ernst genommenen relativen Charakters des Bildes nicht hoch genug veranschlagen dürfen, ich erinnere an das »idem est honor prototypi quam imaginis«, das analog auch für das Bild als Opfergabe gilt[1].

Auf diese Weise erscheinen nicht selten Abbreviaturen von Städten und Abbilder von Kirchen in den Händen von Stiftern oder auch Heiligen. Für Ingolstadt hat sich aus vorbarocker Zeit kein Bild eines für die Stadt bedeutsamen Herzogs oder Heiligen mit einem Stadtbild erhalten. Es hält weder der von Niederaltaich übernommene heilige Mauritius ein Kirchenmodell in den Händen, ihm genügt wie im Siegel des Niederaltaicher Konvents der Schild mit dem feuerspeienden Panther über dem Dreiberg, noch übergibt Herzog Ludwig der Gebartete der Schönen Unserer Lieben Frau ein Modell seiner Herrschaftskirche. Man muß bis ins 17. Jahrhundert gehen, um etwa Maria vom Siege, den hl. Mauritius über der Stadt oder die Schuttermutter über Kirche und Kloster der Augustiner-Eremiten schweben zu sehen.

Es hatte ein Jahrtausend, vom frühen 6. bis zum beginnenden 16. Jahrhundert, gedauert, bis Ingolstadt zum erstenmal im Bild festgehalten wurde. Für ein volles Jahrtausend muß also für das Aussehen der Stadt die Vorstellungskraft des Lesers beschworen werden, wobei uns überdies für weite Strecken auch die Quellen im Stich lassen.

Die Ansiedlung des 6. Jahrhunderts – der Name Ingolstadt erklärt sich noch immer als Stätte des Ingold – hatte gewiß Streubesitz und eine gewisse Schwerpunktsbildung umfaßt, ohne daß wir Näheres über sie wissen. Mancherlei spricht dafür, daß das spätere agilolfingische, dann karolingische Kammergut, das 841 Ludwig der Deutsche zu einem wesentlichen Teil (»quasdam res proprietatis nostrae«) seinem Kanzler Abt Gozbald von Niederaltaich geschenkt hatte, auf die Zeit der sogenannten Landnahme und des frühen Landesausbaus im 6. Jahrhundert zurückgeht[2]. Auch erhebt sich die Vermutung, es könnten ebenfalls die späteren herzoglichen Höfe zu Ingolstadt, die die Urbare des 13. Jahrhunderts verzeichnen, ihre Wurzeln im herzoglichen Kammergut des frühen Landesausbaus haben[3].

Entscheidend für diese älteste Siedlung Ingolstadt war die Lage an Donau und Schutter gewesen, näherhin am nördlichen Arm des zwischen Ingolstadt und Manching in mehrere Gewässer zerteilten Stroms, dort, wo das Land von der Donau her ein wenig ansteigt, wo überschwemmungsfreie Siedlungsplätze und Wasser vorhanden waren und wo sich die Schutter zur vielfachen Nutzung anbot. Daß Ingolstadt bald als Brückenkopf eines Donauübergangs interessant wurde, für den fränkischen Zugriff etwa, mag einen vorbildlichen Ausbau des Kammerguts zur Folge gehabt haben, die »curia« von 841 hatte immerhin den Herrenhof, 22 Huben für Unfreie, Wohnstätten für die 12 Sintmannen etc. umfaßt, und 2 Kirchen: wohl die Vorläuferin der Kirche St. Moritz, ursprünglich wahrscheinlich unter anderem Patron, und die Marienkirche in Feldkirchen[4]. Der Herrenhof lag bei der Vorläuferkirche von St. Moritz, für die genannten Huben ist Streulage anzunehmen, ähnlich der Lage der späteren herzoglichen Höfe zu bzw. um Ingolstadt[5]. Letztere als Teil des herzoglichen Grundbesitzes, der keinesfalls erst zu Beginn der wittelsbachischen Herrschaft nach 1180 entstanden sein konnte[6].

Das Aussehen Ingolstadts bis zum Beginn des 13. Jahrhunderts dürfte deshalb die verstreut gelegenen, strohgedeckten Höfe in Holz- und Lehmbauweise ebenso umfaßt haben wie den Herrenhof und die Kirche von St. Moritz oder die Mühlen an der Schutter, wobei sich noch vor der Stadtwerdung im 13. Jahrhundert präurbane Schwerpunkte bei St. Moritz und beim alten Kornmarkt mit dem Georgskirchlein in Nähe der Schuttermühlen ausgebildet hatten[7].

Als Ingolstadt um die Mitte des 13. Jahrhunderts Stadt wurde, wurde ein rechteckiges Areal aus der locker mit Höfen besetzten Fläche gleichsam ausgeschnitten, mit Wall und Graben umgeben und in Verfolg der alten Straßen durch ein Straßenkreuz in Viertel geteilt, wobei die längere Ost-West-Achse der sich abzeichnenden Höhenlinie folgte[8]. Die beiden präurbanen Zentren wurden einbeschlossen: Kirche und Hof von St. Moritz und der alte Kornmarkt im Westen mit der Georgskirche (Schäffbräustraße), wobei in eben diesem Südwesteck Wall und Graben dem Schutterknie folgten[9]. Die Flächen entlang den rechtwinklig aufeinanderstoßenden Straßen wurden parzelliert, lediglich bei St. Moritz blieb infolge älterer Bebauung eine Unregelmäßigkeit erhalten[10], ein größerer Platz entstand hinter dem Süd- oder Donautor und ein geräumiger Burghof nördlich des Herzogskastens, der sich noch 1572/73 im großen Stadtmodell von Jakob Sandtner deutlich ablesen läßt[11].

Bescheiden hatte sich die Stadtkrone noch um 1260 gegeben: Über Wall und Graben ragten die Stadttore und vor allem die wehrhaften viereckigen Ecktürme hinaus, deren Aussehen noch das große Sandtnermodell der Stadt überliefert[12]. Im Herzen der Stadt stieg die 1234 geweihte Kirche St. Moritz mit dem Glockenturm empor, Kirche und Turm freilich noch niedriger als heute[13], die herzogliche Burg im Südosteck, der Herzogskasten,

Abb. 1   *Ingolstadt gemäß der Stadterweiterung von ca. 1360–1430 mit Eintragung des annähernd rechteckigen Grundrisses der Stadt des 13. Jahrhunderts.*

war noch im Bau oder schon fertig, aber auch er hatte noch einen stumpferen, wohl wenig geschmückten Giebel[14]. Man wird die Georgskirche mit dem Türmchen am Giebel gesehen haben[15] und hinter Wall und Graben wohl ein wenig von den Strohdächern der Häuser, letztere zumeist aus Fachwerk und Lehm; lediglich der 1258 neu erbaute Hof bei St. Moritz hatte bereits ein Hartdach und eine Mauer gegen Feuer, man hatte aus einem Brand die Lehre gezogen[16]. Doch herrschten gewiß auch weiterhin Strohdächer in der Stadt vor. Mit Urkunde vom 25. August 1362 hatte schließlich Herzog Meinhard verfügt, daß innerhalb des Grabens kein Strohdach mehr verwendet werden solle.

Doch blieb es nicht lange bei dieser bescheidenen Silhouette der Stadt. 1275 schenkte Herzog Ludwig der Strenge einen Riegel herzoglichen Landes unmittelbar nördlich der Stadt an die Franziskaner, die ein Klösterchen und eine riesige Kirche von der Länge einer Straße und von provozierend steiler Höhe erbauten[17]. 1319 stiftete Ludwig der Bayer das Spital und stellte ein Areal südlich von Wall und Graben zur Verfügung, eine erste Bauphase mag schon Kirche und Spital umgriffen haben[18]. 1330 erhielt Berthold der Wettstetter den Auftrag, das neue Spital zu zimmern und zu bauen, und von 1330 bis 1350 entstand wohl die heutige Spitalkirche, die im 14. Jahrhundert und 15. Jahrhundert noch   13 erweitert und umgestaltet wurde[19]. Mit Franziskanerkirche und Spital hatte die Stadt zwei mächtige Baukomplexe, vergleichbar dem Herzogskasten, gewonnen, große Bauvolumina hatten sich vor Wall und Graben geschoben.

Doch nun begann es in dieser Stadt, was die Höhenentwicklung anlangt, zu sprießen und zu wachsen: Den Franziskanern wollte es die Bürgerkirche, zu der die Niederaltaicher Patronatskirche St. Moritz ihrer Funktion nach fast selbstverständlich geworden war, gleichtun, man brachte die basilikale Anlage auf vergleichbare Höhe, zunächst den Chor noch in der 1. Hälfte des 14. Jahrhunderts, dann das Langhaus um die Jahrhundertmitte, der Glockenturm mußte nun ebenfalls hochgezogen werden, und auf das Südwesteck der Kirche setzte man wohl ebenfalls in diesem 14. Jahrhundert den städtischen Pfeifturm[20]; Ingolstadt hatte nun sein charakteristisches Turmpaar als Ausweis der Stadtmitte erhalten. Ein Kirchlein entstand 1384 an der Schutter an der Stelle der einstigen Judenschule und des Judenviertels[21]. Der Giebel des Herzogskastens wurde in der 2. Hälfte des 14. Jahrhunderts auf seine heutige, steile Form gebracht[22], zu mehr oder minder reichen Schaugiebeln wurden, dem zurückhaltenderen Beispiel der Franziskanerkirche folgend, die Giebel von St. Moritz, Spitalkirche und Herzogskasten, indem über die Giebel das Gestäbe der vorgelagerten, schmalen Lisenen gelegt wurde[23]. Türme und geschmückte Schaugiebel signalisierten herrscherlich-geistliche Orientierung: die herzogliche Burg und die Kirchen gaben überdies der Stadt Glanz und Krone und wiesen zugleich über dieses Irdische hinaus auf die himmlische Stadt der Verheißung[24].

Von 1358 bis ca. 1420 wurde die Stadt auf großzügige Weise erweitert[25]. Ein weitflächiges Polygon wurde um die alte Stadt geschlagen, das lediglich an der Donau etwas zurückwich, um Raum für die Lände zu geben. Herzog Ludwig der Brandenburger ritt selbst die neue Stadtgrenze ab[26], neue, schönere Tore entstanden: 1368 das alte Feldkirchner Tor[27], 1373 das Hardertor[28], 1385 das Kreuztor[29], 1430 das Donautor[30] und 1434 das neue Feldkirchner Tor[31]. Ungezählte Türme überragten die Mauer, Ingolstadt wurde zur »100türmigen« Stadt. Der polygonale Grundriß gab Kontur nach außen, grenzte sie gegen das Vorland ab, wo die »Ausbürger« saßen, umschloß aber auch schützend das sich mehr und mehr entfaltende städtische Leben.

Die neu hinzugewonnene Fläche eröffnete Raum nicht nur für Neubauten, sondern auch für Straßen, Plätze, Märkte und Kirchen. Zu langgezogenen Plätzen wurden die bisherigen Straßenerweiterungen hinter den alten Toren, die man abriß: beim Donautor der Salzmarkt (heute Teil des Rathausplatzes), beim Westtor der Weinmarkt (Theresienstraße) und die weite Fläche des Münsters, am Nordtor der schon bestehende neue Kornmarkt (bei der Franziskanerkirche). Andere Plätze entstanden entlang der einstigen Umwallung: am Holzmarkt und bei den Mühlen an der Schutter (bei der Schleifmühle)[32]. Die Stadt hatte auf diese Weise derart reichlich bemessenen Raum erhalten, daß 1572/73, 200 Jahre später, in den neu hinzugewonnenen Flächen die Häuser nur an den Straßen standen, dahinter aber viel Raum für Gärten geblieben war, ja, daß diese Fläche bis zum frühen 19. Jahrhundert den Bedürfnissen der Stadt Genüge tat[33].

Die Straßen und Plätze aber schmückten sich mit Häusern, deren Giebel zur Straße standen und selbst zu lisenengeschmückten Schaugiebeln wurden. Der Giebelschmuck hatte von Kirchen und Herzogskasten auf die Tore (Feldkirchner Tor und Donautor) und die bürgerlichen Häuser übergegriffen, im einfallenden Streiflicht mußten die Straßenwände an das Sprengwerk gotischer Altäre erinnern[34].

Die spätmittelalterliche Stadt, aus frommem Sinn und bürgerlichem Selbstbewußtsein entstanden, hatte ihr Genügen an sich selbst gefunden, keinem, weder einem Bürger noch einem Künstler des 14. oder 15. Jahrhunderts, wäre der Gedanke gekommen, sie zum eigenen Vergnügen oder zum Angedenken für die Späteren im Bilde festzuhalten. Und doch ist eine Einschränkung zu machen: Die zum Teil filigranhafte Schönheit der Stadt im Spätmittelalter klingt auf eine eigentümliche Weise in den beiden Stadtmodellen Jakob Sandtners von 1571 und von 1572/73 nach, die schon einer neuen Zeit angehörten[35].

Hatte in der Reihe der Ingolstadt-Bilder, wie angedeutet, schon jene Phase in der Geschichte der Abbildungen menschlicher Ansiedlungen gefehlt, die in symbolischer Verkürzung Vergegenwärtigung zu bewirken trachtete, sei es symbolhaft in Siegel und Wappen, sei es im Rahmen religiöser Bilder – der Ansicht Freisings auf dem Bilde des Todes des hl. Korbinian von Jan Polack (1484/89)[36] hat Ingolstadt nichts entgegenzustellen –, so fand sich auch noch im 15. Jahrhundert keinerlei profanes Interesse an einer Darstellung der Stadt.

Zur sachlichen Darstellung von Städten in profaner Sachlichkeit bedurfte es wohl einer neuen Geisteshaltung, die im Humanismus erwachsen ist. Man mußte Distanz zu sich selbst und zu seiner täglichen Umwelt gewinnen, mußte diese Umwelt als Ob-iectum, als Gegen-Stand, der einem real gegenübersteht und in seiner Objektivität abbildbar ist, empfinden; es mag kein Zufall sein, daß seit eben diesem 16. Jahrhundert das Wort Gegenstand in der heutigen Bedeutung in Gebrauch steht[37]. In Bayern, Ingolstadt eingeschlossen, wirkte die 1492 im Druck erschienene Ingolstädter „Antrittsrede" des Conrad Celtis als Weckruf aus jahrhundertelangem Schlafe[38]. Professoren und Schüler wurden beschworen, sich auf das Abenteuer von Bildung, Kunst, Wissenschaft und Weisheit einzulassen.

Im vorgelegten Bildungsprogramm aber stand die Kenntnis des eigenen Landes und des eigenen, angeborenen Wesens an zentraler Stelle: »Zu großer Schmach muß es Euch gereichen, die Geschichte der Griechen und Römer nicht zu kennen, die Höhe aber ist es, in der Lage von Gegend und Land, Gestirnen, Flüssen, Bergen, Altertümern, den Stämmen unseres Vaterlandes und in dem, was die fremden Schriftsteller über uns so sorgfältig gesammelt haben, unbewandert zu sein.«[39] »Schämt Euch, daß niemand sich heute unter Euch befindet, der den Anteil, den deutsche Tüchtigkeit beigetragen hat, der Ewigkeit übermittelt!«[40]

Bayerns Gelehrsamkeit hatte in der 1472 in Ingolstadt gegründeten Universität ein geistiges Zentrum erhalten[41]. Aventin gründete hier 1516 eine gelehrte Gesellschaft mit hochgemuter Zielsetzung, die »Sodalitas litteraria Angilostadensis«[42]. Derselbe Aventin wurde zum Geschichtsschreiber Bayerns schlechthin, er war der erste, der von sich selbst Abstand genug gewann, um in Worte fassen zu können, was bayerische Stammesart ausmacht. Philipp Apian schuf das erste große bayerische Kartenwerk[43], ein ehemaliger Ingolstädter Medizinstudent, Georg Forster, später Luthers Tischgenosse, wurde schließlich zu einem der bedeutendsten Liedsammler des 16. Jahrhunderts[44].

Das Beispiel der Universität mag auf die Stadt seine Wirkung nicht verfehlt haben. Auffallend genug, daß man dem 1493 angelegten Prachtband mit den Texten der städtischen Privilegien als Stifterblatt ein Bild sämtlicher Räte der Stadt einfügte, den beiden Porträtseiten aber lediglich ein Wappenbild voranstellte, das Ganze also gerade nicht in ein religiöses Bild einband etwa nach dem Vorbild des Stifterblatts der Matrikel der Ingolstädter Universität[45].

Dennoch scheint sich in Ingolstadt auch noch um die Wende zum 16. Jahrhundert kein Bedürfnis gezeigt zu haben, das Aussehen eben dieser Stadt im Bilde festzuhalten, wenn man von der ungeklärten Entstehungsgeschichte der erfrischenden Zeichnung von 1519 absieht. Nun muß um der Gerechtigkeit willen gesagt werden, daß Städteansichten damals, um 1500, ihren ersten und legitimen, wenn auch nicht ausschließlichen Ort in umfassenden Werken hatten. Das Aussehen von Städten wurde von übergeordneter Warte aus des Festgehalten- und Vermitteltwerdens wert erachtet, Städtebilder entsprangen deshalb zunächst weniger städtischen Aufträgen, erinnert sei an des Nürnberger Humanisten Hartmann Schedel Weltchronik von 1493 oder an Sebastian Münsters Cosmographia von 1544. Ingolstadt hatte wie manch andere bayerische Stadt wohl nicht genug an Glanz aufzubieten, um in diesen Werken gebührend vertreten zu sein, nicht einmal der weit über Bayerns Grenzen hinausreichende Ruf der Universität hatte hier verfangen.

So mußte es Sache des Landesherrn, des bayerischen Herzogs, sein, sich eine entsprechende Präsentation seines Herzogtums und seiner Städte angelegen sein zu lassen. Wiewohl Zufall, mag es doch nicht der tieferen Bedeutung entraten haben, daß die zweite erhaltene Darstellung der Räte der Stadt Ingolstadt von 1504 die Räte der Stadt bei der Huldigung vor den Herzögen Albrecht und Wolfgang zeigt[46]. Wohl und Wehe einer landesherrlichen Stadt hingen zu einem wesentlichen Teil vom Landesherrn ab, hier hatte die städtische Autonomie eine eindeutig gezogene Grenze[47].

Der bayerische Herzog jedenfalls sah die Bedeutung einer bildhaften Dokumentation der Städte seines Landes. Für die große Landesaufnahme durch Philipp Apian wurden Stadtveduten geschaffen. Von den ersten Entwurfszeichnungen blieb leider nur ein Teil erhalten, auch hat sich das Kartenwerk nur in der verkleinerten Form des in Ingolstadt erschienenen Atlasses, der »Bairischen Landtaflen« von 1568, erhalten[48]. Aber noch die in Holz geschnittenen Atlasblätter bieten auf die Weise der Abbreviatur kleine Stadtveduten, die auf eine fast traumwandlerisch sichere Weise aufs Wesentliche zielen. Es schließen sich die herzoglichen Aufträge für die großen Stadtmodelle der Haupt- und Residenzstädte an: München, Landshut, Straubing, Burghausen und Ingolstadt[49], wobei sich im Falle Ingolstadt der Rat der Stadt auch zu einer Abkonterfeiung in kleinerem Maßstab, die sogar vor der großen Ausführung für den Herzog fertig wurde, bewegen ließ[50]. Die Städtebilder in der Residenz in München von ca. 1590 und die Monatsteppiche von Peter Candid führten diese Linie auf eine großartige Weise weiter, und noch die umfassenden bayerischen Topographien von A. W. Ertl[51] und M. Wening[52] sind von dem gleichen Impetus einer Darstellung des ganzen Landes getragen.

Nicht alle Züge dieser Stadt, ihre geographische Lage und bedeutsamen Auftritte auf der großen Bühne der Geschichte sowie ihre topographischen Eigentümlichkeiten fanden gleichermaßen und zu allen Zeiten Eingang ins Bild. Daß Ingolstadt *an der Donau* liegt, wußte man zwar seit eh und je, doch wechselte der Grad, in dem man sich dieser Gegebenheit bewußt war. Die Donau als Siedlungsweiser, als Weg – sei es als Fluß oder hinsichtlich der strombegleitenden Straßen –, als Lastenträger, als Reiseweg und als übergreifender Bogen, der Völker und Kulturen umfaßte, bietet ein Thema, das wegen seiner Vielfalt kaum auszuloten ist. Herzog Ludwig der Gebartete, der mit Schloß (1418) und Münster (1425) eine Residenzstadt aus dem Boden zu stampfen gedachte, war in jenen Jahren in Wien gewesen[53]. Die sogenannte Donauverlegung – nach 1360 wurde der unmittelbar an der Stadt vorbeiführende Arm zum verbindlichen Flußweg ausgebaut – und das allgemeine Stapelrecht von 1407 trugen zur wirtschaftlichen Aufwertung der Donau für Ingolstadt bei[54]. Was die Donau für Wissenschaft und Kunst bedeutete, es sei wenigstens daran erinnert, was die Universitäten Ingolstadt und Wien verband, ist bestenfalls noch zu ahnen.

Rätselhaft blieb es nicht wenigen, daß diese Stadt an der Donau nicht zu größerer Wirtschaftsblüte kam. Schon Kurfürst Maximilian hatte deshalb Ingolstadt unverblümt die Leviten gelesen[55], und noch im 18. Jahrhundert wunderte man sich über dieses Phänomen, auch wenn sich etwa der »Antiquarius« von 1785 wesentlich zurückhaltender liest als die Strafpredigt des Kurfürsten gut ein Jahrhundert früher: »Der Stadt Ingolstadt ist von langen Jahren her die Stapelgerechtigkeit verliehen worden, welche den Bürgern den guten Vortheil gibt, daß alle Schiffe, die mit Stahl, Eisenwaaren oder andern Kaufmannsgütern den Donaustrom hinauf fahren, allda anländen, und drey Tage stille liegen, ihre Waaren den Bürgern feil bieten, und um einen billigen Preis überlassen müssen. – Es ist aber Schade, daß ungeachtet diesem Recht die Stadt dennoch nicht volkreich ist und zu wenig Einwohner hat, daher auch wenig Nahrung gibt.«[56] Ein Mangel an gewerblicher Tüchtigkeit schien diesem Volk der Bayern anzuhaften, das in einem Lande zu leben das Glück hat, von dem laut Staats-Geschichte von 1743 das Sprichwort sagte, daß in ihm das Gold auf den Bäumen wachse und das Silber aus dem Wasser gesotten werde, daß hier ferner an Getreide, Salz, Obst, Schweinen, zahmem und wildem Vieh kein Mangel sei, und was an Wein abgehe, Franken und Österreich in großer Menge lieferten[57].

In der Tat mochten viele Gründe an diesem Mangel an Geschäftstüchtigkeit die Schuld tragen, ganz zu Unrecht mag der an Aventins Beschreibung der baierischen Stammesart erinnernde Hinweis auf die ererbte Wesensart der Bayern und Ingolstädter im besonderen – wie er sich z. B. in den »Donau-Fahrten« von J. A. Schultes von 1819 findet – nicht gegeben sein: »Handel hatte die Stadt, ungeachtet ihrer trefflichen Lage und des Stapelrechtes, nach welchem jedes Schiff hier drey Tage lang, wenn es die Bürger so wollten, liegen bleiben mußte niemahls gehabt und wird ihn schwerlich jemahls bekommen. Handelsgeist liegt nicht im Charakter des Baiern; nur Römer konnten hier dem Mercur einen Tempel bauen: auch noch heute zu Tage sind die ersten Handelshäuser in Baiern in den Händen der Ausländer.«[58]

Ob nun Ingolstädter Bürger aus der Lage an der Donau in unseren oder auch der Zeitgenossen Augen den rechten wirtschaftlichen Nutzen gezogen hatten oder nicht, die Donau und die Lände sind über Jahrhunderte fast unverzichtbares Ingrediens aller Ingolstadt-Ansichten, die Schauseite der Stadt schlechthin ist die nach Süden. Zwar wurde Ingolstadt im Regelfall als eine bayerische Stadt ausgegeben, doch war sie stets auch die Stadt, »wo die Donauwasser fließen«[59]. Es gibt überdies Bilder, in denen die Donau als so mächtig gesehen wird, daß diese derart aufgewertet wird, daß sogar die Stadt darüber in den Hintergrund tritt. Die Donau gewann auf diese Weise schon zu Ingolstadt gelegentlich das Pathos des großen Stromes, dies gilt von den hervorragenden Blättern des »Theatrum Danubii« von 1734 ebenso wie von solchen des frühen 19. Jahrhunderts.

Neu für das 18. und 19. Jahrhundert freilich wurde, daß die Donau in zunehmendem Maße Anlaß zu Beschreibungen und Bildfolgen gab: länder- und völkerübergreifend, vom Ursprung bis zur Mündung ins Schwarze Meer, vom »Theatrum Danubii« von 1734 und dem »Antiquarius« von 1785 über Gignoux, Schultes, Wolff, Beattie, Duller und Heksch bis in unsere Tage.

War man sich in Ingolstadt der Lage an der Donau zweifelsohne jederzeit bewußt gewesen, so war man deshalb noch lange nicht in Jubel über die *Schönheit der Lage* der Stadt ausgebrochen. In der Tat sprach man dieser Stadt lange Zeit jeglichen landschaftlichen Reiz ab, eigentlich war es erst unser Jahrhundert, das die sich nicht in Szene setzende Schönheit etwa der Auwälder entdeckte. Der Grund mag darin gelegen haben, daß dieser Landschaft ein ins Auge springendes Relief fehlt, Ingolstadt mangelt es an Bergen.

Den Anstieg des Donaubeckens im Norden und Süden nimmt das Auge kaum wahr. Daß die Ost-West-Achse der Stadt im Verlauf von Ludwig- und Theresienstraße einer Höhenlinie folgt, wird selten bewußt, ist aber der Grund dafür, daß die Stadtkrone – wie sie viele Stiche darbieten – weithin sichtbar über die Mauern aufsteigt.

Das flache Land rings um die Stadt wurde zwar häufig, aber doch keineswegs immer als abträglich empfunden. Wir können dank der erhaltenen Reisebeschreibung der Gebrüder Friedrich und Johannes Wladislaw von Dohna von 1592 noch nachempfinden, wie die Universitätsstadt auf die jungen böhmischen Adligen gewirkt hatte. Ihre Schilderung hebt an: »Ingolstadt, eine Stadt an der Donau, liegt in schöner und heiterer Ebene, hat sehr gesundes Klima, so daß die Pest dort nicht oft wütet; gegen Süden erblickt man eine weite Tiefebene, gegen Norden Gärten und Wiesen. Es ist dies eine sehr feste Stadt, wie sie nur in Deutschland sein kann.«[60]

Die in Frankfurt erschienene »Staats-Geschichte des Durchl. Chur-Hauses Bayern« von 1743 rühmt noch die Schönheit der Lage der Stadt: »Sie ligt gar eben, ausgenommen gegen der Donau. Die Gegend herum ist schön und hat einen herrlichen Getreyde-Boden.«[61] Oder, um ein Beispiel der Aufklärung zu zitieren, der »Antiquarius des Donau-Stroms« von 1785: »Nach München und Landshut ist Ingolstadt heut zu Tage die beste, oder wie sie sich lieber nennen läßt, die dritte Hauptstadt des Herzogsthums Bayern. Sie gehört unter die Regierung München und liegt an der pfalz-neuburgischen Gränze, hart am Donaustrom, 4 Stunden unterhalb Neuburg und eben so weit oberhalb Neustadt, in einer großen, schönen und flachen Ebene, ausgenommen, daß solche an theils Orten mit Morast und Gebüsche umringt, durch welche Ebene wie auch durch die Stadt der Schutterfluß nach dem Donaustrom zufliest.«[62]

In unmittelbarer Nähe der Stadt scheint diese Ebene, wie es einer Festung gebührt, leer, der Auwald tritt nicht unmittelbar an die Stadt heran. Es gibt Bilder, gerade aus der Zeit um 1810, die die freie und lichte Weite des an die Stadt grenzenden Umlands nacherleben lassen.

Das 19. Jahrhundert empfand eben dieses freie Land als reizlos, ja öde. »Die eintönige Gegend um Ingolstadt«, so warnte das Handbuch für Reisende auf der Donau von J. A. Schultes von 1819, »die die Umgebungen dieser Stadt auch in ihren glücklichen Tagen so langweilig machte, wie sie in der Regel um jede Festung sind, ist jetzt noch trauriger als jemahls. Fast sollte man fürchten, diese Stadt würde nach und nach wieder das, was sie vor beynahe 1000 Jahren war, als Ludwig II., der Deutsche genannt, Ingolstadt den Mönchen zu Nieder-Altaich im Jahre 851 schenkte. Damahls war es nähmlich ein Dorf, und keine villa regia als Stadt ... «[63] Verschiedentlich abgetönt, findet sich dieses Urteil bei vielen Autoren. Die Ansichten der Stadt werden vielleicht gerade deshalb zuweilen angereichert, Kunike z. B. füllt das westliche Gelände der Stadt seiner Vorlage gegenüber mit Busch und Baum auf, andere wie Gignoux hinterlegen die Silhouette der Stadt mit waldigen Höhenzügen.

Ingolstadt war *Festung*. Schon der fränkische Zugriff auf das alte Herzogsgut rief die strategisch bedeutsame Lage Ingolstadts ins Bewußtsein[64]. Die verschiedenen Befestigungen der Stadt im 13. und 14. Jahrhundert hatten stets auch eine über die städtischen Belange hinausgehende Dimension, was in der Requirierung von Arbeitern für Ingolstadt, etwa im Rahmen der spätgotischen Umwallung, deutlich wurde[65]. Noch auffallender tritt dieser Sachverhalt bei den Festungsbaumaßnahmen im 16. Jahrhundert zutage. Die Geschichte der Landesfestung erst mit der Grundsteinlegung 1828[66] beginnen zu lassen, entspringt wohl einem zu modernen Blickwinkel.

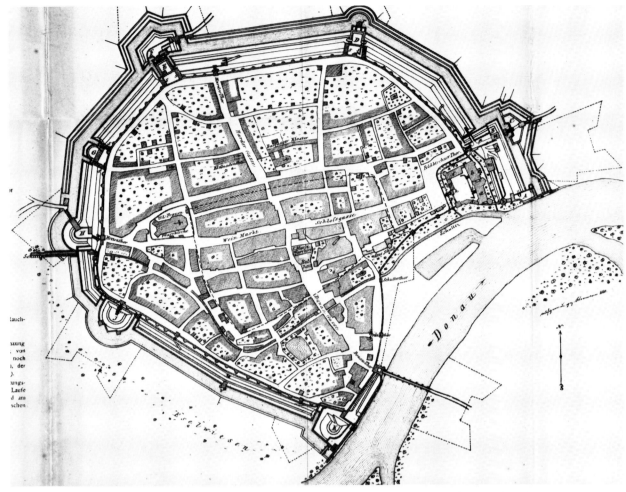

Abb. 2   Die „Renaissancefestung" mit Basteien, Niederwall und zusätzlichem zweiten Grabenring unter
Beibehaltung der spätmittelalterlichen Mauer.

Die viele Jahrhunderte umgreifende Geschichte der Festungswerke wirft natürlich auch
die Frage nach dem ästhetischen Aspekt auf. Und hier ist anzumerken, daß die Festung
nicht zu allen Zeiten allen schön dünkte. Wohl hätte man von der »hunderttürmigen«
Stadtumwallung der Spätgotik schwärmen können, jedoch war wohl für den mittelalterlichen Bürger der Stadt kein Anlaß dazu vorgelegen. Jedenfalls muß die turmreiche
Mauer mit ihren Toranlagen zusammen mit der Stadtkrone ein prächtiges Bild ergeben
haben[67].

Die 1539 grundgelegte Renaissancefestung[68], die an allen Eckpunkten des Polygons der
Stadtumwallung mächtige Bollwerke eingefügt und einen neuen Graben und einen Niederwall um den mittelalterlichen Wall und Graben gelegt hatte, war von einer strengen,
funktionalen Schönheit, von der das Modell der Stadt von 1572/73 Zeugnis gibt[69].

Das 17. und das 18. Jahrhundert hatten großzügige und weitläufige bastionäre Anlagen
hinzugefügt, die 1800 auf französisches Geheiß geschleift wurden[70]. Diese »barocke Festung« wurde von ungezählten Autoren gerühmt, die »Staats-Geschichte« von 1743
nennt sie »anjetzo die beste Vestung in gantz Bayern«[71] und der »Antiquarius« von 1785
»eine starke, auch dermalen eine Hauptfestung, ja die festeste Stadt in ganz Bayern«[72].
Derartige Urteile müssen neben die »Reise durch den Baierschen Kreis« gelegt werden,
in der Johannes Pezzl mit der Stadt und Festung seinen Spott getrieben hatte[73].

In vielen Bildern hatte der Festungscharakter Ingolstadts Berücksichtigung gefunden,
auch wenn die dokumentarische Vollständigkeit des Sandtnerschen Stadtmodells von   19

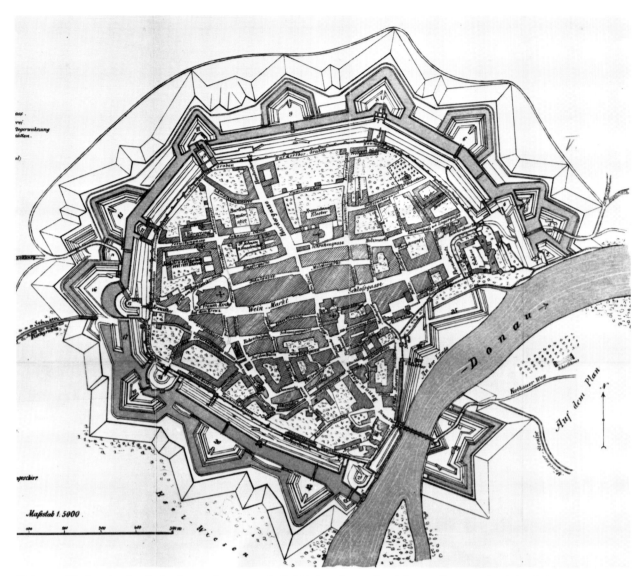

Abb. 3 *Die bastionäre Befestigung des 17. und 18. Jahrhunderts, die sich um die spätmittelalterliche Mauer und die Basteienbefestigung des 16. Jahrhunderts gelegt hatte.*

1572/73 von keiner Vedute erreicht wird. Ingolstadt ist in fast allen Ansichten des 17. und 18. Jahrhundert die mit Wällen und Bastionen gegürtete Stadt.

Wir können den Eindruck, den diese Festung auf Fremde gemacht hat, kaum noch nach-vollziehen. Der Bogen rühmender Beschreibungen reicht vom 16. bis zum ausgehenden 18. Jahrhundert, Pezzl ausgenommen. Wie nahe Glanz und tiefer Fall zuweilen beiein-anderlagen, erfuhr Ingolstadt, als die bastionären Festungsanlagen im Jahre 1800 auf französischen Befehl niedergelegt wurden[74]. Die vielgepriesene Festung bot fast über Nacht ein Bild der Verwüstung. Die Stadt schien hinter Schuttbergen zu versinken. Pläne jener Zeit lassen bestenfalls das Ausmaß der Zerstörung ahnen, kein Maler oder Kupfer-stecher hat dieses Gegenbild einer menschlichen Ansiedlung im Bilde festgehalten.

Ein Pamphlet von 1801 gegen die Rückverlegung der Universität nutzte die Schwäche und Wehrlosigkeit der Stadt zur flammenden Anklage: »Ingolstadt ist keine Festung – aber ein abschreckender Steinhaufen! Man lege ein Haus planmässig ein und betrachte den Schutt – schließe davon auf das Gräul der Verwüstung einer ohne Plan, in gröster Eile zerstöhrten Festung! Einer Zerstöhrung, die viele Monathe lang vier tausend Hände beschäftigte, bey der viele unterirdische Gewölbe mit ungeheurer Gewalt des Pulvers ge-sprengt wurden, wo alles wie im Chaos vor der Schöpfung da liegt. – Soll ein Ort, der wegen Koth und Schutt kaum zugänglich ist, dessen Ruinen dem Ankömmling ein Grab verkünden, dessen Äußeres jeden mit Schaudern und Entsetzen erfüllt, soll der ein Sitz der Musen seyn?«[75] Früher – es ist von einem allein zum Schuträumen nötigen Jahrzent die Rede – die Universität nach Ingolstadt zu legen, hieße sie in Staub und Schutt vergraben und gliche »einer Deportation mehr als einer Translocation«[76].

Eng mit der Geschichte der Befestigung verknüpft erscheint diejenige der *kriegerischen Geschehnisse*. Es sind vor allem zwei Ereignisse, die bis ins 19. Jahrhundert den festen Bestandteil von Ingolstadt-Beschreibungen bilden: das Heerlager vor Ingolstadt mit Kanonade 1546 im Schmalkaldischen Krieg und die ruhmvoll widerstandene Belagerung Ingolstadts durch Gustav Adolf im Jahre 1632, später wird auch noch gelegentlich von den Geschehnissen 1704 und 1742 berichtet[77]. Es entstand die Rede von der jungfräulichen Festung oder der Festung als Jungfer, die sich wie ein roter Faden durch die Literatur über Ingolstadt zieht.

Der Autor der 1784 erschienenen »Reise nach Wien« fühlte sich gerade angesichts dieses Anspruchs zu einem Vergleich mit Rom bewogen[78]. Schon der Einzug in die Festung hatte ihn an den Eingang der Engelsburg erinnert, der Verfasser fährt sodann fort: »... man behauptet, Ingolstadt wäre noch Jungfer, die Engelsburg ist es nicht.«[79] Pezzl hatte nicht zuletzt dieser Anspruch in seiner anonym erschienenen »Reise durch den Baierschen Kreis« zu folgendem Ausfall gereizt: »Die Bayern sagen, Ingolstadt sey noch eine Jungfer. Dies läßt sich jetzt nicht mehr behaupten. In ihren jüngeren Zeiten war diese Festung wirklich sehr standhaft. Gustav Adolf besonders hat ihre Sprödigkeit sehr empfindlich erfahren. Allein in ihren ältern Tagen glich sie auch den alternden Jungfern; sie ergab sich gutwillig ihren Eroberern.«[80]

Trophäe aber der unbesiegbaren Festung wie der widerstandenen Belagerungen blieb der »Schwedenschimmel«, das noch immer erhaltene Pferd, das Gustav Adolf vor den Toren Ingolstadts unterm Leibe weggeschossen wurde[81]. Nicht wenigen Reisenden des 18. bis 20. Jahrhunderts wurde es vorgeführt. Wie schrieb doch der Verfasser des 1703 in Frankfurt und Leipzig erschienenen Werks »Chur-Bairen«? »Doch darf sich niemand verdriessen lassen, wo man ihm, wann er sich, woher er seye, zu weit herausgelassen, am allerersten das ausgestoppte und ausgefütterte Leib-Pferd des Königs in Schweden Gustavi Adolfi zeigen wird, welches, als er vor diesem Ort Anno 1632 gelegen, durch eine Falckonet-Kugel unter ihm erschossen wurde.«[82]

Diese »Ereignisbilder« von Belagerungen und Kanonaden von 1546, 1704 und 1743 haben einen anderen Stellenwert als topographisch fundierte Veduten. Hier kam es auf die erzählfreudige Schilderung von Aufsehen erregenden Geschehnissen an, die Zeichner und Stecher wendeten zuweilen an die topographischen Details so wenig Mühe, daß die Ansichten der Stadt wie in dem beliebten Stich bei Hortleder zu reinen Phantasiebildern werden, rühmliche Ausnahme bleibt Mielichs Riesenholzschnitt von 1549.

Die die Krone der Stadt bestimmenden *großen Bauten* freilich, die mit dem Schloß (Baubeginn 1418)[83], der Kirche zur Schönen Unserer Lieben Frau (Grundsteinlegung 1425)[84] und dem Pfründehaus (1434/38) Ausdruck des herrscherlichen Willens des Ingolstädter Herzogs Ludwig des Gebarteten waren, hatten zu allen Zeiten den Fremden Bewunderung oder zumindest Respekt abgenötigt, selbst noch im 19. Jahrhundert vor dem nachempfindenden Wiederaufleben des gotischen Stiles. Ertl etwa schildert das 1675 ff. barockisierte Münster als »ein treffliches, sehr liechtes Gebäu, welches innwendig vor wenig Jahren gar schön ausgeputzt«[85]. 1799 notierte ein Reisender, daß Ingolstadt »im Ganzen ein hübscher Ort« sei, »mit einer Menge guter Gebäude, worunter sehr ansehnli- 21 che Kirchen und Klöster« seien. Besonders aber sei ihm die »erste Pfarrkirche« aufgefallen: »ein großes Gebäude von edler Einfalt, in einem sehr guten gothischen Style«[86]. Auch dem »Antiquarius« von 1785 galt die einstige Burg als »das große und feste Schloß, welches Herzog Georg der Reiche, ein Sohn Herzog Ludwigs des Reichen, erbaut, darinnen der herzogliche Statthalter seinen Sitz hat«, und das Münster als »ein überaus prächtiges Gebäude und Werk«[87]. Diese Großbauten bestimmen seit je die Krone der Stadt, kein Wunder, daß sie nahezu in allen Ansichten gebührend berücksichtigt wurden.

Ganz anders verhält es sich mit den Gebäuden der 1472 gegründeten *Universität*. Da die »Hohe Schule«, das von Ludwig dem Gebarteten erbaute Pfründnerhaus, tiefer als das Münster liegt, spielt es in den Veduten keine dominante Rolle. Wohl kann man ihr damaliges Aussehen an Hand des Sandtner-Modells von 1572/73 auch noch im einzelnen nachprüfen, auf Bildern aber sucht man sie fast vergebens. Und doch muß das Gebäude Eindruck gemacht haben, auch wenn die Pläne für einen Neubau 1694/95 durch Zuccalli[88] nicht Realität geworden waren. Die Schönheit der Räume ist angesichts des erhaltenen Äskulapfreskos des späten 15. Jahrhunderts und der Rektoratsübergabebilder von 1589[89] nachempfindbar, 1746/50 war das Haus schließlich barockisiert worden[90], die festliche Anatomie war 1723 bis 1735 hinzugekommen[91].

Im späten 18. und 19. Jahrhundert hatte man sich über diese Universität wegen des zeitweiligen Einflusses der Jesuiten derart rufmordend ereifert, daß I. A. Schultes 1819 in seinen »Donau-Fahrten« bemerkte, daß diese trotz aller üblen Nachrede doch mehr Achtung verdiene »als manche andere Universitäten, an welchen viel Geblöckes und wenig Wolle ist«[92]. Und Schultes fuhr fort, man sei eben »im Norden gewohnt, die süddeutschen Universitäten auf alle nur mögliche Weise zu verkleinern«[93]. Erst ganz spät, im 19. Jahrhundert, erfuhren alle Gebäulichkeiten, die irgendwie mit der Universität zu tun hatten, in dem von Prof. Schafhaeutl, einem gebürtigen Ingolstädter, besorgten Bande von Ansichten eine romantisch-liebevolle Reverenz[94].

Das Kloster der Jesuiten[95] hatte es demgegenüber ein wenig leichter, es fand immerhin auf repräsentative Weise Eingang in die Weningsche Topographie. Die Kostbarkeit des Oratoriums der Akademischen Marianischen Kongregation, heute Maria de Victoria[96], hatte sich von vorneherein für eine Abbildung nicht sehr geeignet, auch war man des barocken Kleinods in einer nüchternen Zeit ohnedies rasch überdrüssig geworden. Aus dem abwertenden Urteil eines Reisenden von 1799 scheint uns heute arroganter Unverstand zu sprechen, es wurde aber weithin gelesen und wohl auch nachgebetet: »Der Geschmack der Verzierungen ist schlecht, denn man hat mehr auf Glanz und Schimmer, als auf wahre Schönheit gesehen«, auch wenn dann zugegeben wird, daß es immerhin ein Gebäude sei, »wie Sie auf keiner protestantischen Universität eins finden«[97].

Merkwürdig lange hat es gedauert, bis die verhaltene Schönheit dieser Stadt, wie sie sich in den *Straßen und Plätzen* als Ort und Schauplatz urbanen Lebens entfaltete, ins Bild einging. Die repräsentativen Darstellungen noch des 18. Jahrhunderts zeigten die Stadt von ihrer Schauseite, d. h. von außen, gegürtet mit den Mauern und Festungen und mit Türmen gekrönt. Das Innere der Stadt schien nicht repräsentativ genug, zu wenig geeignet, Staat zu machen; nicht ohne Grund zeigt Wenings Topographie Straßen und Plätze von München und Landshut, nicht aber von Ingolstadt. Und doch muß diese Stadt in ihren Straßen auch Schönheit eingefangen haben. Die lisenenbelegten Schaugiebel der Bürgerhäuser, wie wir sie im Sandtner-Modell verewigt finden – das Ingolstädter Bürgerhaus steht mit dem Giebel, nicht mit der Traufe zur Straße –, hatten einst den Straßenzügen etwas vom Gepränge sakraler Werke verliehen. Das 17. und das 18. Jahrhundert gestalteten diese gotischen Häuserzeilen im modernen Geschmacke um. Wohl hatte das Ingolstädter Bürgertum auf den Aufwand des Stuckes an seinen Häusern verzichtet, dennoch hatten diese Häuser der Farbe, anscheinend auch der Fresken nicht entraten. »Im übrigen hat diese Stadt so ziemlich dauerhafte und bequem erbaute Häuser, die mehrentheils weiß angestrichen und auswendig bemahlet sind, die Gassen breit, gerade und sauber, auch das Pflaster gut, so daß alles wohl in das Auge fällt.«[98] Und ein halbes Jahrhundert früher: »Die Häuser sind meistentheils auswendig gemahlt oder weiß angestrichen, die Gassen breit und gerade, auch das Pflaster gut, und fällt alles gar wohl in die Augen.«[99] Oder im Hinblick auf Schönheit und Gebrauchswert in »Chur-Bairen« von 1703: »Sie (Ingolstadt) hat saubere und breite Strassen, und obschon nicht alle Häuser zur Herrlichkeit und Zierde gebauet sind, so siehet man doch, daß die Bequemlich- und Dauerhaftigkeit wenig dran seyen vergessen worden.«[100]

Im *19. Jahrhundert* hatte sich eine völlig neue Situation ergeben. Der wirtschaftliche Fall Ingolstadts ins schier Bodenlose durch den Verlust der Universität und das Schleifen der Festung im Jahre 1800 hatte vergessen lassen, daß einem gelegentlich beides, vor allem aber die Festung, auch zur Last geworden war.[101] Als 1828 der Grundstein zur neuen Festung, der Landesfestung neuen Gepräges, gelegt wurde, kannte jedoch der Jubel in der menschenleeren Stadt – nicht wenige Reisenden notierten dies – keine Grenze mehr, man witterte neuen Wohlstand[102].

Diese Festung – südlich der Donau im Rundsystem, nördlich im Polygonalsystem errichtet[103] – setzte neue Maßstäbe nicht nur in fortifikatorischer Hinsicht, sondern auch durch architektonische Schönheit und handwerkliche Perfektion. Eduard von Schenk, der kunstsinnige Zeitgenosse, hatte am 6. März 1832 voll Bewunderung an König Ludwig I. geschrieben: »Obwohl Laie im Fache der Fortifikation, hat mich dieses Riesenwerk auch in anderer Beziehung, namentlich in architektonischer, mit Bewunderung erfüllt. Das Reduit und die drei anderen zur Veste Tilly gehörenden und schon sehr vorgerückten Türme sind wie für die Ewigkeit gegründet und, ungeachtet der kolossalen Dimensionen, von einer Schönheit der Form und Eleganz der Ausführung, verbunden mit einer Großartigkeit, wie sie nur bei den Riesenwerken der Römer gefunden wird.«[104]

Es mag verwundern, daß diese Festungswerke von funktionaler Schönheit und nahezu römischer Gesinnung keinen würdigen Niederschlag in Ansichten gefunden haben, doch mögen hierfür militärische Bedenken im Spiele gewesen sein. Was außer Plänen und exakten Rissen auf uns gekommen ist, sind im wesentlichen »Ereignisbilder«, die zu Erinnerungszwecken gedient haben mögen: von der Grundsteinlegung im Jahre 1828 und den Baumaßnahmen um 1840 mit dem ameisenhaften Gewimmel der nach Tausenden zählenden Arbeiter bis zu dem Gefangenenlager von 1870/71.

Gerade dieses Säkulum war es auch, das Sinn für das »Altdeutsche« der in Jahrhunderten gewordenen Städtebilder hatte, die nicht barocken Repräsentationsgelüsten adäquat gewesen waren. Zu dem bewußten Sicheinnisten, Heimischwerden der »Zugereisten« – Haubenschmid[105] und Schröpler[106] vor allem – kam ein liebevolles Eingehen auf die topographischen Details. Nie zuvor hatte man die Augen für die Details der Straßen und Plätze der Stadt so offen gehalten. Dies führte dazu, daß diese Bilder über den Stimmungsgehalt hinaus von hohem dokumentarischen Werte sind. Die mittelalterliche Festung gewann damals neue Freunde, dennoch konnte man dem Abbruch von Hardertor (1879)[107] und Neuem Feldkirchner Tor (1875)[108] nicht wehren. In jenen Jahren stieg Ingolstadts schönstes Tor zu romantischer Verklärung auf: Parzivals Kampf mit dem Roten Ritter im Sängersaal von Neuschwanstein ereignet sich vor dem Bilde des Kreuztors[109].

23

Abb. 4 *Festungsplan der 1828 grundgelegten Landesfestung nach dem Kompromiß zwischen*
Circularbefestigung (am Brückenkopf)
und Polygonalbauten (rings um die nördlich der Donau gelegene Stadt).

Ein Corpus der Ansichten einer Stadt mag aus vielerlei Sicht begrüßenswert erscheinen. Stadtansichten sind in erster Linie nicht Werke der Kunst, sondern Quellen der Geschichte, in mancherlei Betracht Urkunden und Akten an Informationswert überlegen, sie sind aber auch Herausforderung an den Städtebau von heute. Der Blick zurück wird zum Anlaß der Sorge für die Zukunft. Danken wir den vielen Zeichnern, Stechern und Malern, Professionellen wie Dilettanten, für ihren Dienst.

Die Bilder der Stadt

Die älteste erhaltene Ansicht Ingolstadts ist zugleich deren schönste: eine Federzeichnung ungewöhnlichen Formats, nur 3,3 cm hoch, aber 28,7 cm breit, aus dem Jahre 1519 (Kat. 1). Die Autorschaft blieb ebenso ungeklärt – man möchte an die Donauschule denken – wie deren mögliche Zweckbestimmung (Vorlage für einen Holzschnitt?)[1]. Die Skizze ist nervig-großzügig, sie verrät den Blick für das Wesentliche.

Die älteste Ansicht
Abb. 5, Seite 26

Der Augenpunkt des Zeichners wird auch angesichts der späteren Ansichten der Stadt ungewohnt bleiben: Er liegt im Südwesten vor der Stadt unweit des Südwestecks, nicht in der Nähe des Brückenkopfes, wie die Literatur vermutet[2]. Der Zeichner nimmt somit die Donau nicht in den Blick. Nur von diesem Punkte aus ergeben sich die charakteristischen Überschneidungen, pendelt sich z. B. der Dachreiter des Spitals zwischen Pfeifturm und Glockenturm von St. Moritz ein.

Abb. 12, Seite 33

Das kleine Stadtmodell von Jakob Sandtner im Städt. Museum Ingolstadt bietet eine unvergleichliche Handhabe zur nachträglichen Überprüfung. Die topographische Exaktheit der flüchtig anmutenden Skizze überrascht. Eine Deskription lohnt sich: Von links nach rechts: Einen unübersehbaren Akzent setzt das Kreuztor, dem noch der flachgedeckte Turm über dem Schuttereinlaß und ein spitzhelmiger Stadtmauerturm vorgelagert sind, hoch ragt der Taschenturm auf, dessen Größenrelation auf die Entfernung des Zeichners schließen läßt. Weit läßt die Herrschaftskirche des Münsters zur Schönen Unserer Lieben Frau die kleinmaßstäbliche bürgerliche Stadt hinter sich, auffällig ist der vorläufige Abschluß des Südwestturms, erst 1522 werden die Arbeiten daran eingestellt, er hat also noch nicht die heutige Höhe; vor das Münster schiebt sich die Hohe Schule mit Treppengiebel und Dachreiter, daneben das Georgianum mit der zugehörigen Kirche. Zwei kleine Türmchen bleiben schwer bestimmbar, doch liegen in dieser Blickachse das Georgskirchlein in der Schäffbräustraße und die Kirche von St. Johann im Gnadenthal, es folgen der städtische Pfeifturm und St. Moritz mit dem spitzhelmigen Glockenturm, davor das Spital mit dem Dachreiter der Kirche und der Großbau der Fleischbänke, der die Flucht des Spitals nach Osten fortsetzt. Rätsel bietet der schwere Turm daneben. Hinter einer Baumgruppe erhebt sich der Treppengiebel des spätmittelalterlichen Donautors, er verdeckt etwas den dahinterliegenden Herzogskasten mit dem anschließenden Rundturm. Dem herzoglichen Schlosse ist links das mächtige Gebäude mit Turm vorgelagert, das den Schloßhof im Norden begrenzt, lange Zeit als Getreidespeicher diente und später den Namen Zeughaus führte. Die Legende des Kupferstichs von Merian wird es seltsamerweise als Alten Hof (»Aldtenhof«) bezeichnen. Die mittelalterliche Stadtmauer mit ihren Türmen umzieht die Stadt, ihr lebhafter Rhythmus ist einer spätmittelalterlichen Stadt angemessen, wenige Jahrzehnte später werden ihr die Bollwerke der Renaissance vorgelagert, Ingolstadt wird sich zur wehrhaften Festung mausern.

Das Heerlager 1546

In 16 einzelnen Blättern liegt der Riesenholzschnitt von 1549 (Kat. 2) vor, der das kriegerische Geschehen vor Ingolstadt im Schmalkaldischen Krieg im Jahre 1546 zeigt[3]. Der

Abb. 5 *Älteste Ansicht Ingolstadts, 1519 (Kat. 1).*

Abb. 6, Seite 27 beigefügte Text erkennt die Autorschaft Hans Mielich zu, der Anteil des ebenfalls genannten Christoph Zwikopff wird von Röttger auf das Schneiden in Holz festgelegt[4]. Ein ausführlicher Begleittext, der an verschiedenen Stellen etwas distanziert vom »Maler« spricht, schildert das Geschehen vor Ingolstadt, er dürfte jedenfalls nicht von Mielich stammen.

Die Geschichte der Entstehung dieses Holzschnitts ist noch nicht geschrieben, möglicherweise überhaupt nicht mehr aufzuhellen. Haben Mielich und Zwikopff aus eigenem Antrieb dieses Werk gemalt, geschnitten und gedruckt, ohne eines gewissen Absatzes sicher zu sein? Selbst wenn man eine Arbeitsteilung in Maler (Mielich) und Holzschneider/Drucker annimmt, bleibt das Ganze ein aufwendiges, zeitraubendes Unternehmen. Rühmend wird im Texte Kaiser Karl V. hervorgehoben, ein kaiserliches Privileg hatte den Nachdruck verboten, ohne daß freilich damit schon gesagt wäre, daß der Kaiser Auftraggeber gewesen wäre. Dokumentation eines politisch bedeutsamen Ereignisses wollte jedenfalls der Holzschnitt sein, nicht ohne Grund war als Titel gewählt worden: »APARATVS VICTORIAE FVNDATORIS QVIETIS CAROLI MAXIMI«, der Kaiser wird also als Friedensbringer gepriesen. Der Begleittext hebt gleich eingangs hervor, daß das Geschehen zu Ingolstadt so bedeutsam gewesen sei, »das grundlich mag gesagt werden, sich darauß der sachen ain merckliche ännderung und naigung begeben, ja auch der gantz krieg allda gewunnen«. Der Verfasser beruft sich hierbei auf das Urteil der »verstenndigen und erfarnen aller hanndlungen diser zeiten und sonderlich der kriegssachen«. Diese Formulierung steht in erstaunlicher Nähe zur Feststellung eines der maßgeblichen Akteure von damals, des bayerischen Kanzlers Leonhard von Eck: »Was Ingolstadt nebst den getreuen Handlungen Herzog Wilhelms dem Kaiser genützt und wie es der Anfang aller kaiserlichen Victori gewesen, ist unnötig zu erzählen, denn ihre Majestät selbst und alle Kriegssachverständigen werden dem nicht widersprechen mögen.«[5] Sollte der herzogliche Hof in München Mielich und Zwikopff gegenüber (beide lebten in München, wo auch der Druck erfolgte) ein gesteigertes, nicht zuletzt auch politisches Interesse an diesem Vorhaben der Drucklegung gezeigt haben, um öffentlich den bayerischen Anteil an dieser für den Frieden entscheidenden »Hanndlung« herauszustellen, doppelt begreiflich nach dem Ausfall des Kaisers gegen eben diesen Leonhard Eck als »jenen Judas, der für Geld Christus, Vaterland, das Reich und die ganze Welt verkaufen

Abb. 6 *Hans Mielich u. a.: Lager vor Ingolstadt im Schmalkaldener Krieg 1546, 1549 (Kat. 2).*

Abb. 7   *Lager vor Ingolstadt 1546, Braun-Hogenberg, Civitates orbis terrarum (Kat. 3).*

würde . . .«[6]? Die Datierung des Holzschnitts mit 1549 spräche für diesen damals aktuellen politischen Bezug, das Verschweigen eines bayerisch-höfischen Interesses wäre seinerseits Ausdruck politischen Taktierens.

Es bleibt ohnedies nach der zeitlichen Differenz von 1546 bis 1549 zu fragen. Zweifelsohne war Hans Mielich ab 1546 in besonderem Maße für »umfangreiche, ins Monumentale sich steigernde Aufträge des (Münchner) Hofes« herangezogen worden[7]. Dennoch will es etwas schwer fallen, anzunehmen, daß man Mielich gleichsam als Kriegsberichterstatter nach Ingolstadt gesandt hätte, die Bedeutsamkeit der Ingolstädter Konfrontation der Heere voraussehend. Kurzum: Wann war der Auftrag an Mielich ergangen? Wie ernst ist die Bemerkung des Holzschneiders (bei der Rückenfigur des Malers auf dem Südturm des Münsters) zu nehmen, daß »diss kaiserlich geleger alda abconterfedt worden durch Hanns Müelich, Maler von München«? Ist dieser Hinweis in der Tat mehr als ein Verweis auf Autorschaft und Augenpunkt für die Darstellung?

Gesetzt den Fall, Mielich war wirklich damals auf dem Münsterturm gestanden – und nicht ein anderer, vielleicht sogar Ingolstädter Maler wie Lorenz Gensöder[8] – und hatte das Gesehene skizziert, so war es dem Maler doch unmöglich gewesen, das verwirrende Geschehen in allen Details gleichsam in einer Momentaufnahme festzuhalten. Waren Mielich zumindest bei der nachträglichen Ausarbeitung Schlachtenpläne mit Hinweisen auf die Position von Truppenteilen vorgelegen? Wieviel Raum gab Mielich bei der nachträglichen Ausarbeitung der Phantasie? Um den notwendigen Spielraum der Phantasie zu ermessen, besteige man den Münsterturm und lasse das Auge nach Süden und Westen schweifen, nachprüfend, wieviel man von menschlichem Tun etwa an der Donau noch mit bloßem Auge erkennen kann. Andererseits aber verblüfft die Genauigkeit der topographischen Angaben für das Segment der Stadt, das in das Blickfeld tritt, etwa beim Kreuztor oder beim Taschentor.

Bemerkenswert jedenfalls bleibt, daß erstmals bei dieser kunstgerechten Demonstration der Ingolstädter Konfrontation von 1546 ein Blick hinter die Mauern der Stadt geworfen wird, wenn auch nur als Vordergrund eines großen Schlachtenbildes, und daß dieser erstmalige, wenn auch partielle Einblick in diese Stadt zwar öffentlichem, aber keinesfalls einem städtischen Wunsch nach Selbstdarstellung entsprungen ist.

Bei Braun-Hogenberg wurde Ingolstadt, näherhin das Geschehen bei der Ingolstädter Konfrontation im Schmalkaldischen Krieg 1546, in den späteren Ausgaben anstelle eines Innsbruck-Bildes eingestochen (Kat. 3)[9]. Der Stich geht von dem oben beschriebenen Riesenholzschnitt Hans Mielichs aus und versucht das Wesentliche der dortigen Darstellung in kleinem Format wiederzugeben. Die topographischen Angaben verlieren hierbei an Aussagekraft, Neues findet sich nicht.

Braun-Hogenberg Abb. 7, Seite 28

Eine zweite Reihe von Darstellungen desselben Geschehens von 1546 begründet ein Holzschnitt, der in der Antwerpener Ausgabe der »Commentarii de bello Germanico« enthalten ist (Kat. 4). Am Bildrand oben links steht »INGOLSTADIVM«, im linken unteren »CASTRORVM DISPOSIT. QVÆ CAROLVS. V. CÆS. AVG. ET SMALCALDICI AD INGOLSTADIVM HABVERE. AN. 1546.« Dieser Text spricht unmißverständlich aus, worauf es bei diesem Bilde ankam: einen Überblick über die Aufstellung der Lager Kaiser Karls V. und der Schmalkaldener zu geben, es ging also eher um einen militärischen Plan als um eine Vedute. Dies hinwiederum macht verständlich, weshalb Ingolstadt als ein Produkt freier Phantasie wiedergegeben ist: Dem Holzschneider war an Veranschaulichung der Planaussage gelegen, eine topographische Aussage über Ingolstadt oder die dargestellten Dörfer war nicht beabsichtigt. Ein Engel (eine Victorie) fliegt mit Siegespalme und Lorbeerkranz auf das kaiserliche Lager zu. Die 1620 in Straßburg (Argentinae) erschienene 2. Ausgabe des »Bellvm Germanicvm« von Lambert Hortensius überträgt die Darstellung des Holzschnitts in die Technik des Kupferstichs (Kat. 5).

Ludovicus ab Avila Abb. 8

Auf diesen Blättern, wahrscheinlich auf der Kupferstich-Version, basiert nun der sehr dekorative Kupferstich in Hortleders Werk, das 1645 in Gotha erschienen ist (Kat. 6). Die aufgeschlagene Schriftrolle gibt als Thema an: »Ordnung des Lägers, Welches Kaiserliche Maj: und die Schmalkaltischen bey Ingolstatt gegeneinander gehabt Año 1546«. Das Blatt ordnet sich also bewußt in die Reihe der Lager- bzw. Aufmarschpläne ein, will keine topographisch richtige Darstellung etwa Ingolstadts geben, die Darstellung der Stadt entbehrt jeglicher Sachtreue.

Hortleder Abb. 9, Seite 30

Abb. 8   *Lager vor Ingolstadt 1546,*
D. Ludovici ab Avila . . . Commentariorum de bello Germanico libri duo, 1550 (Kat. 4).

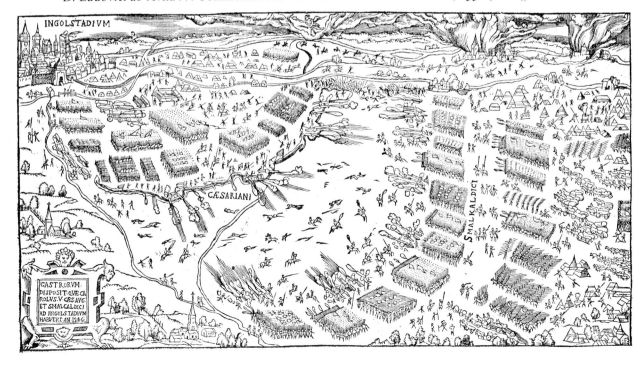

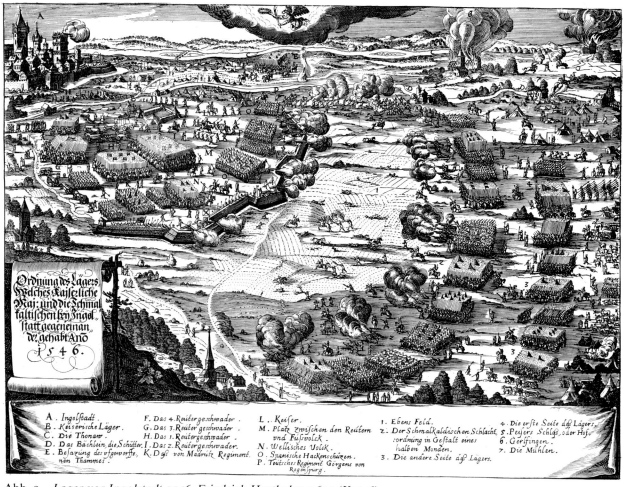

Abb. 9   Lager vor Ingolstadt 1546, Friedrich Hortleder, 1645 (Kat. 6).

Die relativ große Zahl von Blättern, die das Geschehen vor Ingolstadt im Jahre 1546 wiederzugeben versuchen, überrascht. Diese Ingolstadt-Konfrontation hatte in der Tat über
die politische Bedeutung hinaus die Phantasie auf Jahrhunderte hin beflügelt. Über ihre
Wertung waren sich schon die Zeitgenossen uneins: Für die einen war sie die wilde Kanonade gewesen, die dem zum äußersten Widerstand entschlossenen Kaiser nichts hatte
anhaben können. Von seiten der Schmalkaldener aber rühmte man sich des Schadens,
den der Kaiser durch das »grosse Schiessen«, jenen »Gsang der zwelff Apostel«, erfahren habe. Den Kaiserlichen habe man eine bis dahin nicht gehörte Messe gesungen:
»Vnd nachdem das Introit der Apostel angefangen, volgte gleich das Kyrie Eleyson am
vntern Chor bey des Churfürsten Gschütz. Die Würtembergischen figurirten das Gradual, die Oberlendischen sangen das Alleluja vnd Sequentz mit einander, also das bey
keynes Kriegsmanns Zeitten, der jetzt lebt, sollicher Tropus zwischen dem Offertorio je
gehört worden. Dann, wie ich eygentlich Erfarnus hab von denen, so Kay. May. damalen
gedient, haben mer dann 500 Personen desselben Tags im Kayserlichen Standt das
Opffer pro requie defunctorum vmb denn Altar getragen, denen allen mit Pulver Kertzen
zum sibenden geleuchtet worden. Dann, wie Auila sagt, so waren sie nit weichens halben,
vnd seindt die Kuglen wie die Hurnaussen (= Hornissen) Kay. May. vmb das Haupt gepflogen.«[10]

Den einen war der Kaiser gerade wegen dieser Ingolstädter Kanonade »ein ehrlich

Mann, / allzeit ist er der vorderst dran, / zu Roß und auch zu Fußen«[11], die andern aber

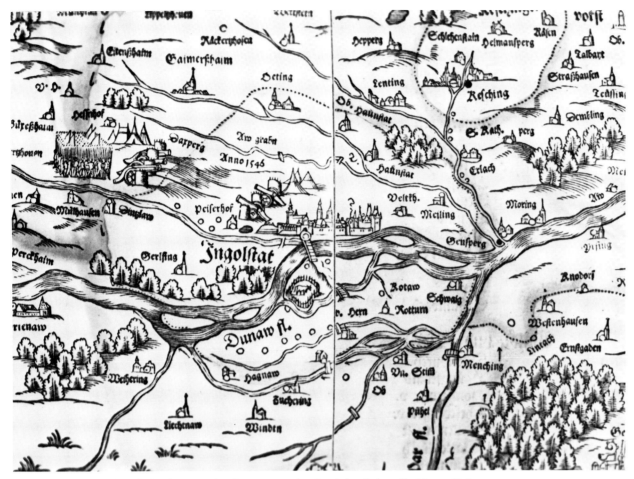

Abb. 10   *Ingolstadt mit Andeutung des Lagers vor der Stadt im Schmalkaldener Krieg,*
          Detail aus Philipp Apian, Bairische Landtaflen, 1568 (Kat. 7).

spotteten, man hätte »inen nit Vesper läuten« dürfen, da sie »das Domine ad juvandum
me festina zeitlich hinder der Schantz vnd entzwischen das Geschütz gesucht« hätten:
»So lagen die Kayserischen allezeit hinder denn Schantzen vergraben wie die Molt-
werffen (= Maulwürfe) vnd Scheermauss.«[12]

Ein eigenes Genus in den Ingolstadt-Darstellungen bilden die kleinen Miniaturen in verschiedenster Technik, die in Karten und Plänen Stadtveduten en miniature sind.

*Miniaturen in
Karten*

Am Beginn dieser Serie steht die leider durch den Blattrand entzweigeschnittene Holz-
schnitt-Miniatur in Philipp Apians Landtaflen von 1568 (Kat. 7), die ein Kabinettstück
schlechthin darstellt. Ingolstadt ist meisterhaft getroffen: im Bezug zur Donau mit Brükke und Donautor, in der Stadtkrone mit Münster, St. Moritz, Pfeifturm und Schloß, die
Kanonen verweisen auf die Festung, im besonderen auf das Spectaculum der Kanonade
von 1546 während des Schmalkaldischen Kriegs.

*Philipp Apians
bayerisches
Kartenwerk
Abb. 10*

Ebenfalls nicht allgemeines Symbol, sondern ein Bild der konkreten Stadt vermitteln
zwei Darstellungen von 1618 in dem »Augenscheinlichen Grundriß der strittigen Gränitz gegen Pfaltz bei Reichertzhoven« (Kat. 16) und im »Augenscheinlichen Grundtriß
der anstoßenten Gränitz an das Fr. Lanndgericht Gerolfing gegen dem Pfaltzgraven zu
Neuburg« (Kat. 17). Beide zeigen Ingolstadt, merkwürdigerweise von einem Standort im
Nordwesten gesehen, von hier aus sind Münster, Kreuzkirche und dazwischen St. Moritz
mit Glockenturm und städtischem Pfeifturm richtig wiedergegeben. Erstaunlich, wie in
diesen winzigen Bildern das Wesentliche getroffen wurde.

Abb. 13, Seite 33
Abb. 14, Seite 33

31

Abb. 11
Signethafte Ingolstadt-Vedute
mit Donaubrücke in einer Karte
der Donau von Ulm bis Ingolstadt,
ca. 1600 (Kat. 20).

Abb. 15, Seite 33 Weit mehr Abbreviatur ist die Ingolstadt-Darstellung in dem Plan von 1618, der die Grenzen des Landgerichts Gerolfing gegen Pfalz-Neuburg und das Hochstift Eichstätt zeigt (Kat. 18). Ingolstadt ist hier auf die Wiedergabe von St. Moritz und Pfeifturm und andeutendem Beiwerk von Stadt beschränkt, St. Moritz wird wieder von Norden gesehen, das Münster ist weggelassen.

Symbolhaft wirkt die Ingolstadt-Ansicht in einer Landschaftsdarstellung des Donaumooses (Kat. 19) aus der 1. Hälfte des 17. Jahrhunderts. Ingolstadt ist festumwehrte Stadt, gesehen vom Süden, St. Moritz mit Pfeifturm und das Schloß sind erkennbar.

Abb. 11 Signethaft erscheint die mit lockerer Feder hingeworfene winzige Ansicht Ingolstadts in einer Karte des Donaustroms von etwa 1600 (Kat. 20), wohl ein Entwurf für ein größeres Vorhaben. Die Ansicht der Stadt wird hier nahezu auf ein Symbol verdichtet: Die Stadt an der Donau mit Brücke und Tor, die kirchliche Mitte in St. Moritz und Pfeifturm, die aufsteigenden Giebel und Türme sind die wesentliche, schon fast ins Allgemeine stilisierte Aussage.

Dieser symbolhaften Darstellung Ingolstadts steht die auf den ersten Blick weit sorgfältiger wirkende Miniatur aus der 1. Hälfte des 17. Jahrhunderts in einer Karte Bayerns (Kat. 21) spürbar an Qualität nach. Sie läßt einerseits jegliche Bemühung um eine topographische Aussage vermissen, erreicht andererseits aber auch nicht die signethafte Gültigkeit, die bei der eben besprochenen Miniatur zu rühmen ist.

Die Stadtmodelle
von Jakob Sandtner Von größtem topographischen Wert sind die beiden Modelle der Stadt Ingolstadt, die Jakob Sandtner gefertigt hatte. Der bayerische Herzog Albrecht V. hatte von diesem Straubinger Drechsler alle Haupt- und Residenzstädte seines Landes – Straubing 1568, München 1570, Landshut 1571, Ingolstadt 1572/73 und Burghausen 1574 – in Grund legen und abkonterfeien lassen[13]. Das ausschlaggebende Motiv war gewiß das Anliegen der repräsentativen Dokumentation des Herzogtums in seinen großen landesherrlichen Städten. Das Vorhaben ordnete sich damit in die umgreifenden Bemühungen um eine umfassende Landesaufnahme ein, die von der großen Karte Philipp Apians, die in der verkleinerten Form der 24 »Bairischen Landtafeln« von 1568, eines der vornehmsten Ingolstädter Druckwerke, auf uns gekommen ist[14], über das Sammeln historischer Quellen[15], alter Inschriften[16] bis zu Ortsansichten[17], die wenigstens in Abbreviaturen in das

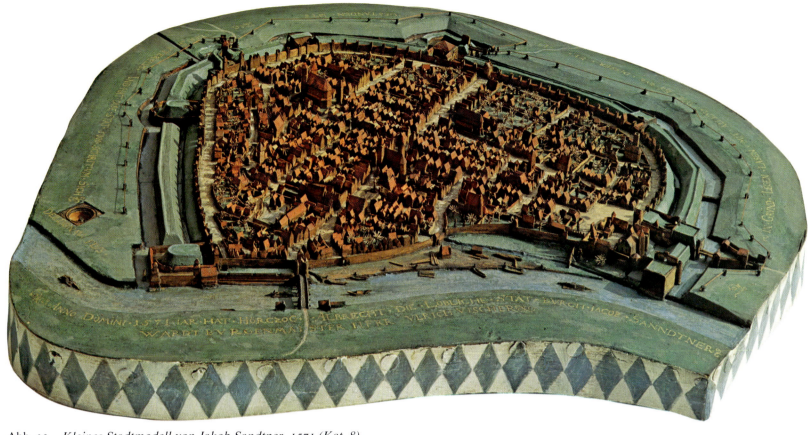

Abb. 12   *Kleines Stadtmodell von Jakob Sandtner, 1571 (Kat. 8).*

Abb. 13
*Kleine Vedute Ingolstadts
in einem Plan von 1618 (Kat. 17).*

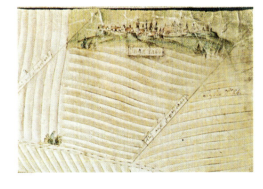

Abb. 14
*Kleine Vedute Ingolstadts
in einem Plan von 1618 (Kat. 16).*

Abb. 15
*Kleine Vedute Ingolstadts
in einem Plan von 1618 (Kat. 18).*

Abb. 16   *Friedrich Seefridt: Plan des Burgfriedens von Ingolstadt, 1580 (Kat. 10).*

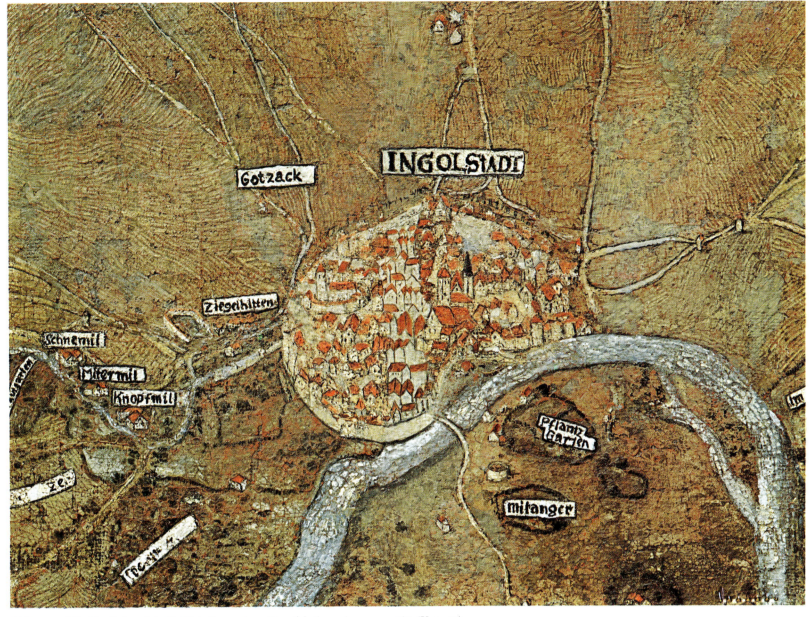

Abb. 17   *Die Stadt Ingolstadt, Detail aus dem Burgfriedensplan von 1580 (Kat. 10).*

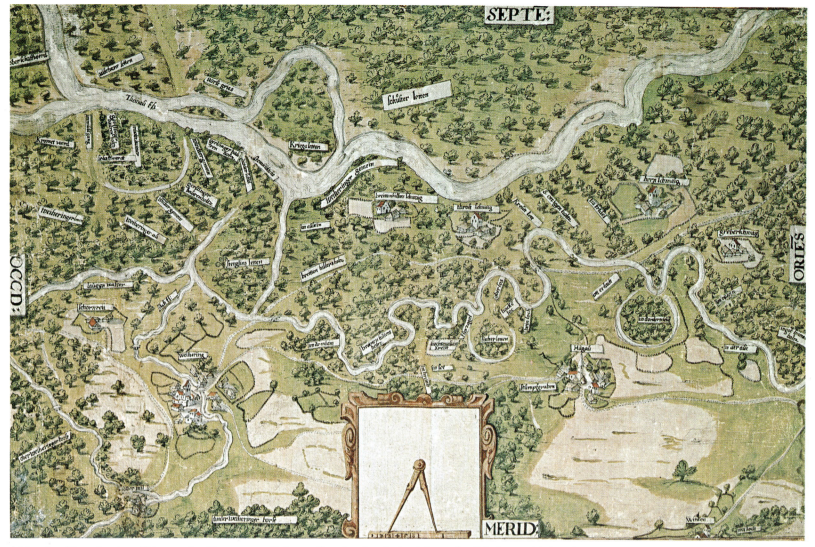

Abb. 18   *Plan der Auwälder an der Donau westlich von Ingolstadt mit Ansichten der Dörfer und Schwaigen, ca. 1580 (Kat. 11).*

Kartenwerk der Landtafeln eingegangen sind, reicht. Das Stadtmodell bleibt somit nicht Einzelfall, sondern war Teil der Landesaufnahme im Auftrag des Landesherrn.

Der ernsthafte fürstliche Auftrag im angedeuteten Rahmen enthebt die Modelle alles Spielerischen, sie sind exakte, entsprechende Aufnahmen voraussetzende Arbeiten, die für die fürstliche Repräsentation des Landes, für wissenschaftliche Dokumentation und für städtebauliche wie fortifikatorische Erwägungen gleichermaßen dienlich waren. Noch dem Betrachter von heute sind sie von vielfältigem Nutzen, sei es hinsichtlich ihrer historisch-topographischen Aussage, der baugeschichtlichen Auswertung oder der Orientierungshilfe in Fragen altstadtgerechter Stadtplanung.

Das »Konterfei« Ingolstadts liegt in zwei Ausfertigungen vor, in einer kleinformatigen aus dem Jahre 1571 (Kat. 8) und in der großen von 1572/73 (Kat. 9) in der Reihe der landesherrlichen Stadtmodelle. Ob das kleine Modell landesherrlichen oder städtischen Charakter trug, wird wohl umstritten bleiben müssen[18]. Die Umschrift spricht vom herzoglichen Auftrag, nennt aber auch den damaligen Bürgermeister Ulrich Vischer. *Das kleine Modell Abb. 12, Seite 33*

War dieses Modell vielleicht doch auf städtisches Begehren hin angefertigt worden, wenn auch im Rahmen der vom Herzog betriebenen Aktion, so daß man die vom Landesherrn angeordnete Vermessung zugrunde legen konnte? So kunstgerecht die handwerkliche Ausführung dieser Modelle auch ist, setzten sie doch langwierige exakte Vermessungen voraus, die am Nullpunkt zu beginnen hatten. Jedenfalls bleibt zu vermuten, daß Jakob Sandtner 1571 in Ingolstadt bereits gearbeitet hatte, wurden ihm ja am 12. August 1571 200 fl. ausgezahlt, »nachdem ehr irn fl. gn. die statt Landshuet und Inglstat auch in grundt legen soll: fl. 200«[19].

Die Arbeit am großen Ingolstädter Modell hat Sandtner dann wohl erst Ende 1572 aufgenommen. Für die erforderliche Detailtreue genügten die Vorarbeiten von 1571 sichtlich nicht. Um Sandtner alle Wege in der Stadt zu eröffnen, erging am 17. August 1572 ein herzogliches Mandat aus Landshut an den Statthalter Ritter Georg von Hegnenberg in Ingolstadt, das am 28. August in Kopie beim Rat der Stadt einlief[20]. Er, Herzog Albrecht, habe, so wurde mitgeteilt, dem »Träxl« »Jacoben Sanndtner« aufgetragen, »Ingolstat in den Grundt gelegt abzwconterfetten, wie er dan mit beeden Stetten Minichen vnd hie (= Landshut) auch gethan. Ist demnach vnnser Beuelch, dw wellest darob sein, wo er in Clöster vnd Heuser dieselben deshalb zu ersehen begert, wie er des Werchs Notturfft nach thun mues, daß er gedeß Bvls (= Bevelchs) eingelassen vnd ime die Besichtigung nit gewaigert werde. An dem thuest dw vnnser Mainung. Datum in vnser Stat Lanndtshuedt, den 17. Augusti Anno etc. 72.«[21] Man mag in diesem Zusammenhang in der Zahlung von 150 fl. am 27. August und 28. November 1572[22] Abschlagszahlungen für den Ingolstädter Auftrag sehen. Zum Abschluß aber dürfte im Jahre 1572 das Ingolstädter Modell auf keinen Fall mehr gekommen sein, andernfalls bliebe doch schwerlich erklärbar, weshalb man mit dem Abtransport des Modells nach München bis zum 3. Sept. 1573[23] gewartet hätte. *Das große Modell*

Das Ingolstädter Modell – im folgenden ist vom großen von 1572/73 die Rede – hat über das topographische Detail hinaus das Fluidum der spätmittelalterlichen Stadt in seiner vielfältigen und reichen Schönheit überliefert. Charakteristisch sind die lang sich hinziehenden Straßenplätze mit den Häusern, die ihre Giebel, nicht die Traufe, zur Straße wenden und deren Fassaden zu Schaugiebeln der deutschen Sondergotik wurden, reich mit sprengwerkartigen Lisenen belegt. Und was uns heute vielleicht noch bedeutsamer erscheinen mag: Die Stadt nimmt den Betrachter in ihre Straßen und Plätze herein, erschließt sich ihm in ihrer spätmittelalterlichen, den einzelnen umfangenden Urbanität. 37

Abb. 19 *Die Achse der Stadt von Süden nach Norden vom Spital bis zur Harderstraße mit dem Salzmarkt (heute Rathausplatz), großes Stadtmodell von Jakob Sandtner, 1572/3 (Kat. 9).*

Abb. 20 *Die Achse der Stadt von Westen nach Osten von der Kreuzstraße bis zum Neuen Schloß
mit den fürstlichen Polen von Münster und Schloß und dem Weinmarkt (heute Theresienstraße),
großes Stadtmodell, 1572/3 (Kat. 9).*

Was Ingolstadt betrifft, wird es noch an die drei Jahrhunderte dauern, bis man das Innere der Stadt in einem vergleichbaren Ausmaß der Abbildung wert erachtet, an die drei Jahrhunderte wird man sich mit der Wiedergabe der Silhouette der Stadt in ihrer mauerbewehrten Wirkung nach außen begnügen.

Das Modell hat in Reitzensteins prachtvollem Buch eine treffliche Präsentation erfahren[24], so daß in diesem Rahmen die Beschränkung auf einen Aspekt gerechtfertigt scheinen mag, näherhin denjenigen des urbanen Raums, der in den verschiedenen Plätzen städtisches Leben umschlossen hatte.

Grundriß
Abb. 1, Seite 13

Ingolstadt hat in seinem Kern die Stadtstruktur des 13. Jahrhunderts – ein etwas verzogenes Rechteck mit einem Straßenkreuz, dem Schliffelmarkt, statt eines Platzes – bewahrt[25]. Zu langgezogenen Plätzen hatten sich die in die Windrichtungen führenden Straßen geweitet. Von 1360 bis ca. 1420 wurde der Stadt viel an Fläche hinzugegeben, ein weites Polygon mit der noch heute in beträchtlichem Ausmaß erhaltenen spätgotischen, turmreichen Stadtmauer umgab das überkommene Rechteck[26], eine an eigentümlichen Platz-

Nord-Süd-Achse
Abb. 19, Seite 38

lösungen reiche Stadtlandschaft entstand. Deutlich tritt die kürzere Nord-Süd-Achse im Kernbereich in Erscheinung. Man schreitet durch die im Rahmen der Stadterweiterung hinzugekommene Vorstadt auf den engen Durchlaß zu, den das 1319 von Ludwig dem Bayern gestiftete Spital (links) und das mächtige Gebäude der Fleischbänke (rechts) bilden, ein gewaltiger Riegel, der, was das Spital anlangt, dem Wall und Graben des 13. Jahrhunderts vorgelagert war. Dann steht man vor dem heutigen Rathausplatz, dem einstigen Salzmarkt. Quer über diesen Platz hatten einst Wall und Graben mit einem Tor geführt, und hinter dem Tor war ein kleinerer, im Norden vom Rathaus begrenzter Platz entstanden, der um 1400 etwa auf das Doppelte vergrößert wurde. Es folgen die Engstelle bei St. Moritz mit dem städtischen Pfeifturm und die Kreuzung des Schliffelmarkts, die zu dem schmalen Straßenhals Am Stein weiterführt, um schließlich in den heutigen weiten Platz vor der Franziskanerkirche, den »neuen« Kornmarkt des 14. Jahrhunderts, zu münden. Kirche und Kloster der Franziskaner waren 1275 dank der herzoglichen Schenkung eines weiten Areals nördlich der Stadt begonnen worden. Die Harderstraße spiegelt in ihrer Weite das großzügige Denken, das die nach 1360 ins Werk gesetzte Stadterweiterung bestimmt hatte. Jeder der entstandenen großen Plätze (Salzmarkt und neuer Kornmarkt) hatte einen ansehnlichen Brunnen erhalten.

West-Ost-Achse
Abb. 20, Seite 39

Die West-Ost-Achse der Theresien- und Ludwigstraße folgt dem uralten, der Donau parallelen Straßenzug, der einer Höhenlinie entspricht. Hinter dem Kreuztor von 1385 liegt ein kleiner Platz, dem Alltagsbedarf hinter einer Toranlage zugedacht. Dann gabeln sich die Straßen, die kleine Gruppe von Häusern unmittelbar vor dem Münster ist ein beim Münsterbau verbliebener Restbestand, er läßt des Westwerks machtvolle Größe erst voll zum Erlebnis werden. Die Theresienstraße, der einstige Weinmarkt, Ingolstadts vornehmste Wohnstraße seit eh und je, mit dem Brunnen vor dem Hotel Adler, wird als urbaner Marktplatz erfahrbar. Der Schliffelmarkt läßt St. Moritz mit dem Pfeifturm seitlich liegen, dem Schaugiebel der Kirche antwortet im Hintergrund derjenige des Herzogskastens. Die Ludwigstraße war zu allen Zeiten mehr Straße als Platz gewesen, als »Schloßgassen« die jederzeit vom Rundturm aus beherrschbare Auffahrt zum Herzogsschloß.

Ludwigstraße
Abb. 21, Seite 41

Was diesen Straßen ihre eigentümliche Schönheit verlieh, waren die Giebelständigkeit der Häuser, die lediglich an einigen Stellen durch modische, oben waagrecht abschließende Vorschußmauern unterbrochen wurde, und der sprengwerkartige Lisenenschmuck[27]. Die Straßenwände erscheinen wie von einem feingliedrigen Muster überzo-

Abb. 21   *Blick in die Ludwigstraße mit den filigranhaft wirkenden Giebeln der Häuser,*
großes Stadtmodell, 1572/3 (Kat. 9).

gen, belebt durch ein- und zweistöckige Erker; der große Bau des ehemaligen Landrats-
amts, das leider 1963 dem Abbruch preisgegeben wurde, setzt einen starken Akzent.
Die Linie der Ludwigstraße wird im Norden vom Holzmarkt aufgenommen: eine der
typischen Platzbildungen, die entlang dem ehemaligen Graben entstanden, noch im Modell steht der Turm der Nordostecke der Stadtbefestigung des 13. Jahrhunderts.
Franziskanerkirche, Harderstraße und Koboldblock geben einer der bezeichnendsten
Stellen Ingolstadts ein unverwechselbares Gesicht. Die Bebauung im Verlaufe des Ko-
boldblocks war im Zuge des bei der Stadterweiterung im ausgehenden 14. Jahrhundert
aufgelassenen Walls und Grabens entstanden, das Tor wurde niedergelegt. Noch die Bebauung des 16. Jahrhunderts läßt nachempfinden, wie steil und hoch die 1275 begonnene
Franziskanerkirche[28] – einst der Stadt im Norden vorgelagert – gewirkt haben muß, sie
hatte – Vergegenwärtigung der himmlischen Stadt, über den Giebeln der Bürgerhäuser
schwebend – die niedrigere Moritzkirche unter Zugzwang gesetzt und zur Aufstockung
gezwungen[29], in der dem Tempel abgelauschten Gliederung in Atrium (Vorhof), »pars
sancta« (Kirchenschiff) und »pars sanctissima«[30] hatte sie dem »neuen« Kornmarkt des
14. Jahrhunderts nicht den heutigen großräumigen Platz gewähren können. Platz und urbaner Raum wurde vielmehr die durch die Stadterweiterung gewonnene neue, breite
Harderstraße mit ihrem Brunnen – an der Position der Brunnen läßt sich ablesen, wo die
Plätze ihre funktionale Mitte hatten. Waren zunächst im 14. Jahrhundert die Giebel der
Kirchen (Franziskanerkirche, St. Moritz), des Herzogskastens und einiger Tore Schau-

Harderstraße
Abb. 22, Seite 42

41

Abb. 22 *Die Franziskanerkirche: hoch über die kleinmaßstäbliche bürgerliche Stadt emporragende Vergegenwärtigung der „himmlischen Stadt", großes Stadtmodell, 1572/3 (Kat. 9).*

giebel im Sinne der deutschen Sondergotik gewesen, so stieg diese Art Giebeldekoration in die Ebene der bürgerlichen Häuser herab, am Beispiel der Harderstraße besonders deutlich zu sehen, wo das hohe, einst Fuggersche, dann Lichtenauische und schließlich Kaisheimische Haus zu den niedrigeren Bürgerhäusern vermittelte. St. Johann im Gnadenthal, aus Seelhäusern nördlich der Stadt entstanden, ist ein kleines Klösterchen mit der noch heute stehenden Kirche.

Salzmarkt
Abb. 23, Seite 43
Das strenge Ebenmaß des Rechtecks zeigt der Rathausplatz, der ehemalige Salzmarkt. Seine volle Größe hatte er erreicht, als Toranlage, Wall und Graben, den Platz querend, bei der spätmittelalterlichen Stadterweiterung niedergelegt wurden; das Hl.-Geist-Spital, dessen Linie von den Fleischbänken fortgesetzt wurde, ursprünglich außerhalb des Stadttors gelegen, wurde nun platzbeherrschend. Die Gruppe des Rathauses schließt mit dem Pfeifturm den Platz nach Norden, Balkon bzw. eine Art Loggia mochten Repräsentationszwecken dienen, die Ostseite wird von Norden nach Süden durch ein Bürgerhaus, die Stadtwaage und den Salzstadel, das »untere« Tanzhaus, begrenzt. Noch ist der altstadtgerechte Rhythmus durch Einzelbauten gewahrt, erst das ausgehende 19. Jahrhundert wird hier durch sperrige Repräsentationsbauten (das Gouvernement) neue Proportionen bringen, die vom neuen Rathaus von 1960 wieder aufgenommen werden. Ein modernes, fast modisches Element ist an diesem einst wichtigsten der Ingolstädter Plätze nicht übersehbar: Häuser, denen waagrecht abschließende Vorschußmauern vorgeblendet wurden, ein Bauerlebnis, das im Ingolstadt des 16. Jahrhunderts an herausragenden Stellen mehrmals spürbar wurde, sich aber nicht durchgesetzt hat. Das Ensemble von

Abb. 23   *Der Salzmarkt (heute Rathausplatz) mit aus der Giebelständigkeit des Ingolstädter Bürgerhauses
ausbrechenden Gebäuden mit waagrecht abschließenden Vorschußmauern, an der Nordseite das
Rathaus, dahinter St. Moritz mit Glockenturm und städtischem Pfeifturm, im Vordergrund der
mächtige Riegel des Hl.-Geist-Spitals und der Fleischbänke, großes Stadtmodell, 1572/3 (Kat. 9).*

Rathaus und St. Moritz rückt nahe an den Stadtmittelpunkt des Schliffelmarkts und gibt dem Platz des Salzmarkts seine Kontur. Rechts schiebt sich unregelmäßige Bebauung heran, uralte Bebauung, die in die Zeit des Niederaltaicher Klosterguts zurückreichte, hatte sich dem Regelmaß der Stadtplanung des 13. Jahrhunderts widersetzt.

Platz hinter dem Donautor Abb. 24

Vorstadtcharakter hatte der asymmetrische Platz, der durch die Bebauung des Geländes entstanden war, das durch die spätmittelalterliche Stadterweiterung im Süden hinzugewonnen wurde. Bewußt wurde hinter dem neuen Donautor von 1430 Raum zum Abstellen von Wagen geschaffen, während die unmittelbare Zufahrt zum Kerngebiet eng gehalten wurde.

Bei der Schleifmühle Abb. 25, Seite 45

Ein stiller Platz war am Schutterknie bei der Schleifmühle entstanden. An der Schutter waren Gewerbebetriebe gelegen, die des Wassers bedurften: Mühlen und Gerbereien vor allem. Dort auch war Platz nötig für die anfahrenden Lieferanten von Korn und Weizen. In unmittelbarer Nähe, in der heutigen Schäffbräustraße, lag der alte Kornmarkt mit der Georgskirche, eines der präurbanen Zentren, die bei der Stadtplanung des 13. Jahrhunderts einbezogen werden mußten. Einer der wenigen stillen Plätze in der Stadt, abseits

Platz vor der Hohen Schule Abb. 26, Seite 45

der großen Achsen, hat sich bei der Hohen Schule, dem einstigen, 1434 begonnenen Pfründnerhaus, erhalten. Das Sandtnersche Modell ruft in Erinnerung, daß der Vorplatz der ehemaligen Universitätsgebäude ursprünglich nicht im Winkel von Universität und Georgianum gelegen war, in dem heute der Brunnen mit den Marabus plätschert – hier hatte es einst dichte Bebauung gegeben –, sondern nördlich, vor der Giebelfassade des

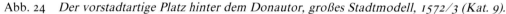

Abb. 24   *Der vorstadtartige Platz hinter dem Donautor, großes Stadtmodell, 1572/3 (Kat. 9).*

Abb. 25   *Platz am Schutterknie bei der Schleifmühle, großes Stadtmodell, 1572/3 (Kat. 9).*

Abb. 26   *Die Plätze hinter dem Kreuztor und vor der Hohen Schule, großes Stadtmodell, 1572/3 (Kat. 9).*

Abb. 27 Das „Alte Schloß“, der „Herzogskasten“, im Bestand von 1572/3, großes Stadtmodell (Kat. 9).

Abb. 28 Das „Neue Schloß“ mit vorgelagertem Paradeplatz von Süden im Bestand von 1572/3, großes Stadtmodell (Kat. 9).

Abb. 29 Das „Neue Schloß" mit in die Schloßanlage einbezogenem Alten Feldkirchner Tor
und weiter nördlich gelegenem Neuen Feldkirchner Tor mit einem geräumigen Platz hinter dem Tor,
im Bestand von 1572/3 (Kat. 9).

Hauses, das seiner tieferen Lage wegen nicht gebührend als Großbau in der Stadt in Erscheinung tritt[31].

Herzogliche Burganlagen setzten in der bürgerlichen Stadt Akzente. Wiewohl im 14. Jahrhundert mit steileren Schaugiebeln versehen, spiegelt der Herzogskasten[32], einst die feste Burg im Südosten der Stadt, ältere Traditionen. Ein Baumgarten entstand zwischen Burg und Stadtmauer, während die eigentliche Burghofanlage im Norden an diesen Palas anschloß. *Herzogskasten Abb. 27, Seite 46*

Weit größere Maßstäbe setzte Herzog Ludwig der Gebartete mit dem 1418 begonnenen, wenn auch erst im ausgehenden 15. Jahrhundert vollendeten Neuen Schloß[33]. Der mächtigen Anlage war ein von der Stadt distanzierender großer Platz vorgelagert, der sich trefflich für das Sammeln militärischen Aufgebots eignete, ein Platz, der noch in der heutigen Gestalt kühle Distanzierung spüren läßt. *Neues Schloß mit Paradeplatz Abb. 28, Seite 46*

Ein weiterer Platz grenzt im Norden an. Als Herzog Ludwig der Gebartete wegen des in die Schloßanlage einbezogenen alten Feldkirchner Tors von 1368 (unmittelbar nördlich des Schlosses) weiter im Norden den Bürgern ein neues Feldkirchner Tor errichten mußte[34], wodurch der Stadtausfahrt jenes Straßenknie aufgezwungen wurde, entstand dort ein weiterer relativ großer Platz hinter dem Tor, an einer fortifikatorisch wichtigen Stelle beim Schloß. Die im Osten vorgelagerten Bollwerke spiegeln das Bemühen, die Stadt an dieser wichtigen Stelle auch in nachmittelalterlicher Zeit wehrhaft zu erhalten. *Neues Schloß und Neues Feldkirchner Tor Abb. 29*

Wo sich im 18. Jahrhundert die weite Anlage des Jesuitenkollegs mit Höfen und Gärten breitete, zeigt der Bestand von 1572/73 noch die Vielfalt kleinmaßstäblicher Bürgerhäu-

47

Abb. 30   *Das Jesuitenkolleg im ältesten, zur Zeit der Anfertigung des Modells wohl noch im Bau befindlichen Bestand mit der Hieronymuskirche, großes Stadtmodell von 1572/3 (Kat. 9).*

ser, die in der Folgezeit Haus für Haus dem wachsenden Jesuitenkolleg zu weichen hatten[35]. Möglicherweise griff hier das Modell der erst 1575/76 erfolgten Vollendung des Kollegs vor. Die erste Bauphase des 1576 von den Jesuiten bezogenen Kollegs mit Kirche und Zubauten setzt bereits diesen neuen, großflächigeren Maßstab. Der Vergleich mit dem Weningschen Stich des Kollegs läßt ahnen, wie weitgehend schließlich einem ganzen Stadtviertel durch die Jesuiten ein neues Gesicht gegeben wurde.

An herausragender Stelle der Reihe der ältesten Ansichten Ingolstadts steht ein Plan des Ingolstädter Burgfriedens, den Friedrich Seefridt im Jahre 1580 gefertigt hatte (Kat. 10). Die Legende am Bildrand: »Abriss Der Statt Ingolstatt Burggeding wie dann solicher unden genanten Jars in den Dörfern v. Auen gegen den Bayrisch vnd Pfälzischen ist gemarcht vnd versteindt worden dessen Weitte, Lång vnd Praitte Turch Hierunden gesåzte Schalam, darauf der Cirkel stett vnd jedes Spazium ein hundert Schritt begreifft, kann abgemessen werden. Gestellt durch Friderichen Seefridt, Mallern zu Nördlingen. 1580.« Der Plan verbindet maßgerechte Wiedergabe mit Ansichten der Stadt, der Dörfer und Gehöfte in Vogelschau. Vom Augraben im Norden bis zur Sandrach (Sundrach), nach Niederstimm und Zuchering, beide schon nicht mehr zum Ingolstädter Burgfrieden zählend, von den Feldern nördlich der Donau bis zum Auwald im Süden, vom Samhof im Westen bis Mailing und Manching im Osten reicht die Wiedergabe. Unsernherrn wird als das zur Stadt gehörende Dorf zwischen den Brücken, der »Sunderbruck« im Süden mit Siechenhaus und Zollhaus bei Unsernherrn, der »lang Bruck« und der Donaubrücke unmittelbar bei der Stadt, erlebbar. Die Ansicht Ingolstadts läßt das Polygon der mit

Erste Bauphase des Jesuitenkollegs Abb. 30, Seite 48; Abb. 31, Seite 49

Der Burgfrieden

Plan Seefridts Abb. 16, 17, Seiten 34, 35

Abb. 31   Jesuitenkolleg mit Kirche zur Schönen Unserer Lieben Frau und dem damals noch stehenden mit
einer Uhr geschmückten Eckturm der Stadtbefestigung des 13. Jahrhunderts, großes Stadtmodell
von 1572/3 (Kat. 9).

Wall umgebenen Stadt zwar etwas zum Dreiviertelkreis werden, die Stadt mit dem Gewirr der Giebel, dem sie erschließenden Straßenkreuz und den Großbauten von Münster, St. Moritz mit Pfeifturm und Schloß aber ist vortrefflich erfaßt, wobei der städtische Pfeifturm und St. Moritz als Mittelpunkt akzentuiert sind.

Plan Vogls
Abb. 38, Seite 56

Der Grundrißplan von Michael Vogl von 1722 (Kat. 58) entspricht demjenigen Seefridts, bringt verwaltungstechnische Details wie Grenzsteine, erreicht aber, wiewohl besser erhalten, an Atmosphäre und bildwirksamer Wiedergabe der Stadt, der Dörfer und Gehöfte den Plan Seefridts bei weitem nicht.

Plan der Auwälder
Abb. 18, Seite 36

Ein weiterer unsignierter Plan Seefridts (Kat. 11) zeigt einen Ausschnitt des Burgfriedens mit den Auwäldern von der »Weiheringer Letten« im Westen bis zur »Greberschwaig« und »Hernschwaig« im Osten, Weichering und Hagau sind als Orte eingezeichnet.

Städtebilder als
Staatsaktion
Thonauers
Ingolstadt-Ansicht
Abb. 32

Zu den hervorragendsten Bildern Ingolstadts zählte das Secco von Hans Thonauer d. Ä. (auch Donauer, Kat. 12), das der bayerische Herzog Wilhelm V. im Rahmen einer Reihe von Darstellungen der bayerischen Städte für das Antiquarium der Residenz in München 1583 in Auftrag gegeben hatte und das um 1590 entstanden war[36], 1944 allerdings der Zerstörung anheimfiel. Donauer hatte wahrscheinlich außer dem Stadtmodell von Jakob Sandtner von 1572/73 keine Stadtdarstellungen vorgefunden. An den Vorarbeiten war wohl der Ingolstädter Maler Johann Pressel beteiligt[37]. Die Krone der Stadt ist im wesentlichen erfaßt, auch wenn sich der Mittelpunkt mit dem städtischen Pfeifturm und dem Glockenturm von St. Moritz dem Münster gegenüber als etwas gewichtig ausnimmt.

Abb. 32 *Hans Thonauer (Donauer) d. Ä.: Ingolstadt von Süden, im Krieg zerstörtes Secco*
in der Residenz München (Kat. 12).

SEPTEMBER.
VENTIVOLANTE. LEPVS PEDIBVS SVPERATVR ABVMBRO,
GREX AGITVR CAMPIS; POMA LEGVNTVR AGRIS.

MENSIS. IX.
VILLICA PLEBEIA. GRADITVR NVTRICVLA TVRBA,
ET. QVÆ. RVRIS ERANT, EFFICIT VRBIS. OPES.

J. Carck pinx.   ab Amling celav. et sculp. 1701.

Abb. 33   Carl Gustav Amling: Ingolstadt nach dem Wandteppich des Monats September
in der Residenz München (Kat. 14).

Wir erkennen von links nach rechts u. a. Kreuztor und Taschentorturm, das Münster, davor etwas zu grazil die Hohe Schule, etwas klein auch fiel das Spital aus, der Renaissanceteil des Donautors zeigt fälschlich viereckige statt runde Türme, hier wird Peter Candid korrigieren. Gegenüber dem Candid-Teppich ist aber die Zuordnung des fialenbesetzten Treppengiebels des gotischen Turmbaus zum Renaissancebauwerk richtig gesehen, auch die Wiedergabe des Herzogskastens mit dem östlich anschließenden Rundturm ist hier authentischer als bei Candid. Zum erstenmal kam nun das südliche Donauufer mit den Mühlen und der Schießstätte (rechts im Vordergrund) zur Darstellung.

Die aquarellierte Zeichnung Carl August Lebschées vom 19. November 1871 nach dem Donauer-Fresko (Kat. 169) hält sich im allgemeinen an das Vorbild, versucht aber in einigen Details zu verbessern, z. B. beim Donautor. Die Wiederherstellung des Freskos wird der Atmosphäre des Antiquariums und des zerstörten Seccos gerecht, bleibt aber bewußt kursorisch. *Lebschées Kopie Abb. 34, Seite 53*

Wie schon die »Bairischen Landtaflen« Philipp Apians, die Sandtnerschen Stadtmodelle und die Fresken bayerischer Städte im Antiquarium der Residenz dienten auch die Städtebilder in den wandgroßen Monatsteppichen der Dokumentation des Landes am Münchener Hofe. Ingolstadt verdankt somit wie manch andere bayerische Stadt seine repräsentativsten und detailgetreuesten Darstellungen dem landesherrlichen Interesse, nicht dem eigenen Antrieb. Drei Serien von großformatigen Wandteppichen feierten das 51

Herrscherhaus und das unter diesem Hause blühende Herzogtum, die dritte Serie von 12 Teppichen war dem Jahresablauf in der Folge der Monate gewidmet[38]. Durch eine efeubewachsene Pergola blickt man jeweils auf das Leben und Treiben in diesem gesegneten Lande, dabei wurden vier Wandteppichen die bayerischen Haupt- und Residenzstädte als Veduten eingefügt: München, Landshut, Straubing und Ingolstadt. Ingolstadt findet sich auf dem Septemberteppich (Kat. 13). Entwurf und Karton waren das Werk Peter Candids, die Ausführung besorgte Hans van der Biest in München, 1613 wurde abgerechnet[39].

Septemberteppich nach Peter Candid Abb. 35–37, Seiten 54–55

Die Stadtansicht ist dank der Wirkstruktur von hohem Reiz. Wohl ist die Kenntnis des Ingolstadt-Freskos Donauers in der Münchener Residenz vorauszusetzen, jedoch genügt dieses als Vorlage nicht, wie an verschiedenen Details, z. B. des Donautors, des Schlosses, des städt. Pfeifturms usf., ersichtlich wird. Doch lag ja in München als unerschöpfliches Hilfsmittel das Stadtmodell von Jakob Sandtner von 1572/73 vor. Peter Candid hatte sichtlich das Donauer-Fresko gekannt, ihm ist er wohl in der Gesamtkonzeption und in vielen Details gefolgt, von ihm übernahm er u. a. die Darstellung des südlichen Donauufers, in manchem aber hat er korrigierend eingegriffen oder sogar neue Unklarheiten geschaffen, wie beim Donautor oder der Hohen Schule.

Leider haben die Farben der Teppiche im Laufe der Zeit gelitten, penetrant wirkt sich u. a. die Verschiebung der Grüntöne zu Blau hin vor allem bei der Landschaft aus[40], dennoch bleibt der Zusammenklang von genrehaftem Vordergrund und Hintergrund erhalten. Das südliche Donauufer zeigt, wie es der Ingolstädter Aulandschaft zwischen den Brücken angemessen ist, Jagdszenen, in der linken Bildhälfte die drei Kreuze beim Galgen und Donaumühlen, rechts des bildteilenden Stammes ist die Schießstätte erkennbar. Die Brücke aus Holz führt über den wildbewegten Strom zum Renaissancetor mit dem gotischen Treppengiebel im Hintergrund, dahinter St. Moritz mit dem Pfeifturm und Glockenturm. Im Vergleich zu den Münstertürmen wirkt dieser Mittelpunkt der Stadt etwas zu stark akzentuiert, doch konnte sich der Entwerfer auch auf die Perspektive berufen. Man erkennt des weiteren das Spital, Kreuztor und Taschentorturm, sehr verkleinert auch die Hohe Schule; in der rechten Hälfte Herzogskasten und Schloß mit vorgelagertem Garten.

Die Befestigungsanlagen der Renaissance umklammern die Stadt. Wie sehr die Stadt zur wehrhaften Festung geworden ist, zeigt der Vergleich mit der viel weicheren und schmiegsameren Kontur der spätgotischen Stadtumwallung, wie sie in der Zeichnung von 1519 ins Bild tritt. Die erhaltene Vorzeichnung (Kat. 13) wirkt im Vergleich zum Teppich etwas trocken-steif, der Kupferstich von Karl Gustav Amling von 1701 (Kat. 14) versucht einiges zu verdeutlichen; auch er erreicht aber ebensowenig das Fluidum des Originals.

Vgl. Abb. 5, Seite 26 Kupferstich von Amling Abb., 33, Seite 51

Academia Abb. 39, Seite 57

Ebenfalls der Selbstdarstellung des bayerischen Staats in fürstlichem Auftrag diente ein dem letzten Krieg zum Opfer gefallenes Secco der „Academia" in der Münchener Residenz von der Hand Hans Käpplers im Wappen oder Theatinergang von 1615 (Kat. 15). Für Bayerns Gelehrsamkeit steht die Personifikation der lehrenden, lorbeerbekränzten Academia, die in der Rechten ein Buch hält. Die Silhouette der Stadt, links die Kirche zur Schönen Unserer Lieben Frau (noch ohne Zwiebel), davor wohl die Hohe Schule, rechts das Neue Schloß mit dem zinnenbesetzten Giebel, verweist auf Ingolstadt als den Sitz der Hohen Schule Bayerns. Die Beschreibung Johann Schmids von 1685 gibt der erwarteten Resonanz Ausdruck: „Die Academia mit Lorbeer bekrönet / haltet in der Hand ein

Buech / unnd bezeuget / daß der Welt berühmte Areopagus nit mehr zu Athen, sondern

Abb. 34   *Carl August Lebschée: Ingolstadt nach dem Secco von Hans Donauer (vgl. Abb. 32), 1871 (Ausschnitt; Kat. 169).*

Abb. 35 und 36   *Details aus dem Wandteppich September (Kat. 13).*

VENTIVOLANTE LEPVS PEDIBVS SVPERATVR AB VMBRO,
GREX AGITVR CAMPIS; POMA LEGVNTVR AGRIS.

VILLICA PLEBEIÆ GRADITVR NVTRICVLA TVRBÆ,
ET, QVÆ RVRIS ERANT, EFFICIT VRBIS OPES.

HANS·VAN·B·BIEST·

Abb. 37   September-Teppich mit Ingolstadt-Vedute in der Residenz München (Kat. 13).

55

Abb. 38   *Michael Vogl: Burgfrieden von Ingolstadt mit schematischer Darstellung Ingolstadts (Kat. 58).*

Abb. 39
*Hans Käppler: Academia,
seitlich das Münster
mit Hoher Schule
und das Neue Schloß,
im Krieg zerstörtes Secco
in der Münchner Residenz,
1615 (Kat. 15).*

zu Ingolstatt anzutreffen / dann daselbst grünet eine der fürnehmsten hohen Schulen..."[41]. Doch stimmt auch bei diesem Bild nachdenklich, daß die Hohe Schule, auf die es gerade hier ankäme, nur ein geschulter Blick erkennt. Der Ruf der Universität Ingolstadt lag eben weit mehr im Ansehen ihrer Lehrer begründet als in einem aller Welt vorzuweisenden Gebäude.

Ein neues Genus von Ingolstadt-Ansichten tritt uns beim 1. Band der im Jahre 1626 erschienenen »Theologia Scholastica« von Adam Tanner (Kat. 22) entgegen: die Stadtvedute im Rahmen von Buchtiteln. Angesichts der Tatsache, daß es in Ingolstadt seit dem frühen 16. Jahrhundert leistungsfähige Druckereien gegeben hatte[42], verwundert, daß dies nicht schon früher und auch später nicht in größerem Maße geschah. Es ist wohl nicht mehr zu entscheiden, auf wessen Anregung die splendide Ausstattung dieses großen theologischen Werkes erfolgte: der Druckerei (»impensis Ioannis Bayr Ciuis et Senat. Ingolstadt. Typis Gvilielmi Ederi«), des Verfassers Adam Tanner, der ein angesehener Theologe war, der Universität, an der Tanner als Professor wirkte, oder des Jesuitenkollegs, dem er angehörte und dem ebenfalls an Repräsentation gelegen sein mochte.

Der angestrebte hohe Anspruch geht schon daraus hervor, daß man das Titelbild von Matthias Kager (»M. Kager Inuent.«) entwerfen und von Wolfgang Kilian (»Wolf. Kilian sculp.«) in Augsburg stechen ließ. Der Buchtitel erscheint in einer barocken Kartusche in der Mitte des Blattes, ein architektonischer Sockel zeigt in der Mitte Ingolstadt, vom südlichen Donauufer aus gesehen, seitlich begleitet von Ansichten der Hohen Schu-

*Vedute in Buchtitel
Adam Tanners
„Theologia
Scholastica"
Abb. 40, Seite 59*

57

le und des Jesuitenkollegs. Die Vedute Ingolstadts ist nicht zuletzt deshalb von Wert, weil sie vor Merians bayerischer Topographie, auch dessen »Theatrum Europaeum« liegt. Im großen und ganzen wird die Silhouette der Stadt mit sicherem Gespür wiedergegeben, lediglich der Turm des Münsters ist verzeichnet.

Bedeutsam ist, daß zwar Bilder der Hohen Schule und des Jesuitenkollegs, nicht aber einer Kirche oder eines sonstigen Gebäudes der Stadt beigegeben sind: Damit treten die beiden bestimmenden geistigen Mächte in dieser Universitätsstadt in den Blick: Universität und Jesuiten. Der Schaugiebel der Hohen Schule trägt den Schmuck von Lisenen, die in Fialen enden, das Bild mag dem Giebel des Herzogskastens entsprochen haben, das Türmchen ruht auf Konsolen und gibt dem Giebel einen nicht zu übersehenden Akzent. Das Bild des Jesuitenkollegs zeigt die gesamte Anlage mit Kreuzkirche und muß mit der Ansicht von 1702 bei Wening verglichen werden. Das Areal des Kollegs ist bereits allseits umschlossen, auch zum Münster hin.

Den geistigen Ort des Buchs macht die allegorienträchtige Umrahmung der Titelkartusche deutlich. Links: Die Taube des Heiligen Geistes schwebt über der Fides. Diese ist mit einem Kreuzdiadem gekrönt, hält in der Linken einen Kreuzstab mit Knauf, um den ein Schriftband mit dem Text »MAGISTRA FIDE« flattert, mit der Rechten führt sie einer Frau beim Schreiben die Hand. Diese trägt eine Krone auf dem Haupt, hält mit der Rechten die Feder und in der Linken ein aufgeschlagenes Buch: THEOLOgiae principium et finis DEVS.« Ich möchte sie deshalb als die Theologia ansprechen, der die Fides unter Beistand des Heiligen Geistes als Magistra die Feder führt, die Theologie, als der vornehmsten der Wissenschaften stehen ihr Nimbus und Krone zu, setzt den Fuß auf eine alte Vettel mit Buch, wohl die Häresie.

Rechts auf der Titelkartusche sitzt ebenfalls eine weibliche Allegorie, sie reicht mit der Rechten der Theologie ein Gefäß hin und hält in der Linken einen geflügelten Stab mit Knauf, das Schriftband: »MINISTRA RATIONE«. Dies scheint mir auf die Rolle der Ratio als Dienerin der Theologie hinzuweisen – die alte Rede von der Philosophie als »ancilla theologiae« wenigstens im Bereich der Theologie klingt hier nach, eben der Theologie, die in der Fides ihre Meisterin hat. Hinter der Ratio ein Säulenstumpf, wohl eine Anspielung auf Beständigkeit und Stärke, und in einer Nische die Eule: Die Ratio weiß sich der Beständigkeit und der Weisheit verpflichtet. Ihr zu Füßen hält ein Mann eine Maske vor das Gesicht, die Maske mag hier für Lug und Trug und damit als Gegensatz zur Ratio stehen.

Die Belagerung durch die Schweden 1632 Johannes Ulrich Windbergers Belagerungsbild Abb. 41, Seite 61

In erster Linie Ereignisbild will das 1633 entstandene Aquarell der Belagerung Ingolstadts durch die Schweden im Jahre 1632 von Johannes Ulrich Windberger sein (Kat. 23). Die Darstellung verrät den Maler, der in Miniaturen erfahren und gewissenhaft in der sachlichen Aussage ist, dem aber die Technik des Kupferstichs und damit das Lineament fremd geblieben sind. Auffälligerweise wählte man Pergament statt Papier, vielleicht sollte das Blatt dem Ingolstädter Privilegienbuch vor dem Doppelblatt von 1636, das ebenfalls aus diesem Jahre stammt, eingefügt werden, war es ja üblich geworden, den Seiten mit den Porträts der Räte der Stadt eine repräsentative Bildseite – meist mit dem Wappen der Stadt – vorauszuschicken[43].

Abb. 40 *Wolfgang Kilian: Titelblatt der „Theologia Scholastica" von Adam Tanner mit Stadtvedute und Bildern der Hohen Schule und des Jesuitenkollegs, 1626 (Kat. 22).*

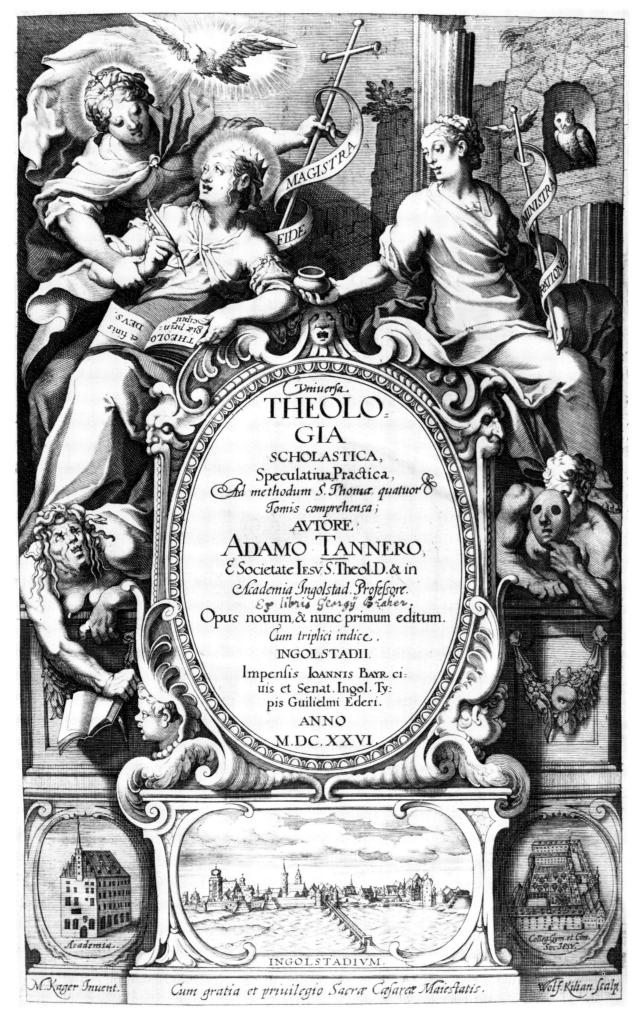

MAGISTRA

FIDE

MINISTRA

RATIONE

THEOLOG et finis
sit princ...

Vniuersa
THEOLO:
GIA
SCHOLASTICA,
Speculatiua, Practica,
Ad methodum S. Thomæ, quatuor
Tomis comprehensa;
AVTORE
ADAMO TANNERO,
E Societate Iesv S. Theol. D. & in
Academia Ingolstad. Professore.
Ex libris Georgÿ Braher.
Opus nouum, & nunc primum editum.
Cum triplici indice.
INGOLSTADII.
Impensis Ioannis Bayr. ci:
uis et Senat. Ingol. Ty:
pis Guilielmi Ederi.
ANNO
M.DC.XXVI.

Academia.

Colleg.Gym.et Con.
Soc.IESV.

INGOLSTADIVM.

M. Kager Inuent.

Cum gratia et priuilegio Sacræ Cæsareæ Maiestatis.

Wolf. Kilian Scalp.

Zwei Inschrifttafeln in den oberen Ecken schlagen das Thema an, links: »VRBS OBSIDIONE SVECICA LIBERATA IN FESTO S. CRVCIS M. DC. XXXII«, rechts: »VRBS A PRODITIONE HOSTIVM LIBERATA IN FESTO PENTECO: M. DC. XXXIII«. Das Bild sollte also die widerstandene Belagerung und die rechtzeitige Aufdeckung des geplanten Verrats der Stadt unter Statthalter Graf Kratz von Scharfenstein[44] in Erinnerung halten. Die beiden rollwerkgerahmten Legenden erwecken den Eindruck lapidarer Gedenkinschriften. Die linke Tafel verweist unter dem Titel »MVNITIO INGOLSTADIAna« auf die bezifferte Vedute der Stadt: 1. Kreuztor, 2. Obere Pfarr, 3. die Hohe Schule mit Türmchen und fialenbesetzten Giebeln, ähnlich dem Herzogskasten, 4. das Oratorium S. Mariae de Victoria der Bürgerkongregation vor dem Münster, 5. das Collegium Georgianum, 6. die Hl.-Kreuz-Kirche der Jesuiten, deren Turm hinter dem Münster hervorblickt, 7. Kolleg und Gymnasium der Jesuiten, kaum noch erkennbar, 8. die Georgskapelle am alten Kornmarkt (Schäffbräustraße), 9. Kirche und Spital zum Heiligen Geist, 10. Pfarrkirche St. Moritz mit dem Pfeifturm, 11. »Curia« (Rathaus), 12. Kirche und Kloster der Franziskaner, im Hintergrund noch wahrnehmbar, 13. Kirche und Kloster der Augustiner, 14. »Arx Vetus«, der Herzogskasten mit anschließendem Rundturm, 15. »Arx Nova«, das Schloß, 16. Friedhof von St. Sebastian mit Kirchlein, 17. Donautor, 18. »Munimenta interiora«, die Bastei beim Schloß, 19. die Donaubrücke, 20. »Munimenta Exteriora«, das Hornwerk. Die zweite Inschrifttafel (rechts) bringt Hinweise auf das Belagerungsgeschehen und topographische Angaben über das Südufer: »OBSIDIO SVECICA. A. Patibulum, ad quod cæpta obsidio (der Galgen, etwa in Bildmitte), B. Munimina aggressionum hostium (die Verteidigungsanlagen der Schweden vor dem südlichen Donauarm bzw. der sog. langen Brükke, Blattmitte), C. Agger pro locandis tormentis (Geschützstellung ebendort), D. Brachium Danubii (südlicher Donauarm, die Sandrach), E. Pons supra brachium (die sogenannte lange Brücke), F. Domus Carnificis, Asylum Suecorum (das Haus des Henkers, das den Schweden als Lazarett diente, unweit des Galgens), G. Domus pro pestiferis a suecis insessa (das von den Schweden besetzte Brechhaus, das für Ingolstadt die Funktion eines Seuchenlazaretts hatte, unter der linken Schrifttafel), H. Stabulum porcorum, Cancellaria Regis (ein Stallgebäude, das den Schweden als Kanzlei diente), I. Molendinum, Regis hospitium (eine Mühle, die Quartier Gustav Adolfs war), K. Munimina pectoralia (Brustwehren), L. Castra (Lager), M. Via ad Vrbem (Weg zur Stadt), N. Statio Vigiliarum (Wache an dieser Straße), O. Irruptio Suecorum (Angriff der Schweden am Brückenkopf), P. Campus Velitariorum (Soldatenhaufen auf dem Felde), Q. Dumeta et latibula hostium (Heckenwerk, das den Schweden zur Deckung diente), R. Pratum, in quo equus Regis globo traiectus (die Wiese, auf der das Pferd Gustav Adolfs von der Kugel getroffen wurde, links der rechten Inschrifttafel).«

Von allen Darstellungen der Belagerung Ingolstadts von 1632 dürfte dieses Aquarell, was historische Verläßlichkeit anlangt, an erster Stelle stehen, auch wenn Details der Stadtansicht etwas zu schlank geraten sind. Windberger hat Schußlinien eingezeichnet, die jeweils mit Kugeln die Treffer anzeigen sollen, es sind Schußbahnen, die die Festung Ingolstadt in Aktion zeigen, Gegenlinien schwedischer Provenienz fehlen. Dies macht

Abb. 41   *Johannes Ulrich Windberger: Belagerung Ingolstadts durch die Schweden 1632, Aquarell von 163(7?) (Kat. 23).*

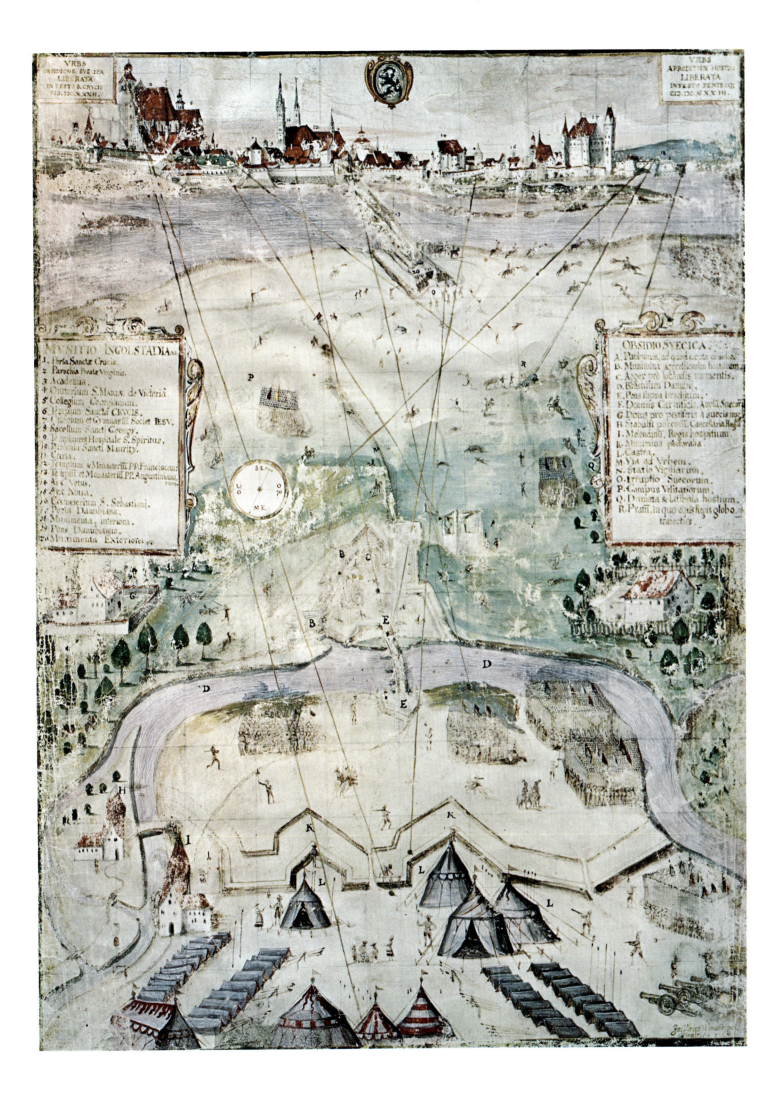

Abb. 42 *Franz Joseph Geiger: Marienbild mit der Silhouette Ingolstadts im Hintergrund, großes Ölbild, 1676 (Kat. 30).*

Abb. 43
Johannes Ev. Hölzl:
Blatt von 1749 aus dem
Ingolstädter Privilegienbuch
(Kat. 76).

Abb. 44 *Jesuitenkolleg von Osten, 17. Jahrhundert (Kat. 45).*

deutlich: Das Bild will in erster Linie ein Ruhmesblatt sein. Wenn auch mit letzter Sicherheit nicht entschieden werden kann, ob es tatsächlich für das Ingolstädter Privilegienbuch vorgesehen war, worauf die Größe und die Wahl des Pergaments hinweisen, und nicht, wie auch vermutet wurde, für die Bürgerkongregation[45], so dürfte doch außer Frage stehen, daß das Aquarell in bürgerlichem Auftrag entstanden war und somit als erste aller erhaltenen Ingolstadt-Veduten eindeutig Ausdruck städtischen Repräsentationswillens ist.

Einblattdruck aus Nürnberg Abb. 45, Seite 67

In einem eigentümlichen Kontrast zu der Darstellung Windbergers steht ein zeitgenössischer Einblattdruck, der einen umfänglichen Text mit einem Kupferstich der Belagerung Ingolstadts verbindet. Dieser Druck liegt in zwei Varianten (Kat. 24 und 25) vor, die sich in Titel, Textteil und Ornamentleisten unterscheiden, aber den gleichen Stich als Bild verwenden. Eine Version nennt in der Mittelleiste den Namen des Druckers: Ludwig Lochner, unter dessen Namen in Nürnberg bis 1632 eine Druckerei betrieben wurde[46]. Der Titel des Blattes führt bereits auf den Textteil hin: »Kurtzer vnd Eygentlicher Abriß / Der Haupt-Vestung Ingolstatt im Herzogthumb Bayren / sampt deroselben gelegenheit / Historischerweiß / wie sie zu dieser Zeit gebauet ist / zum theil auß eygner erfahrung kůrtzlich Beschrieben / vnd ins Kupffer gebracht.« Es geht also bei diesem Blatte in erster Linie um eine repräsentative Beschreibung der Stadt, ihrer Geschichte, ihrer Lage, ihrer Befestigungsanlagen, auf die schwedische Belagerung wird nur gegen Ende des Textes sehr zurückhaltend eingegangen.

Das Bild aber setzt einen anderen Akzent, hier wird die Belagerung in den Blick gerückt. Die Tatsache, daß Gustav Adolf diese Belagerung der Stadt am 4. Mai 1632 aufgegeben hatte – der verwundete Tilly war in deren Mauern am 30. April verschieden, Jakob Balde war Augenzeuge der Geschehnisse –, mag strategisch von untergeordneter Bedeutung gewesen sein, politisch hatte es auf die aufgewühlte Zeit als Fanal gewirkt: Diesmal hatte eine Stadt dem Schwedenkönig widerstanden. Der Drucker des Blattes konnte sich in Nürnberg, wo man sich kurz zuvor auf die Seite der Schweden geschlagen hatte und wo das Heer Gustav Adolfs mit 20 000 Mann lagerte und man auf dessen Betreiben neue Befestigungen errichtet hatte[47], eines Absatzes sicher sein, ein ausführlicher Bericht über die Ingolstädter Mauern, Wälle, Basteien und Gräben mußte in Nürnberg schon aus Interesse am eigenen Schicksal auf empfindsame Ohren treffen. Daß man damals in Nürnberg den Abzug des Schwedenkönigs beschönigte, ist ebenso verständlich wie die sibyllinische Prognose für Ingolstadts Zukunft: »... da dann diese Statt (Ingolstadt) in grosser Gefahr gestanden, biß entlich die Bayrischen den 24. Aprill mit ihrer Armee vffgebrochen vnd iren Weg nach Regenspurg genommen, darauff ihr Königl. Mayst. zu Schweden Ihr Läger auch vor Ingolstatt auffgehaben, dann Ihr Mayst. wolten ihr Volck nicht gerne Schaden leyden oder die Zeit vergeblich hinweg gehen lassen vnd den Feind ferrner Gelegenheit an die Hand geben, daß er sich sterckte, sondern Ihr Mayst. trachteten dahin, wie sie ihren Feind ruiniren möchten. Wie es noch ferner mit Ingolstatt hergehen wird, das wird die Zeit geben.« Da der Text auf den Tod Gustav Adolfs am 16. Nov. 1632 noch nicht eingeht, ist mit der Fertigstellung des Drucks vor diesem Zeitpunkt, wohl im Sommer 1632, zu rechnen.

Ludwig Lochner sah sicherlich über Nürnberg hinaus als Drucker und Verleger auch die Chance eines Absatzes für seinen dekorativen Stich im bayerisch-katholischen Lager. Er aktualisierte deshalb Überschrift und Text, die gezielte, detaillierte Beschreibung der Stadt weglassend: „Eygentlicher Abriß / Der Haupt-Vestung Ingolstatt sampt deroselben gelegenheit / dahin sich der Hertzog in Bayrn anjetzo widerumb den 19. September diß 1632. Jahrs / begeben / vmbständlich beschrieben / wie sie zu dieser zeit gebauet ist / vnd woher sie seinen anfang genommen hat« (Kat. 25). Zu einem Hymnus auf die Rolle Ingolstadts im Frühjahr 1632 und die über Gustav Adolf erzielte »Victori« freilich mochte sich der Nürnberger nicht bequemen. Nach wie vor bleibt die Beschreibung des Abzugs zurückhaltend: »...biß endlich die Bayrischen den 24. April mit ihrer Armee vffgebrochen, alßdann darauff Ihr Kön. May. zu Schweden ihr Lager auch auffgehaben vnd den Bayrischen Volck nachgezogen, da dann diese Statt vnd Vestung frey biß zur anderen Gelegenheit verblieben«. Die Nachricht über Kurfürst Maximilians Fahrt nach Ingolstadt wird mit einem Hinweis auf Erfolge Gustav Adolfs verbunden: »Jetzund aber, weil Ihr Kön. Mayest. in deß Friedländers Volck zimblichen Schaden gethon, da er vff Forchheim vnd Bamberg marschirt, hat sich mitlerweil der Hertzog von Bayrn nach Ingolstatt begeben, allda er vielleicht sich diesen Winter auffhalten wird, wie dann der Bayr. Fürst das Sprichwort führt:

> ›zu München will ich nehren
> zu Ingolstatt mich wehren.‹«

Auch die Zukunftsprognose liest sich in der Version dieses Blattes für Ingolstädter Ohren milder: »Was sich weiter kan zutragen, wird die Zeit mit sich bringen, hiermit der günstige Leser Gott befohlen sey.« Der Zeitpunkt des Drucks lag zwischen dem 19. Sept., der im Titel genannt ist, und dem 16. Nov. 1632 (Tod Gustav Adolfs), näherhin wohl Ende September/Anfang Oktober.

In dieser Variante wird auf die Nennung des Namens Lochners verzichtet, auf den Drukker weist lediglich das Monogramm »L.L.« in der unteren Bordüre hin. Die dekorative Gesamtwirkung des Blattes kann freilich nicht darüber hinwegtäuschen, welch wunderliche Gestalt die Details der Ingolstadt-Vedute in diesem Stiche angenommen haben. Dem Stecher hatte sichtlich nur eine flüchtige Skizze der Stadtsilhouette vorgelegen. Die sehr freie, geradezu unrealistische Darstellung Unsernherrns mit Mühle im Vordergrund könnte für die Aufnahme Unsernherrns in den Stich in Merians »Theatrum Europaeum« als Vorbild gedient haben.

Aus Merians „Theatrum Europaeum" Abb. 47, Seite 68

Vgl. Abb. 41, Seite 61

Der Kupferstich der Belagerung Ingolstadts 1632 aus Merians »Theatrum Europaeum« (Kat. 26) besticht durch Atmosphäre und Ausgewogenheit. Die Vedute der Stadt unterscheidet sich auffallend von derjenigen in Merians Topographie. Steckt man den Kreis möglicher Vorlagen ab und zieht man die Möglichkeit einer Anfrage in Ingolstadt in Betracht, stößt man auf Johannes Ulrich Windberger. Windbergers Aquarell der Belagerung weist überdies eine Quadratisierung in Bleistift auf, was auf eine Wiederholung oder zweite Ausführung schließen läßt. Doch sind Unterschiede nicht zu übersehen. Am ehesten ließe sich noch die Abweichung im Format erklären. Für Windberger bildet die Ingolstadt-Vedute den oberen Rand des hochformatigen Bildes, für den Stecher hingegen rückt Ingolstadt mehr ins Zentrum eines breitformatigen Bildes, während das kriegerische Geschehen zusammengedrängt erscheint und die Kirche von Unsernherrn, die wohl mehr der Phantasie als der topographischen Genauigkeit entsprungen ist, als Staffage dient.

Hätte dem Stecher tatsächlich eine Zweitausfertigung des Windberger-Aquarells vorgelegen, würden teilweise auch die Verzeichnungen des Stiches verständlich. Bei der Umsetzung eines malerischen Entwurfs in graphische Techniken treten nicht selten Mißverständnisse auf. Manche Details – etwa bei den Türmen des Münsters und von St. Moritz, der städtische Pfeifturm mit einer wunderlichen Fenstergliederung inbegriffen – könn-

Eygentlicher Abriß/

Der Haupt-Vestung Ingolstatt sampt deroselben

gelegenheit/dahin sich der Hertzog in Bayrn anjetzo widerumb den 19. September diß 1632.
Jahrs/begeben/vmbständlich beschrieben/wie sie zu dieser zeit gebauet ist/vnd woher
sie seinen anfang genommen hat.

Ngolstatt an der Thonau/ist vor
zeiten ein Dorff gewesen/vnd hat zu dem
Closter Altach gehöret/aber es ward Königs Ludwigen Gabweiß übergeben/wel-
cher zum ersten/vnnd hernach seine Erben
die Hertzogen von Bayren dasselbige zu ei-
ner Statt gemacht/die innerhalb 100. Jahren sehr zugenom-
men/vmb jhrent willen ist Anno 1504. der groß Bayrisch Krieg
entstanden/dann es wolt sie der Pfaltzgraf haben/aber die Hertzogen in Bayren wolten dieselbige nicht von sich lassen.

Es ist zu vnsern Zeiten eine Hohe Schul dahin gestifftet wor-
den/allda viel Gelehrter Leut erwachsen/da haben die Jesuiten
ein überauß schönes Collegium gebauet/hat auch gegen dem
Auffgang der Sonnen an der Thonau ein grosses starckes
Schloß mit vesten Rundeln/Katzen/Pasteyen/Schantzen/
Polwercken/vnd andern zu einer RealVestung gehörigen Gebäuen wol versehen: darinn wol ein König vnd Kayser wegen
viel schöner gelegenheiten/Residirn möchte. Diese Statt ist fast
allenthalben auff einer ebne/allein in der mitte gegen dem Thona-
Thor etwas in die nieder gehet/da dann der Thonastrom als ein
Schiffreich Wasser an der Statt fürüber fleust.

Solche Statt ist vom Hertzog Wilhelm deß jetzigen Hertzogen Vatter angefangen worden zu fortificiren/hernach vom
Hertzog Maximiliano noch lebenden Lands-Fürsten mit grossem
vnkosten nach vnd nach völlig außgebauet worden/ist auch in

guten stand biß anhero verblieben/aber zu diesen hochbetrübten
mühseligen zeiten/in deme fast alle Welt mit Krieg erfüllet/hat
es diese Statt auch nicht übergangen/sondern dieses 1632. Jahr
die schwere Kriegslast schmertzlich erfahren müssen/in deme sie
die zeit hero über von ihren eignen Kriegsvolck hart geplaget/
vnd die Burgerschafft mächtig gepresset worden.

Gedachtes Ingolstatt aber ist auch von Ihr Kön: Majest.
zu Schweden/den 18.19. April hart belägert worden/dann Sie
ihr gantzes Läger bey der Statt gegen Mittag geschlagen/die
Bayrischen aber gegen Mitternacht an der Statt/welche in grosser gefahr gestanden/biß endlich die Bayrischen den 24. April
mit ihrer Armee offgebrochen/alßdann darauff Ihr Kön May.
zu Schweden ihr Läger auch auffgehaben/vnd den Bayrischen
Volck nachgezogen/da dann diese Statt vnd Vestung frey/biß
zur andern gelegenheit verblieben/Jetzund aber/weil Ihr Kön:
Majest: in deß Friedländers Volck zimblichen schaden gethan/
da er off Forchheim vnd Bamberg marschirt/hat sich mitlerweil
der Hertzog von Bayrn nach Ingolstatt begeben/allda er vielleicht sich diesen Winter auffhalten wird/Wie dann der Bayr-
Fürst das Sprichwort führt: Zu München (willich) Nehren/
Zu Ingolstatt (Mich) Wehren.

Was sich weiter kan zutragen/wird die zeit mit sich bringen/
hiermit der günstige Leser Gott befohlen sey.

Verzeichnuß der vornehmsten Gebäuen zu Ingolstatt.
1. Das Schloß.   2. Prediger Closter.   3. S. Moritz.   4. Spital.   5. Academia.
6. Maria Victoria.   7. Vnser Frauen Kirch.   8. Jesuiter Collegium.
9. Das ThonaThor.   10. Zu vnserm lieben H. Ern.

Abb. 45   *Einblattdruck aus dem Jahr der Belagerung Ingolstadts durch die Schweden, 1632 (Kat. 25).*

Abb. 46   *Ingolstadt-Ansicht nach der Stadtvedute in Merians Topographie, 17. Jahrh. (Kat. 39).*

Abb. 47   *Belagerung Ingolstadts durch die Schweden im Jahre 1632, in: Matthaeus Merian, Theatrum Europaeum (Kat. 26).*

68

Abb. 48   Ingolstadt von Süden, in: Matthaeus Merian, Topographia Bavariae, 1644 (Kat. 28).

ten auf diese Weise entstanden sein. Doch sollen Korrekturen vor allem bei der Darstellung der Basteien – wurden sie bereits im Zusammenhang mit der für die Topographie gefertigten Skizzierung der Ingolstadt-Ansicht vorgenommen? – nicht verschwiegen werden.

Die Darstellung des Belagerungsgeschehens von 1632 des »Theatrum Europaeum« wurde mehrfach nachgestochen, wobei einem noch flacheren Format der Vorzug gegeben wurde, so von G. Bodenehr (Kat. 55) und von Georg Chr. Kilian um 1720 (Kat. 56), beide Blätter mit einer Legende, die bereits auf das Geschehen von 1714 Bezug nimmt, das erstere auch ohne Begleittext.

Das Blatt aus Merians »Theatrum Europaeum« wurde zur Vorlage für nicht wenige Ingolstadt-Stiche des 17. Jahrhunderts, ein Beispiel genüge (Kat. 35). Der in Birkens »Vermehrten Donau-Strand« von 1684 aufgenommene Stich wirkt wie eine Vergröberung der Darstellung aus dem »Theatrum Europaeum«, sogar die unrichtig wiedergegebene Kirche von Unsernherrn ist übernommen, von den Verzeichnungen in Details gar nicht zu reden, während auf die Belagerung von 1632 verzichtet wird.

Der Kupferstich in Merians Topographie von 1644 (Kat. 28) setzte den Maßstab für viele spätere Ingolstadt-Ansichten, auch für solche, die ihn nicht zur ausschließlichen Vorlage nahmen. Die Silhouette der Stadt wird von einem Standort beim Brückenkopf aus gesehen, im Vordergrund liegt das Hornwerk; der Augenpunkt des Aquarellisten Windberger war etwas mehr nach Westen gelegen gewesen. Die Information wird sachlich und routiniert, mit sicherem Blick für das Wesentliche vorgetragen. Hier kommt es zu keinen Verzeichnungen wie etwa bei der Darstellung der Belagerung durch die Schweden im »Theatrum Europaeum«, auf Details wie beim städtischen Pfeifturm wird verzichtet. Die Legende nennt 19 Objekte, einschließlich des Hornwerks am Brückenkopf. Bewußt wird, wie auch noch 1644 die mittelalterlichen Bauten mit dem städtischen Zentrum von St. Moritz und Pfeifturm (»Statt- und Blasthurn«) und den fürstlichen Polen der Obern Pfarr (Münster) im Westen, ihr vorgelagert die Hohe Schule und das Georgianum, und des herzoglichen Schlosses im Osten nach wie vor die Krone der Stadt bestimmen, wobei auffallenderweise das sogenannte Zeughaus beim Schloß und nicht der Herzogskasten als »Aldtenhof« ausgewiesen ist.

Dieses Blatt aus Merians Topographie diente ungezählten Stichen des 17. und 18. Jahrhunderts zur Vorlage. An Verbreitung ist es nur mit dem Ingolstadt-Stich Wenings ver-

*Merians
„Topographia
Bavariae"
Abb. 48*

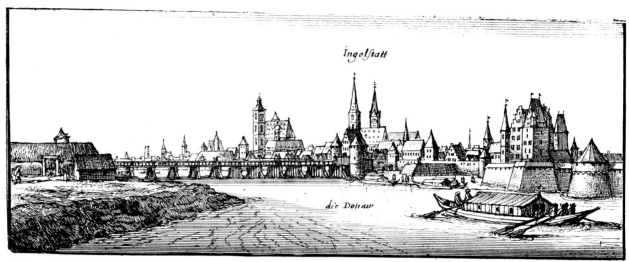

Abb. 49   *Wenzel Hollar: Ingolstadt von Südosten, 1655 (Kat. 29).*

Abb. 46, Seite 68 gleichbar. Ein Beispiel für viele (Kat. 39) sei hier gezeigt. Der Kupferstich folgt der Ansicht Ingolstadts in Merians Topographie bis ins einzelne, mildert aber die Erstreckung in die Breite, um ein besseres Bildformat zu erzielen. Das Bild erhält mehr an Himmel und sich bauschenden Wolken, ein Schriftband mit der Aufschrift »Die Vestung Ingolstatt« flattert zwischen dem bayerischen und dem ingolstädtischen Wappen, die 19 Objekte nennende Legende wird aus dem Bild herausgenommen und unter das Bild gesetzt, der Vordergrund gestreckt. Die Art und Weise, wie hier eine Bildvorlage zu einer repräsentativeren Wirkung gesteigert wird, verrät einen versierten Stecher.

Wenzel Hollar
Abb. 49 Der Kupferstich von Wenzel Hollar von 1665 (Kat. 29) hebt sich von der Reihe der Stadtansichten des 17. Jahrhunderts deutlich ab. Das kleinformatige Blatt verbindet zeichnerische Verve mit dem Gespür für atmosphärische Wirkung. Der Standort des Zeichners lag am südlichen Donauufer etwas unterhalb (südöstlich) des Schlosses, nur von dort aus zeigt sich letzteres in der wiedergegebenen Perspektive und schiebt sich das leichte Donauknie mit dem Hornwerk in das Blickfeld. Für Münster und St. Moritz mit dem Pfeifturm muß der Zeichner etwas in Richtung Donaubrücke zugeschritten sein. Donautor und Brücke jedoch rückte er frei von links in die Bildmitte herein, einen sachlichen Akzent setzend, obwohl sich das Tor in dieser Sicht nie vor St. Moritz und Pfeifturm einpendeln konnte: eine Folge künstlerischen freien Gestaltens oder einer nachträglichen Komposition zweier verschiedener Skizzen zu einem Bild? Der eigenwillig gewählte Standort, von dem aus die Stadtsilhouette gerafft erscheint, schließt die Benutzung bereits vorliegender Vorlagen aus, Hollar hatte allem Anschein nach Ingolstadt an Ort und Stelle gesehen und skizziert, vielleicht schon im Jahre 1636[48]. Das kleine Blatt stellt in der Folge der Ingolstadt-Ansichten des 17. Jahrhunderts unstreitig einen Höhepunkt dar.

Medaille von 1633
Abb. 50, Seite 71 Stadtansicht und Maria als Schutzherrin der Stadt erscheinen erstmals in einer Medaille von 1633 als Vorder- und Rückseite der Medaille umgreifende Einheit (Kat. 27). Patron der Stadt und der ältesten Pfarrei war zwar infolge der Schenkung erheblicher Teile Ingolstadts im Jahre 841 an das Kloster Niederaltaich der heilige Mauritius, doch spricht vielerlei dafür, daß bereits eine der beiden Kirchen des karolingischen Kammerguts – man denkt mit gutem Grund an Feldkirchen – Maria geweiht war[49]. Das 1425 begonnene Münster war Herrschaftskirche des Herzogtums Ingolstadt und städtische Pfarrkirche in einem[50], es erhielt auf ausdrückliche Anordnung seines Stifters bzw. Patronatsherrn,

Herzog Ludwigs des Gebarteten, vom 17. Dezember 1438 wegen eines überaus kostbaren, schönen Marienbildes den Namen »zu der schoenen unser frauen«[51]. Als Ingolstadt im Jahre 1632 von Gustav Adolf nicht eingenommen werden konnte, wurde Maria vom Siege von der Schutzherrin der Christen in der Seeschlacht von Lepanto von 1571 in besonderem Maße zur Beschützerin Ingolstadts im 30jährigen Kriege[52]. 1633 ließ die Bürgerkongregation Maria de Victoria diese Gedenkmedaille prägen, sie zeigt auf der Vorderseite Maria vom Siege mit der Jahreszahl 1633 und auf der Rückseite eine Ingolstadt-Ansicht. Der Legende der Vorderseite: »SANCTA. MARIA. DE. VICTORIA. INGOLSTA(T)« entspricht diejenige der Rückseite: »VRBIS. TVTELA. CIVIVM. PATRONA.«[53]

Auf eine ungewöhnlich repräsentative Weise wurde Maria als Beschützerin der Stadt in einem wandgroßen Votivbild verherrlicht, das sich heute im Städtischen Museum in Ingolstadt befindet (Kat. 30). Maria schwebt, die Krone auf dem Haupt, auf einer Wolke, mit der Rechten umfängt sie das Jesuskind, den Fuß setzt sie auf den sichelförmigen Halbmond. Sie ist in das himmlische Blau gekleidet, der Jesusknabe im Hoheitsgewande des Purpurs erhebt die Rechte zum Segen, während seine Linke das Kreuz hält. Das Marienbildnis nimmt die bildbeherrschende Mitte ein, die Personengruppen des Vordergrunds wirken ebenso wie die Säulen und der seitlich zurückgeschlagene Vorhang bühnenhaft, die in hellem Sonnenlicht liegende Stadt – mehr Andeutung als topographisch getreue Ansicht – ist gleichsam Bühnenbild im Hintergrund. Engelreigen umgeben Maria, ein flatterndes Schriftband schlägt das Thema an: »SVB TVVM PRAESIDIVM CONFVGIMVS.« Die linke Personengruppe wird von einem Mann mit Marschallstab angeführt, sein Wappen erweist ihn als den Statthalter Graf Johann de Berlo de Coquier. Ihn begleitet ein älterer Herr, dessen Wappen – in gespaltenem Schilde rechts ein Marienbild über Buch, begleitet von vier kleineren Wappen, links der nach links gewendete bayrische Löwe – ihn als Repräsentanten der Universität kenntlich macht: Die Universi-

Votivbild der Stadt Abb. 42, Seite 62

Abb. 50 *Ingolstadt auf einer Medaille zur Errettung der Stadt vor den Schweden 1632/3 (Kat. 27).*

tät hat dem Statthalter als Vertreter des Landesherrn den Vortritt zu lassen, hinter dieser Bildaussage standen die heftigen Querelen jener Jahre zwischen Statthalter und Universität, zwischen Militär und Wissenschaft[54]. Die Engelgruppe zur Rechten mit Pflug, Kornähren und Handelsware spielt wohl auf die ländliche, dem Handel zugewandte Stadt an.

Die Wappen, die die Engel um Maria halten, unterstreichen diese Deutung, auch wenn sie wegen der fehlenden Tinkturen und der nicht in jedem Fall gegebenen Konturenschärfe hinsichtlich Blasonierung und Identifizierung Schwierigkeiten bereiten. Über Maria halten Putten das kurfürstliche Wappen und den Kurfürstenhut. Zwei Gruppen von lorbeerumkränzten Wappen werden von Engeln getragen. Die Gruppe zur Rechten Marias (links vom Beschauer aus gesehen) umfaßt Wappen von Universitätsprofessoren bzw. von deren Familien, Initialen auf dem jeweils um den Lorbeerrahmen gewundenen Schriftband geben eine Deutungshilfe. Von oben: die Wappen des Rektors Dominicus von Bassus (»D. E. P. D. R. Magn.«)[55], des Johannes Oswald von Zimmern (»IOā Z. D. S. S. P.«)[56], des Johannes Jakobus Lossius (»I. I. L. D. S. S. C. P.«)[57], des Caspar Manz (»C. M. D. I. P. P.«)[58], des Johannes Anton Crollalanza (»I. A. C. D. P.«)[59], des Wirikus Emken (Wappen nicht ausgeführt; »W. E. D. D. P.«)[60], des Jakob Stelzlin (Wappen nicht ausgeführt; »I. S. D. M. P.«)[61] und des Universitätsnotars (Wappen nicht ausgeführt; »S. H. A. C. A. D. N. O. T.«). Die Gruppe von Wappen zur Linken Marias bezieht sich auf Bürgermeister und Räte der Stadt Ingolstadt.

Zwei Putten tragen drei zu einem lorbeerumkränzten Medaillon zusammengefügte Wappen der Professoren Caspar Denich (bzw. dessen Erben)[62], Ignaz Rath[63] und Johann Heinrich Scheifler[64] mit den Initialen: »C D D C P.«, »I. I. R. D. I. P.« und »I. H. D. M. P.«. Man möchte bei den Wappen an Stifter denken.

Das Bild ist datiert und signiert: »Fra: Ios. Geiger / Pinxit 1676«. Der Landshuter Hofmaler Franz Joseph Geiger hatte gerade in jenen Jahren große und repräsentative Aufträge für Ingolstadt ausgeführt wie das Hochaltarbild im Oratorium der Marianischen Studentenkongregation (heute Maria de Victoria) und die Apostelbilder des Münsters[65]. Eine ältere Ingolstädter Tradition sah in diesem Bilde, das im 19. Jahrhundert im Rathaus hing[66], ein Votivbild zum Universitätsjubiläum 1672, das allerdings erst verspätet fertig geworden wäre. Bei aller Betonung der Universität – den Professorenwappen gegenüber treten die bürgerlichen an Zahl und Gewichtung spürbar zurück – ist dieser Bezug wohl nicht erweisbar.

Ein Komet über Ingolstadt Abb. 51, Seite 73

Dem Charakter Ingolstadts als Universitätsstadt ist eine Vedute als Titelillustration einer kleinen astronomischen Schrift, die von einer in Ingolstadt erfolgten Beobachtung eines Kometen im Jahre 1677 handelt (Kat. 32), zu danken. Eine Kartusche weist auf diese Observation hin: »Cometa anni 1677 Ingolstadii observatus et disquisitioni Academicae subiectus«. Als Stecher ist Melchior Haffner angegeben, sicherlich Melchior Haf(f)ner jun.[67] Bei näherem Zusehen erweist sich die Ingolstadt-Ansicht als eine etwas freie, um topographische Details nicht allzusehr besorgte Wiedergabe, die jedoch durchaus noch Ingolstädter Bauten erkennen läßt. Der Standort des Zeichners liegt im Westen der Stadt: Der linke hohe Turm gehört zur Kreuzkirche der Jesuiten, etwas phantastisch wirkt das Westwerk des Münsters mit dem hohen Südturm, dem niedrigeren Nordturm, dem hohen, krabbengeschmückten Giebel und den schlankeren Treppentürmchen. Barockes Lebensgefühl hat sich unversehens der Stadtvedute bemächtigt, und das ausgerechnet in einer um exakte Wissenschaft bemühten Publikation eines Sachbereichs, in dem die Ingolstädter Jesuiten in Europa ebenso wie in Peking Vorbildliches geleistet hatten.

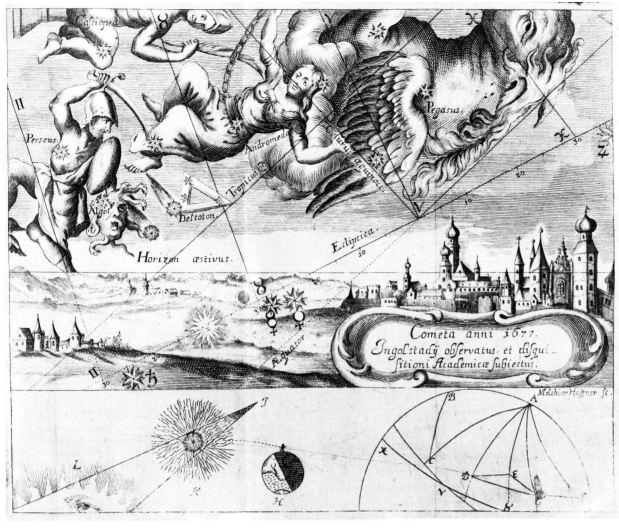

Abb. 51   *Melchior Haffner: Ingolstadt von Westen im Titelbild einer astronomischen Schrift, 1677 (Kat. 32).*

Von 1686 stammt ein Kupferstich, der den Reliquienschrein mit den Gebeinen des »Glorwuerdigen Roemischen Ritters und Martyrers Concordii« in dem Gotteshaus bei St. Johann im Gnadenthal vorstellt, der »undter dem Hoch-Altar verehrt und auffbehalten wird« (Kat. 37). Der Stich zeigt den Schrein im mittleren Drittel des Blattes mit dem »IHS«-Monogramm, darüber einen Aufsatz mit Inschrift, über dem ein Schriftblatt flattert, zwei Engel raffen den Bühnenvorhang zur Seite. In einer lorbeergerahmten Kartusche mit Rollwerk, Engelköpfen und Fruchtgehänge ist eine Ansicht von Kirche und Kloster Gnadenthal gegeben, der anscheinend Authentizität zukommt[68]. Das Türmchen der Kapelle trägt bereits eine Zwiebel. Die Fassade des Klosters zur Harderstraße hat sichtlich barocken Zuschnitt und ist seitlich über den Dachfuß hinaus zu einer prächtigen Schauwand verbreitert. Dem Stecher J. B. Wagner, der sich als Student der Philosophie bezeichnete (»J. B. Wagner. Ph. Stud: sculpsit Ingolstadii Anno 1686«)[69], mag es an technischer Erfahrung noch etwas gefehlt haben, aufs Ganze gesehen aber wirkt das Blatt frisch und im Rahmen der Ingolstädter Tradition durchaus eigenständig.
Eine ganze Reihe von Ingolstadt-Stichen aus verschiedenen Jahrzehnten stammt von Michael Wening, von denen wenigstens zwei noch dem 17. Jahrhundert angehören. Den Beginn macht das prächtige Blatt, dessen Signaturen »M. W. fe« und »Paul: Fürst Ex:« auf die Zusammenarbeit Wenings mit dem Verleger Paulus Fürst hinweisen (Kat. 31).

Abb. 52, Seite 74

Michael Wening

Abb. 53, Seite 75

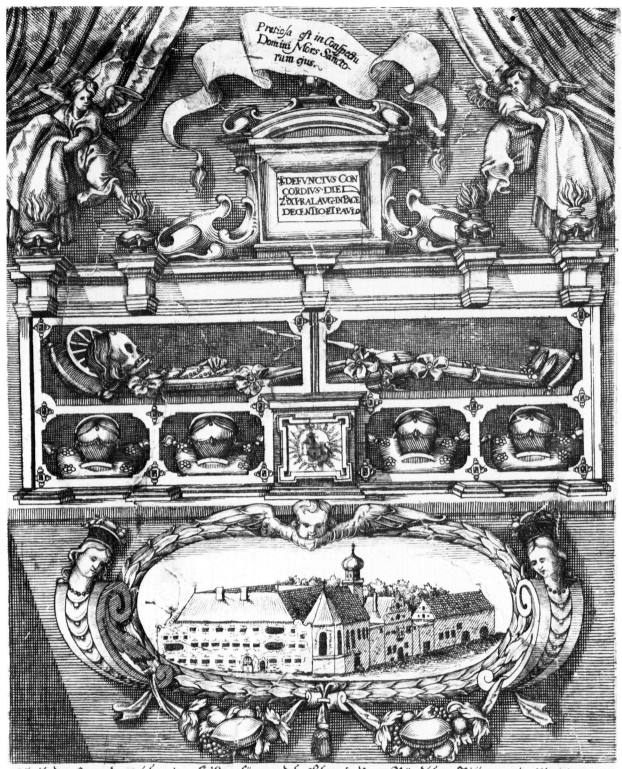

Abb. 52 *J. B. Wagner: Kirche und Kloster St. Johann im Gnadenthal in Kartusche*
unter dem Bilde eines Reliquienschreins, 1686 (Kat. 37).

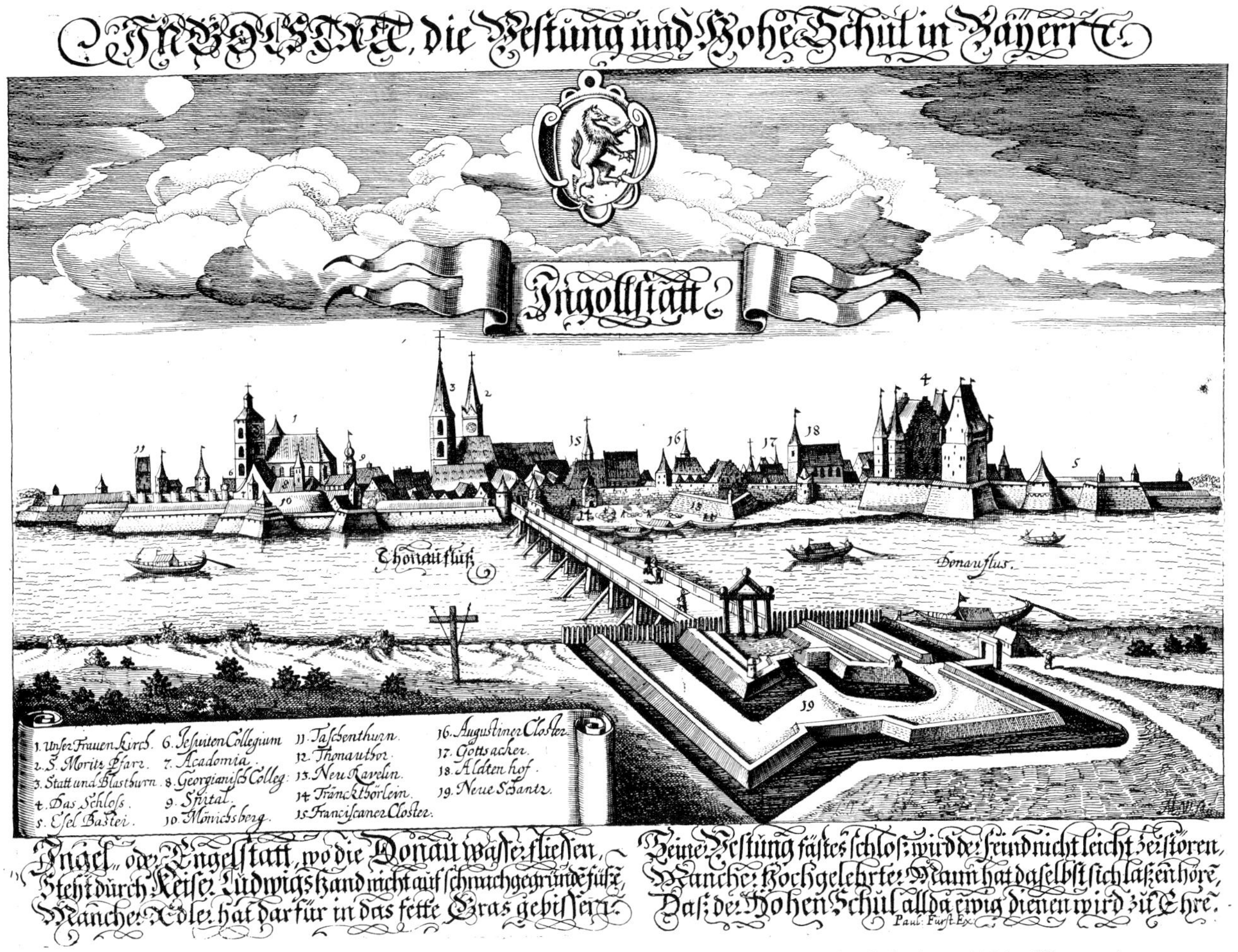

Abb. 53 *Michael Wening: Ingolstadt mit Gedicht auf die Stadt und die Hohe Schule, 1666/7 (Kat. 31).*

Der Kupferstich gehört zu einer Serie von Städteansichten von ca. 1665/70[70]. In Darstellung und Legende folgt der Stadtprospekt bis ins Detail dem Merianschen Stich von 1644, durch Texte und Wappen wird jedoch das extreme Breitformat in ein ausgeglicheneres, bildwirksames Format überführt, der spartanische Merian-Stich findet sich also in weit repräsentativer wirkender Präsentation wieder. Der Text stellt die zweifache Bedeutung Ingolstadts als Festung und Universitätsstadt heraus, die Aussage des Titels wird in originellen Versen entfaltet:

> »Ingel- oder Engelstatt, wo die Donauwasser fliessen,
> Steht durch Keiser Ludwigs Hand nicht auf schwachgegründen Füßen,
> Mancher Edler hat darfür in das fette Gras gebissen.
> Seiner Vestung fästes Schloß wird der Feind nicht leicht zerstören,
> Mancher Hochgelehrter Mann hat daselbst sich laßen hören,
> Daß der Hohen Schul allda ewig dienen wird zu Ehren.«

Ein anderer Kupferstich Wenings im Historienkalender von 1680 zeigt das Gnadenbild der Schuttermutter, über dem Augustinerkloster schwebend (Kat. 33). Neben dem gotischen Kirchlein mit dem Dachreiter steht das kleine Kloster der Augustinereremiten, die Schutterkirche ist diejenige des ausgehenden 14. Jahrhunderts, die freilich im Laufe der Jahrhunderte einige Veränderungen im Detail über sich ergehen lassen mußte[71]. Die Sub-

Historienkalender von 1680 Abb. 54, Seite 76

Gnadenreiche Bildnus der Seligisten Jungfrau vnd Müetter Gottes Mariæ, Welche in dem Löbl: Closter R:R:P:P. Ord. Crem. S. Augustini zu Ingolstatt Andächtig besuchet, vnd verehret wird.

Abb. 54 *Michael Wening: Augustinerkloster in Ingolstadt unter dem Gnadenbild der Schuttermutter (Kat. 33).*

Abb. 55   *Michael Wening: Jesuitenkolleg von Osten aus der Vogelschau, 1701 (Kat. 46).*

scriptio lautet: »Gnadenreiche Bildnus der Seligisten Jungfrau vnd Muetter Gottes Mariae, Welche in dem Löbl. Closter R. R. P. P. Ord. Erem. S. Augustini zu Ingolstatt Andächtig besuchet vnd verehret wird.«

Diesen Wening-Stich nimmt der Kupferstich des Augustinerklosters des Augsburgers Johann Matthias Steudlin von ca. 1740 (Signatur: »Joh. Matth. Steidlin sculp. Aug. Vind.«) zur Vorlage (Kat. 72). Auf das Gnadenbild wird wohl um des Charakters dieses Buches willen verzichtet. Information wird auf eine sachliche, perfekte Weise, die in diesem Falle der Weningschen Vorlage zu verdanken ist, vorgetragen.

Das Jesuitenkolleg aus der Vogelperspektive zeigt der bekannte Wening-Stich von 1701 (Kat. 46). Das Blatt fordert den Vergleich mit einem Ölbild des 17. Jahrhunderts (Kat. 45), das zu einer Reihe von Ansichten des Jesuitenkollegs zählt. In beiden Bildern ist das Jesuitenkolleg isoliert von der Umgebung der Stadt dargestellt, im Ölbild in freier Landschaft mit Berg und Burg im Hintergrund, bei Wening ohne jegliche Szenerie. Unterschiede zeigen sich in Details, vor allem bei der Fassade der Hl.-Kreuz-Kirche. Von den Gebäulichkeiten haben sich lediglich der große Bau im Vordergrund (heute Canisiuskonvikt) und der Orbansaal, der einige Jahrzehnte später über dem Arkadengang errichtet wurde, der 1701 noch Hof und Garten des Kollegs trennte, erhalten[72]. Städtebaulich bedeutsam ist, daß damals noch die Kreuzkirche stand und das Areal des Kollegs zum Münster hin durch ein mehrstöckiges Gebäude geschlossen war.

Die Nutzung nach Schafhaeutl[73]: Im vorderen Trakt von links: Wilhelminum (Seminar, Ecktrakt), Pädagogium (Gymnasium, Mitte des Trakts), Wohnung des Rektors (Haus

Das Jesuitenkolleg Abb. 55 und Abb. 44, Seite 64

neben der Kirche), daneben Kreuzkirche mit dem zur Eingangshalle gewordenen ehemaligen Hieronymuskirchlein. Der Flügel, der das Areal zum Münster hin abschloß, war Teil des Wilhelminums; der der Kreuzkirche parallel laufende Gebäudeteil diente den Jesuitenpatres als Wohnung, in der Verlängerung der Kirche mit dem Turm stand die Jesuitenbibliothek, der mächtige Block im Westen hieß »Breisach«, den westlichen Abschluß bildeten Ökonomiegebäude. Als Sternwarten dienten zeitweise der Turm der Kreuzkirche, der Turm beim sogenannten »Breisach« und das Türmchen über dem vorderen Trakt.

Die Anlage des Kollegs wirkt weitläufig und prächtig, allein schon die raumgreifende Größe verwundert in der mittelalterlichen Stadt. Das Jesuitenkolleg erwies sich schon städtebaulich als ein unübersehbares Gegengewicht zur Hohen Schule jenseits des Münsters. Die jesuitenfeindliche Stimmung nach Aufhebung des Ordens 1773 hatte den Blick auf die architektonische und künstlerische Qualität des Gesamtkomplexes so sehr getrübt, daß man diesen zusammen mit der Hl.-Kreuz-Kirche, die ein bedeutendes Baudenkmal der Spätrenaissance war, im 19. Jahrhundert wenigstens teilweise zum Abbruch freigab.

Vor diesem Hintergrund mutet die Schilderung im 1785 in Frankfurt erschienenen Antiquarius wie ein Nachruf an, der nochmals die alte Herrlichkeit aufklingen läßt:

»Das ehemalige Jesuitercollegium nebst der Kirche samt dem Gymnasium und Convictorium sind lauter Gebäude, die ein curiöser Reisender nicht wohl vorbey gehen darf; vornämlich sind die beiden erstern Gebäude mit dem großen Saal, dem zierlichen mathematischen und astronomischen Thurm mit seiner Zugehör und der schönen Bibliothek, die sich schon längst bekannt gemacht haben, wohl zu betrachten. Dieses nun exjesuitisches Gymnasium bestund vor ihrer Aufhebung beständig aus 24 Patres-Professoren, und die Anzahl der Fratres-Professoren und anderer Lehrmeister erstreckte sich über 150. Die Bibliothek ist vom Pater Appianus gestiftet worden; der Büchersaal aber hält in seiner Länge über 80 Schritte. Er ist von guter Bildhauerarbeit in Eichenholz und die Decke mit den Bildnissen des Bellarminus, Obert Gifanus, Peter Appianus und verschiedener anderer berühmten Jesuiten geziert. In der Höhe umgibt ihn eine Gallerie, welche überhaupt verdient in Augenschein genommen zu werden. Vor derselben hängen die Bildnisse vieler Jesuiten in der Kleidung von chinesischen Mandarinen, und in andern Trachten, welche sie als Missionarien in auswärtigen Ländern getragen haben. Nebst der Bibliothek besiehet man des Pater Urbanus, Churfürsten Johann Wilhelms von der Pfalz gewesenen Beichtvaters, Sammlungen von allerley Curiositäten, vor welche ein besonderer großer und ansehnlicher Saal gebauet ist. Sie bestehen aus mancherley ausländischem Hausrath, Trachten, Rüstungen, Alterthümern, Handschriften und Gemählden, wie auch in Thieren, Muscheln, optischen Sachen und andern mathematischen Dingen, welche doch meistentheils unter einander liegen und sehr rar zu sehen sind.«[74]

Spolien des Bibliothekssaals haben sich wohl in der Reihe der Jesuitenbildnisse im Städtischen Museum erhalten, der im Wening-Stich noch fehlende Orbansaal steht noch heute im Schmucke seiner reichen Stuckierung, die wohl das Werk Wolfgang Zächenbergers ist. Was die für den Orbansaal vorgesehenen Fresken anlangt, haben sich Entwürfe erhalten, von der Orbanschen Sammlung finden sich Reste in Münchener Museen.

Wening
Abb. 56, Seite 79

Die Stadtvedute in der Topographie Michael Wenings (Kat. 47) übertrifft alle vorausgehenden Stiche an topographischer Exaktheit. Der Band des Rentamts München erschien bereits 1701, doch steht außer Frage, daß längere vorbereitende Arbeiten vorausgegangen sein müssen. Für Ingolstadt findet sich – ähnlich wie für Donauwörth[75] – ein

Abb. 56 *Michael Wening: Ingolstadt von Süden mit dem Hornwerk am Brückenkopf, 1701 (Kat. 47).*

einschlägiger Vermerk in den Kammerrechnungen der Stadt vom Jahre 1698: »Herren Wenig, Churfürstlichen Cammerdiener vnnd Kupferstecher, so auf Churfürstlicher gnädister Commission hiehero geraist vnnd die alhiesige Statt abgerüssen vnnd auf das Kupfer gebracht hat, ist die Zöhrung lauth Specification bezalt vnnd verehrt wordten: 54 fl. 9 kr.«[76] Der Eintrag macht deutlich, daß Wening nicht als Privatmann, sondern in kurfürstlichem Auftrag reiste, das ganze Unternehmen also offizieller Natur war. Was den erstaunlich reichhaltigen Text betrifft, wurden im Jahre 1698 Fragebögen versandt, die schließlich der Münchener Jesuit Pater Ferdinand Schönwetter auswertete[77]. Die Rücksendung der Bögen war sichtlich verschiedentlich nur zögernd erfolgt. Das Protokoll der Sitzung des Ingolstädter Rats am 13. Mai 1699 vermerkt: »Ein gnedister Befelch, daß die Beschreibung Ingolstadtt fürderlich solle eingeschickht werden.«[78]

Das Blatt Ingolstadt gibt den Befund des Jahres 1698 wieder[79]. Die hohe Verläßlichkeit der Darstellung mag es rechtfertigen, auf die einzelnen Details näher einzugehen. Von links nach rechts sind mit Siglen ausgewiesen:

Der Taschenturm (X), die Hohe Schule mit Giebeltürmchen (K), die Kirche zur Schönen Unserer Lieben Frau, genannt die »Ober Pfarrkirchen« (A), die Peterskirche des Georgianums, die eigentlich Petrus und Paulus geweiht war (H), das heute abgebrochene Georgskirchlein (J) am alten Kornmarkt, der Schäffbräustraße, das Oratorium der Bürgerkongregation Maria de Victoria (G) südlich des Münsters, von der Jesuitenkirche, der Kreuzkirche (C), sieht nur der Turm herüber. Ähnliches gilt von der Gnadenthalkirche (D). Der breite Riegel des Spitals mit dem Dachreiterchen (6) tritt ins Bild, hinter dem Donautor St. Moritz, die »Vnder Pfarrkirchen« (B) mit dem spitzen Glockenturm (rechts) und dem städtischen Pfeifturm (links), der noch den alten Turmhelm zeigt. Vor St. Moritz erkennt man gerade noch die Spitzen der Rathausgiebel. Mit hohem Anspruch tritt sichtlich das »Crollalanzische Haus« (S) in der Ludwigstraße auf, ein ehemaliges Professorenhaus, das später Professor Ickstatt umbauen ließ[80]. Dach und Dachreiter der Franziskanerkirche (E) sind dem sachlichen Gewicht entsprechend behandelt, aber falsch postiert, das Augustinerkirchlein zeigt bereits ein barockes Türmchen. Der Herzogskasten, in der Legende als kurfürstliches altes Schloß (P) ausgewiesen, wird in seiner Blockhaftigkeit gezeigt, der erkerhafte Anbau an der Südseite fehlt bereits ebenso wie die Ecktürmchen am Dach[81], die noch das Sandtnersche Stadtmodell von 1572/3 zeigt. Gleich rechts daneben hinter dem Rundturm ist die für das Leben in einer Resi-

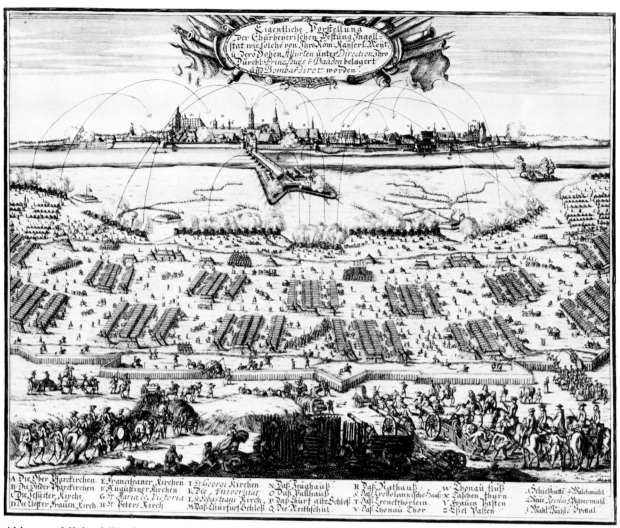

Abb. 57 *Michael Wening: Beschießung Ingolstadts, ca. 1704 (Kat. 50).*

denzstadt bedeutsame Reitschule[82] (Q) angedeutet, die Sebastianskirche (L) fehlt auch sonst selten in einem Stich, das Ballhaus (O) war eine der wichtigsten Stätten für Sport und Spiel gewesen, es stand am Paradeplatz und ist längst abgebrochen[83]. Das Zeughaus (N) leitet zum Schloß (M) über, dessen Giebel noch den Schmuck der zinnenartigen Fialen trägt, daneben die Eselbastei (Z). An Stadttoren finden sich wiedergegeben: das Donautor mit dem gotischen Torturm hinter dem Renaissanceteil (V) und das Tränktörl (T) an der Donaulände. Die Donaulände wird in ihrer Funktion als Anlegestelle der Schiffe begreifbar gemacht, donauabwärts liegen die »Mahlmühl« (3), die »Walchmühl« (4) und die »Pulvermühl« (5), letztere am rechten Bildrand. Am Südufer der Donau breiten sich der Brückenkopf, das »Neue Revelin« (2) und die Schießstätte (1).

Schlachtenkupfer Wohl ebenfalls in die Reihe der Weningschen Ingolstadt-Stiche, näherhin in die Reihe
Abb. 57 der Schlachtenkupfer Michael Wenings[84], gehört das prachtvolle Blatt der Belagerung Ingolstadts, die vom 11. bis 18. August 1704 währte und schließlich ergebnislos abgebrochen wurde (Kat. 50). Der Titel in einer über Stadtvedute und Schlacht schwebenden Kartusche lautet: »Eigentliche Vorstellung der Churbeyerischen Vestung Ingollstat, wie solche von Ihro Röm. Kayserl. Meyt. u. dero Hohen Alliirten unter Direction Ihro Durchl. Princ. Louys v. Baaden belagert und Bombardiret worden.« Die Legende nimmt
80 auf Details der Stadt, nicht des Heerlagers, Bezug. Der Markgraf von Baden mit Gefolge

beobachtet hoch zu Pferd im Vordergrund das Geschehen. Detailselig sind Heerlager und Bombardement wiedergegeben, die Schußbahnen verleihen dem Blatt eine aparte graphische Note. Da die Festung Ingolstadt bei dieser Belagerung nicht eingenommen werden konnte, ließ sich das Blatt durchaus auch in bayerischer Sicht vertreten. Ein Vierteljahr später – der Ilbesheimer Vertrag vom 7. November hatte neue Verhältnisse geschaffen, die Kurfürstin hatte die Übergabe der Festungen zusichern müssen –, am 7. Dezember 1704, ritt dann »Ihro Hochfürstliche Durchlaucht« Prinz Eugen von Savoyen »in einer schönen Cavalcada« ein, der Ingolstädter Statthalter gab schließlich für die hohe Generalität und die Herren Offiziere ein Essen, während Prinz Eugen sich mittags bereits wieder nach Vohburg begab, der Krieg hatte für die Festung Ingolstadt ein operettenhaft anmutendes vorläufiges Ende gefunden, über die Folgen der Besatzung sprach man später[85].

Wenn von Wenings Topographie die Rede ist, darf vom »Kurbayerischen Atlass« *Anton Wilhelm Ertl* (1687/90) Anton Wilhelm Ertls, eines ehemaligen Studenten der Universität Ingolstadt, dann kurbayerischen Hofgerichtsadvokaten und schließlich Hofmarksrichters des Klosters Rottenbuch, nicht geschwiegen werden[86]. Dieses Werk war – trotz kleinen Formats – ein hochmögendes Unternehmen, gilt es ja nicht ohne Grund als »die erste Beschreibung Bayerns in Wort und Bild, die in Bayern selbst entstanden ist« (Hans Bleibrunner[87]), war also eine Topographie aus bayerischem Impetus. Obwohl Wort und Bild eine Einheit bilden, liegt doch das Gewicht bei den beschreibenden Texten. Stolz auf das bayerische Land, näherhin das Kurfürstentum Bayern, und seine Geschichte schlägt dem Leser schon aus dem Vorwort entgegen: »Man wird nicht leicht ein Landschafft, Fürstenthum oder Königreich finden, dessen Geschichte und Begebenheiten mit der Zeugnus so vieler hochberühmten Federn seyen geadlet worden als das weltbekannte Churfürstenthum Bayern; also daß man nicht unbillich in einen Zweiffel fallen möge, ob Bayern mehrers durch seine siegprangende Waffen oder durch den Glantz so vieler hochsinnigen Geschicht-Verfassern seye bis an die Wolcken erhoben worden? Doch ist es schmertzlich zu betauren, daß bishero nicht ein einziger sich eingefunden, welcher neben denen Bayrischen Jahrsbegebenheiten auch andere zu dem Churfürstenthum Bayern gehörige schöne Anmerckungen abgebildet habe.«[88]

Der Informationswert des Bildteils entspricht demjenigen des Textes nicht in vollem *Abb. 58, Seite 82* Maße, auch unterscheiden sich die Orts- und Klosteransichten hinsichtlich ihrer Verläßlichkeit spürbar. Als Stecher der Ortsansichten wird Johann Ulrich Kraus genannt[89]. Leider gingen den Stichen zumeist keine eigenen Aufnahmen vor Ort voraus, vielmehr wurden die Stiche in Merians Topographie zur Vorlage genommen[90]. Dies gilt auch vom Blatt Ingolstadt (Kat. 43). Der Vergleich zeigt aber, daß man nicht nur die Vorlage in das viel kleinere Format bei Ertl übertragen mußte, sondern auch bedacht war, von dem extremen Breitformat der Vorlage wegzukommen. Dies geschah durch ein fast unmerkliches seitliches Zusammenschieben, worin sich die Routine des Stechers zeigt.

Die Zahl an Ingolstadt-Veduten um 1700 ist groß. Nicht immer entsprechen Informationswert und künstlerische Qualität den Erwartungen. Zumeist nimmt man ein vorliegendes Werk zur Vorlage. Der Kupferstich des Augsburgers Albrecht Schmidt z. B. (Kat. 38) folgt weitgehend der Darstellung der Belagerung Ingolstadts 1632 in Merians »Theatrum Europaeum«. Der Stadtprospekt selbst wird in die Mitte des Bildes gerückt, Unsernherrn als Vordergrund weggeschnitten und auf die Wiedergabe des militärischen Geschehens verzichtet. Auf diese Weise wird ein Schlachten- und Belagerungsbild zu einer allgemeingültigen Stadtansicht umstilisiert. Mit der mangelnden Ortskenntnis des

1. Vnser Frauen Kirch . 2. S. Moritz Pfarr. 3. Statt u. Blasthurn . 4. Das Schloß.

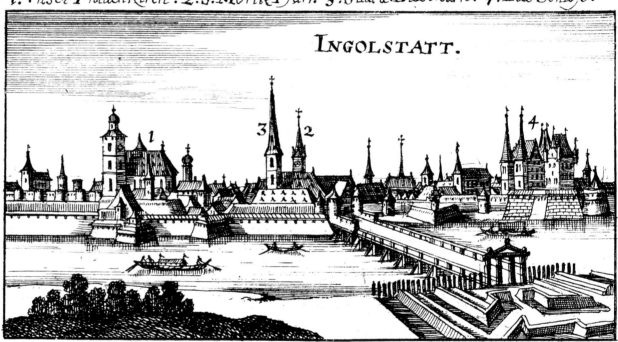

Abb. 58   *Ingolstadt von Süden, in: Anton Wilhelm Ertl, Chur-Bayerischer Atlas, 1687 (Kat. 43).*

Abb. 59   *Ingolstadt von Süden, in: Der getreue Reiß-Gefert, 1686 (Kat. 40).*

Stechers mag zusammenhängen, daß nicht der Stich aus Merians Topographie, sondern der in Details weit weniger verläßliche aus dem »Theatrum Europaeum« als Vorlage gewählt wurde. Es verwundert ohnedies immer wieder, wie lange sich einige wenige Stiche – diejenigen von Merian vor allem – als Vorlagen gehalten haben.

Reiß-Gefert
Abb. 59 Der kleinformatigen Ingolstadt-Darstellung im »Reiß-Gefert durch Ober- und Nieder-Teutschland«, 1686 bei Christoph Riegel in Nürnberg erschienen, gedruckt bei »Andreas Knortzen seel. Wittib« (Kat. 40), diente ebenfalls der Stich aus Merians Topographie als Vorlage, wobei jedoch die Silhouette seitlich zusammengeschoben wird, um ein

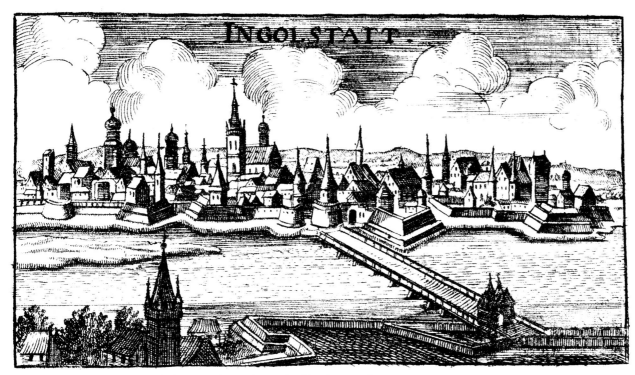

Abb. 60 *Ingolstadt mit Kirche von Unsernherrn im Vordergrund,*
in: Circuli Bavarici Succincta Descriptio, 1703 (Kat. 48).

günstigeres Blattformat zu erzielen. Durch Bezifferung sind das Münster, St. Moritz, der
»Statt und Blasthurn« (der Pfeifturm) und das Schloß besonders hervorgehoben.

Kupferstich und Text werden vom »Curieusen Passagier, welcher in Compagnie getreuer Reiß-Gefehrten gantz Ober- und Nieder-Teutschland durchreiset«, 1725 bei
Christoph Riegel in Frankfurt und Leipzig verlegt (Kat. 61), übernommen. Der Text
empfiehlt Ingolstadt als »schöne und veste Ober-Bayerische Stadt an der Donau«, wohl-
meinend wird auf Details eingegangen. Und so kurz auch der Artikel über Ingolstadt ist,
so werden doch u. a. gerühmt: Schloß, Münster, Jesuitenkolleg und die Häuser der Bürger (»schön und wol gemahlet«).

Ein später Nachfahr des »Reiß-Gefehrten« scheint eine Federzeichnung von Georg Salomon Weiß aus dem Jahre 1735 zu sein (Kat. 70). Trotz peinlich exakten Haftens an Ne-
bensächlichkeiten wie bei der Busch-Staffage des Vordergrunds erlaubt sich Weiß einige
Freiheiten wie bei der Fenstergestaltung des südlichen Münsterturms, korrigiert aber
nicht nach dem neuen Baubestand, was beim Pfeifturm auffällt.

Dem Stich im »Theatrum Europaeum« verpflichtet ist die Ingolstadt-Vedute in der »Circuli Bavarici Descriptio« von 1703 (Kat. 48). Trotz des kleinen Formats wirkt die Darstellung nicht zuletzt der barock sich bauschenden Wolken wegen dekorativ. Wohl ist im
Vordergrund die Kirche von Unsernherrn – ebensowenig topographisch getreu wie im
Merianschen Vorbild – erkennbar, das Schlachtengeschehen aber bleibt ausgespart, soll
ja statt eines Ereignisses die Stadt schlechthin dargestellt werden. Im einzelnen ist es bei
den Verzeichnungen und Fehlinformationen der Vorlage geblieben, diese sind sogar um
einige weitere Mißverständnisse wie beim Donautor vermehrt. Das seitliche Zusammen-
drängen gibt dem Stich eine fast signethafte Wirkung.

Weit verbreitet ist das Blatt G. Bodenehrs aus »Force d'Europe« von ca. 1720, das im wesentlichen den Grundriß der Stadt und ihre Lage an der Donau zeigt (Kat. 54). Jedoch

Abb. 60

scheint weithin vergessen, daß Bodenehr bereits – die Texte etwas verändernd – eine Vorlage kopierte, nämlich den entsprechenden Stich in dem 1703 bei Christoph Riegel in Frankfurt und Leipzig erschienenen »Chur-Bairen« (Kat. 49), das im einzelnen auf die Stadt eingeht, die »nach München und Landshut die beste, oder wie sie sich lieber nennen lässt, die dritte Haubtstadt des Hertzogt. Baierns« ist. Der Riegelsche Stich hinwiederum geht auf Ertl (Kat. 44) zurück.

Abb. 61

Den Schwerpunkt legt der Stich auf die Festung, die in ihren drei Abschnitten, der türmereichen spätgotischen Mauer, den Verstärkungen des 16. Jahrhunderts durch Basteien an den Eckpunkten und den vorgelagerten bastionären Anlagen, bildbeherrschend wirkt, drei Ausfallstraßen durch das Donau- und das Feldkirchner Tor sowie durch das Kreuztor sind festgehalten, während der Auslaß nach Norden durch das Hardertor aus Gründen der Sicherheit kassiert ist. Herausragende Bauwerke wie die Obere Pfarr (das Münster), die Untere Pfarr (St. Moritz), Schloß und Hohe Schule sind eingezeichnet, doch begnügte man sich mit der ungefähren Lageangabe. Die Struktur der Straßen und Plätze bleibt außer Betracht.

G. Bodenehr übernimmt nun die Vorlage, diese in redaktionellen Dingen wie Beschriftung etwas verändernd, und verbindet den Stich mit einer beidseitigen Legende, die einen Abriß der Geschichte der Stadt und Hinweise auf die Hohe Schule, die Obere Pfarr,

Abb. 61 *Stadtgrundriß mit Festungsanlagen, Donau und Schutter, in: Anton Wilhelm Ertl,*
         Chur-Bayerischer Atlas, 1687 (Kat. 44).

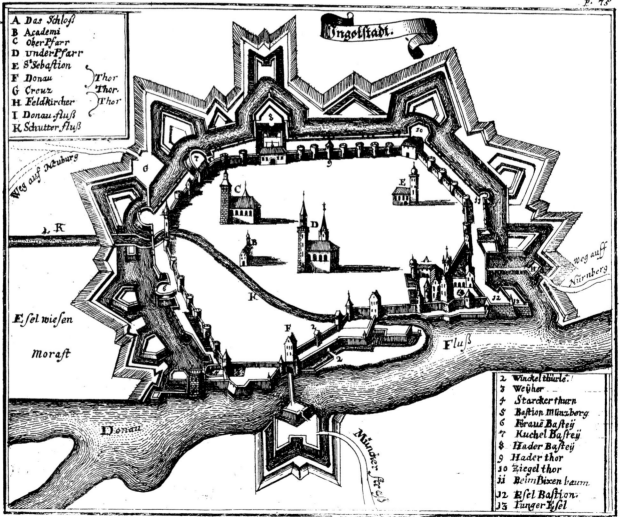

Abb. 62   *Melchior Puchner: Ingolstadt von Süden, Ölbild wohl als Supraporte, 1729 (Kat. 62).*

Abb. 63   *Melchior Puchner: Ingolstadt von Nordwesten, Ölbild wohl als Supraporte, 1729 (Kat. 63).*

Abb. 64
Johann Ignaz Augustin:
Maria vom Sieg
über dem Oratorium
der Bürgerkongregation
Maria de Victoria,
Vorderseite des Labarums
der Bürgerkongregation,
171(8) (Kat. 53).

Abb. 65
Johann Ignaz Augustin:
Krönung Mariens,
darunter Stadtvedute,
Rückseite des Labarums
der Bürgerkongregation
(Kat. 53).

Abb. 66   *Gustav Schröpler: Anatomie mit Botanischem Garten in Ingolstadt nach dem Kupferstich von 1723 (Kat. 198).*

Abb. 67   *Beschießung Ingolstadts 1743, Ölbild, vielleicht als Supraporte (Kat. 75).*

88

Abb. 68   Elias Bäck: Ingolstadt von Süden. Wiewohl dem Vorbild des bekannten Ingolstadt-Stichs
von Wening (Kat. 47) folgend, ist er doch der weitaus repräsentativste Ingolstadt-Stich (Kat. 64).

das Jesuitenkolleg mit Bibliothek und die Klöster der Franziskaner und Augustiner gibt.
Der Text läßt keinen Zweifel, daß es bei diesem Bilde um eine rühmende Präsentation
der Stadt geht, bei der die Wehrhaftigkeit der »nie eingenommenen Haupt Vestung«, die
die »festeste Statt in ganz Bayern« sei, gepriesen wird.

Ein Bilderpaar, wohl von der Hand Melchior Puchners, eines ist mit 1729 datiert, präsentiert die Stadt in der üblichen Ansicht von Süden und, was weit seltener ist, von Nordwesten. Die Bilder wollen sichtlich die Stadt als Ganzes repräsentativ vor Augen stellen.
Das niedrige Breitformat läßt darauf schließen, daß sie wahrscheinlich als Supraporten
eines offiziellen Raums des Rathauses oder der Stadtschreiberei gedient haben. Das eine
Bild (Kat. 62) zeigt im warmen abendlichen Lichte die Stadt von Süden, wobei diese wiederum nur von außen als die von Wall und Graben umgürtete Stadt mit ihrer charakteristischen Silhouette dargeboten wird. Die Details sind annähernd richtig wiedergegeben:
Taschenturm – Kreuztor – Münster – davor die Hohe Schule – daneben Kreuzkirche –
Georgianum – Georgskirchlein – Spital – Pfeifturm und St. Moritz mit dem Glockenturm
– das Donautor des 16. Jahrhunderts, dahinter der Treppengiebel des mittelalterlichen
Torbaus – zwischen Donautor und Herzogskasten das Türmchen des Schutterkirchleins
der Augustiner und schließlich Zeughaus und Schloß. An der Donaulände haben Schiffe
angelegt. Auffallend ist, daß am Südufer jeglicher Hinweis auf das Hornwerk fehlt.

Die Ansicht von Nordwesten (Kat. 63) erschließt Ingolstadt von einer ungewohnten Perspektive aus: der Niederwall der Renaissance hat sich vor die turmreiche Stadtmauer geschoben. Von links: das Hardertor, vor das der Wall des 16. Jahrhunderts gelegt wurde –
das Schloß – die Franziskanerkirche mit dem Dachreiter – vor St. Moritz mit Glocken-
und Pfeifturm, Turm und Dach der Hl.-Kreuz-Kirche und das Hardertorbollwerk – die
Kirche zur Schönen Unserer Lieben Frau (beim nördlichen Turm fehlt noch die ergän-
zende Aufstockung) – rechts davon die Hohe Schule – im Vordergrund das Kugelboll-
werk, von ihm teilweise verdeckt Kreuztor und zugehörige Bastei – rechts außen der Taschentorturm.

Dem Wening-Stich folgt bis ins einzelne Elias Bäck (Kat. 64). Die Übertragung von der
Vorlage ins größere Format und die reichere dekorative Ausschmückung rücken das

*Veduten als
Supraporten*

*Die Stadt von Süden
Abb. 62, Seite 85*

*Die Stadt von
Nordwesten
Abb. 63, Seite 85*

*Elias Bäck
Abb. 68*

Abb. 69   *Das Neue Schloß mit Donau von Südwesten, in: Theatrum Danubii, 1734 (Kat. 68).*

Abb. 70   *Ingolstadt mit Hornwerk und reichlicher Staffage, im Bilde seitlich zusammengeschoben (Kat. 65).*

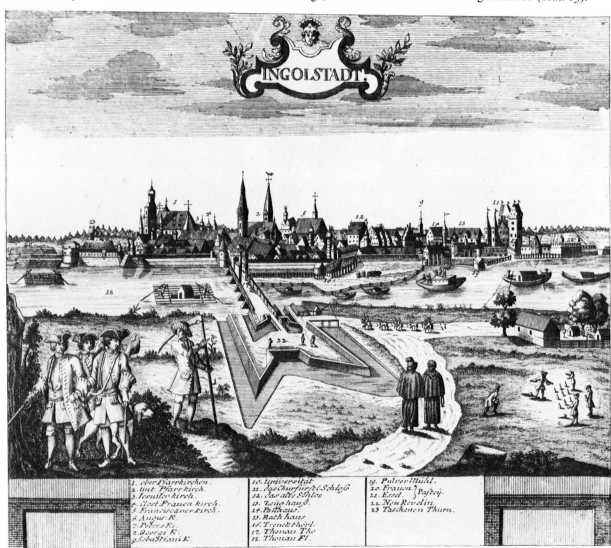

Abb. 71   Donautor, Donaubrücke und Hornwerk am Brückenkopf, in: Theatrum Danubii, 1734 (Kat. 69).

Blatt, was die ästhetische Wirkung anlangt, an die erste Stelle aller Ingolstadt-Stiche. Da das Blatt bei Jeremias Wolff Erben in Augsburg erschienen ist, ist es nach 1724 (Tod Jeremias Wolffs) anzusetzen.

Der ebenfalls bei »I. P. Wolffs seel. Erben« (Sig.: »I. P. Wolffs Seel. Erben exc.«) erschienene Kupferstich hingegen, der mit der Nr. 39 einem größeren Werk beigegeben wurde, nahm sich sichtlich das Blatt Wenings zur Vorlage (Kat. 65). Die Darstellung suchte vom extremen Breitformat wegzukommen, was durch Staffage im Vordergrund und ein nicht unbedenkliches seitliches Zusammenschieben geschah. Dies führte nicht nur zu einer unrealistisch dichten Stadtsilhouette, sondern auch zu Verzerrungen (z. B. beim Herzogskasten), was aber der dekorativen Gesamtwirkung keinesfalls abträglich wurde. Abb. 70, Seite 90

Ein später Nach- und Ausklang der auf Wening basierenden Bildtradition (vgl. Kat. 65) ist schließlich der im »Sächsischen Postillon« (Kat. 84) 1799 wiedergegebene Stahlstich.

Zu den vorzüglichsten Ingolstadt-Blättern zählen die beiden Kupferstiche aus dem »Theatrum Danubii«, das 1734 bei Jeremias Wolffs Erben in Augsburg erschienen ist. Der Untertitel erläutert: »Schauplatz des Donau-Stroms, das ist unterschidliche angenehme Prospecte von Schlössern, Kirchen, Clöstern etc., welche sich auf der Reisse von Augsburg nach Wien an der Donau liegend praesentieren, alles nach dem Leben gezeichnet von C. S. D. M.« *„Theatrum Danubii"*

Die zwei Ingolstadt-Ansichten haben als großes beherrschendes Thema dem Titel des Werks gemäß den Donaustrom. Von einem Schiff oder Floß aus gesehen breitet sich in dem einen Bilde (Kat. 68) der Fluß, im Vordergrund schwimmt ein Floß, am Ufer aber steigt im abendlichen Lichte das Schloß auf, davor liegt die Lände, links schiebt sich ein aufgeworfener Wall herein. Schlösser, Kirchen und Klöster vorzustellen verspricht der Das Neue Schloß
Abb. 69, Seite 90

Titel des Werks, das bedeutete schon vom Programm her den Verzicht auf totale Stadt-prospekte und die Konzentration auf Einzelobjekte, deren sachliche Schönheit es darzu-stellen galt.

Donaulände mit Donautor Abb. 71, Seite 91
Das zweite (Kat. 69) zeigt den Strom von der Lände bei der Stadt aus gesehen, in diesem Bilde wohl schon über Gebühr mächtig und breit. Es ist überdies die einzige Ansicht des Donautors, die der sachlichen und ideellen Größe des Tores gerecht wird, da nur von diesem Gesichtswinkel aus die volle Höhe der die Durchfahrt flankierenden Türme – hier am Beispiel des Ostturms – ins Gesichtsfeld tritt. Rechts ragt dunkel verschattet der hohe gotische Stadttorturm des Mittelalters empor. Jenseits der Brücke ist das Hornwerk des Brückenkopfs zu sehen. Mehr als in allen anderen Ingolstadt-Blättern wird hier spür-bar, daß es dem Zeichner und Stecher nicht so sehr auf die Stadt ankam, sondern auf Brücke und Strom, auf die weite Fläche, der das aufragende Donautor Halt und Gegen-gewicht bietet.

Entwurf Abb. 72, Seite 93
Eine lavierte Federzeichnung (Kat. 66) liegt in einer Vedute vor, die mit »F. B. Wern: Siles: D.« signiert ist. In Stil und Aussage ähnelt sie der Ansicht Freisings von ca. 1730, die von Friedrich Bernhard Werner stammt, einem Schlesier, der für Augsburger Kunst-verleger gearbeitet hatte[91]. Wie das Freisinger Blatt hat auch diese Zeichnung einen re-präsentativen Titel: »Prospect der berühmten Bayrischen Haupt Festung Ingolstadt«. In 12 Punkten werden Details der Vedute erläutert. Man wird in dem Ingolstädter wie in dem Freisinger Blatt wohl Vorarbeiten für ein Ansichten-Werk sehen dürfen.

Im einzelnen steht neben Detailtreue mancherlei an Unstimmigkeiten, die sich aber nicht wie im Falle Freising von einer eventuellen Beeinflussung durch den Merianschen Stich der Topographie erklären lassen. Von links beginnt die Bezifferung etwas merk-würdig mit »PP. Jesuit.« (1) und »Academia« (2), wobei diese Universität mit der tatsächlichen »Hohen Schule« nicht mehr viel gemein hat, die Befensterung des Mün-sters (3) ist irreal, rechts vom Münster steht unbeziffert die Kreuzkirche der Jesuiten, das Spital (4) entspricht ebensowenig dem tatsächlichen Erscheinungsbild wie die Franzis-kanerkirche (5), der Pfeifturm hat bereits die barocke Laterne von 1720. St. Moritz (6) wird auch äußerlich als Mittelpunkt Ingolstadts aufgewertet, unbegreiflich erscheint nur das Rathaus mit dem barocken Turm (7) (ob hier ein Mißverständnis vorliegt?), es folgt das Augustinerkirchlein an der Schutter (8) wie schon bei Wening (Kat. 47) und bei Bäck (Kat. 64) mit barockem Turm, hier ist sicher noch nicht der Dachreiter der von Johann Michael Fischer 1736–40 erbauten Augustinerkirche gemeint, der völlig verzeichnet wä-re, der Herzogskasten ist als »Prouianthaus« annähernd richtig wiedergegeben, auch das Donautor (10), das Schloß (11) trägt noch den Fialenschmuck seiner Giebel und das um-laufende Band der Rauten, das östliche Bollwerk ist als »Scharfecke« ausgewiesen. Ge-rade angesichts der sorgfältigen, konturenbewußten Ausführung der Zeichnung bleiben die Abweichungen von der Realität in Details schwer erklärbar. Sollte hier vor Ort eine ungenaue Skizzierung erfolgt sein, die entsprechende Mißverständnisse bei der Ausfüh-rung zur Folge gehabt hatte? Auffallend jedenfalls ist, daß auch die Wernersche Ansicht von Freising Merkwürdigkeiten aufweist[92].

Das religiöse Bild
Stadtveduten im Zusammenhang mit Gnadenbildern oder sonstigen religiösen Motiven haben sich für Ingolstadt aus der 1. Hälfte des 18. Jahrhunderts in größerer Zahl erhalten.

Labarum von 1714 Abb. 64, Seite 86
Den Anfang macht das große, beidseitig bemalte Labarum der 1612 gegründeten Bürger-kongregation Maria de Victoria von 1714 (Kat. 53)[93]. Die Vorderseite zeigt Maria vom Siege mit dem Jesusknaben, schwebend über dem Oratorium, das 1619 erbaut und 1713 barockisiert wurde. Im Gegensatz zu dem Stiche des Oratoriums des 17. Jahrhunderts

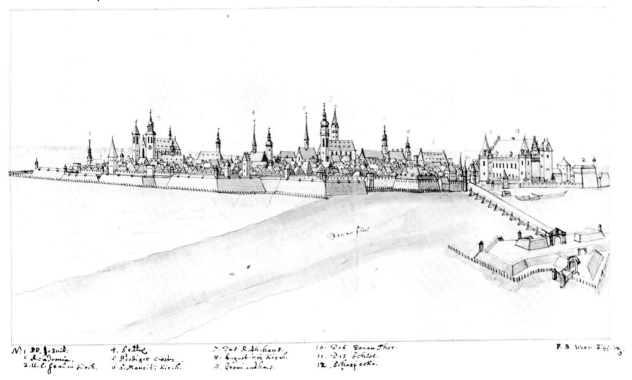

N.1. PP. Jesuit:
2. Academia.
3. U. L. frauen Kirch.
4. Schloss
5. Prediger closs.
6. S. Mauriti Kirch.
7. Das Rath-haus.
8. Augustiner Kirch.
9. Proviandhaus.
10. Das Donau Thor.
11. Das Schloss.
12. Schnecke.

F. B. Wern Silesius.

Abb. 72 *F. B. Werner Silesius: Ingolstadt von Süden, lavierte Federzeichnung, ca. 1730 (Kat. 66).*

(Kat. 34) wird hier auf jegliche Andeutung der Umgebung der Kapelle verzichtet, das Bild nimmt nicht einmal auf das seitlich anschließende Bruderschaftshaus Bezug, nichts soll vom Heiligtum Marias vom Siege ablenken. Eine Kartusche über dem Bilde wandelt das kriegerische Motiv ins Fromm-Innerliche ab: »M A R I A E / Sig / über die Hertzen«. Ein um den gemalten Bildrahmen geschlungenes Schriftband entfaltet das angeschlagene Thema: »Zu meinen liebreitzenden Schein Eröffnet sich alles gar fein.« Die Kartusche der Sockelzone enthält die Verse:

> »Chur-Fürsten und Bischöff von hochem Geblüth
> Hat gfangen M A R J A in Ihrem gemüth
> Das Sie sich denn' diensten Derselben ergeben,
> Ihr gschenckhet geldt, gütter und aigenes leben.
> Nun sagt mir: Zur Sonnen liebreitzenden schein
> Ob sich dan nit alles eröffne gar fein.«

Vor Maria und dem Oratorium knien Verehrer, links aus dem weltlichen, rechts aus dem geistlichen Stande. Die linke Gruppe wird von drei Männern angeführt, deren einer einen Feldherrnstab hält, auf einem Kissen liegt der Kurfürstenhut. Putten halten drei Wappen, wobei jedes der drei das bayerische gevierte Wappen mit dem Reichsapfel als Herzschild ist. Drei Spruchbänder geben Hinweise auf die Namen der Dargestellten: »F. M. D. G. E. B.«: »Ferdinandus Maria Dei Gratia Elector Bavariae«, »M. D. G. E. B.«: »Maximilianus Dei Gratia Elector Bavariae« und »W. W. D. G. C. P. R.«: »Wolfgangus Wilhelmus Dei Gratia Comes Palatinus Rheni«. Es handelt sich also um Kurfürst Maximilian, Kurfürst Ferdinand Maria und Wolfgang Wilhelm von Pfalz-Neuburg[94].

93

Die Kleriker werden von drei Bischöfen angeführt, wieder halten drei Putten drei Wappen. Die Texte auf den zugehörigen Bändern: »I. A. D. G. E. E.«: »Johannes Antonius Dei Gratia Episcopus Eystettensis«, »I. C. D. G. E. E.«: »Johannes Christophorus Dei Gratia Episcopus Eystettensis« und »M. D. G. E. E.«: »Marquardus Dei Gratia Episcopus Eystettensis«. Es dürften hier die Eichstätter Bischöfe Johannes Anton I. Knebel von Katzenellenbogen (1704–25), Johannes Christoph von Westerstetten (1612–36) und Marquard II. Schenk von Kastell (1636–85) dargestellt sein[95].

Auf repräsentative Weise werden somit auf dem Labarum geistliche und weltliche Fürsten in den Blickpunkt gerückt, die sich besonders um das Heiligtum Marias vom Sieg in Ingolstadt verdient gemacht haben. Das Oratorium ist in dem durch die Renovierung erzielten Zustand wiedergegeben: mit dem Fresko Marias unter einem Baldachin und dem bayerischen Wappen[96].

Abb. 65, Seite 87 Die Rückseite des Labarums zeigt die Krönung Mariens durch die Heiligste Dreifaltigkeit, über der Vedute der Stadt schwebend. Dank einem Rechnungseintrag kennen wir den Maler: Johann Ignaz Augustin, einen Ingolstädter[97].

*Handwerksbrief
Abb. 73, Seite 95* Einen etwas verwilderten Eindruck macht ein Stich, der eine Ingolstadt-Vedute mit dem Bild des hl. Mauritius, dem bayerischen Wappen mit dem Reichsapfel als Herzschild, wie dieses Kurfürst Maximilian erstmals im Wappen führte, und dem Wappen Ingolstadts verbindet (Kat. 77). Der hl. Mauritius hält in der Rechten einen Schild mit Dreiberg, es wird also der Befund der Stadtsiegel noch vor der Reduzierung auf den feuerspeienden Panther wiedergegeben[98]. Unverkennbar geht der Stadtprospekt auf die Darstellung der schwedischen Belagerung Ingolstadts im Jahre 1632 im »Theatrum Europaeum« zurück, wobei dem Stiche bei Merian entschieden die höhere Qualität zukommt. Auffallend ist, daß der Pfeifturm bei St. Moritz nun bereits die barocke Turmbekrönung trägt[99], hier wurde sichtlich in der Platte korrigierend eingegriffen, doch gilt ähnliches auch für andere Details. Dieser zwiespältige Eindruck findet seine Entsprechung in den beiden Signaturen: links: »F. X. Steinle von Herzog Max. sc. Ingolstadt«, rechts: »Joh. Pao. Schleig ex.« F. X. Steinle schuf auch den Stich des Hochaltarbilds Mariae vom Sieg[100], vielleicht auch die zur gleichen Serie gehörigen Stiche[101] des Oratoriums der Bürgerkongregation Maria vom Sieg (Kat. 34), deren einer die Jahreszahl »1634« auf einem Band des Lorbeerkranzes trägt. Wenn also Steinle um 1630/40 für Ingolstadt tätig war, würde dies die Vedute in ihrer Abhängigkeit vom »Theatrum Europaeum« erklären, im 18. Jahrhundert hätte man gewiß auf Wening oder eine ähnliche Vorlage zurückgegriffen. Die Nennung Joh. Paul Schleigs hingegen, der 1733 in Ingolstadt zugezogen und 1755 verstorben war[102], verweist in die Mitte des 18. Jahrhunderts. Man wird wohl letzterem, der Buchdrucker und Verleger war, die Überarbeitung der Platte zuschreiben dürfen, die rocailleartigen Umrahmungen der Wappen wie der Kartusche mit dem Namen »Ingolstadt« werden somit als Produkte der Mitte des 18. Jahrhunderts verständlich. Bei der großen Kartusche des hl. Mauritius ist die Kombination von Rollwerkmotiven als Umrahmung des Medaillons mit Formen des 18. Jahrhunderts nicht übersehbar. Das Blatt dürfte sich somit als ein Kupferstich F. X. Steinles von ca. 1640 erweisen, der um 1750 durch Joh. Paul Schleig umgearbeitet wurde. Zu vermuten steht, daß diese Überarbeitung und Neuedition des Stiches aus besonderem Anlaß erfolgt war. Man ist versucht, an das 500jährige Jubiläum der »Einweihung des noch heute stehenden St. Moritz-Gotteshauses« zu denken, das am 24. Oktober 1733 »auf das Herrlichste« begangen wurde[103]. Dies würde auch die auffallende, durchaus altertümliche Herausstellung des heiligen Mauritius als Stadtpatron begreiflich machen; für einen profanen Anlaß oder für eine

Wir verordnete und geschworne

Führer, und Zunftmeister des Handwerks der burgerl. *Glas Meister* der Churfürstl. Haupt- und Vestungs-Stadt Ingolstadt in Ober-Bayern gelegen, urkunden hiemit, daß gegenwärtiger Gesell Namens *Johann Lidmann von Schöning gebürtig*

24. Jahr alt, von Statur *Mittlmäßig* auch *liechten* Haaren, bey uns allhier *1.* Jahr *40.* Wochen in Arbeit gestanden, und sich solcher Zeit über treu, fleißig und still, friedsam, und ehrlich, wie es einem jeden Handwerks-Mitgenossen gebühret verhalten hat, welches wir attestiren, und deßhalben unsere sammentliche Mit-Meister, diesen Gesellen nach Handwerks-Gebrauch überall zu fördern, geziemends ersuchen wollen. Zu Urkund dessen ist auf beschehen unterthäniges Erbitten gegenwärtige Attestation mit gemeiner Stadt, wie auch Handwerks-Insigl gefertigter und von uns Führern eigenhändig unterschrieben ihme *Lidmann* ertheilet worden. So geschehen zu Ingolstadt den *15.* Tag Monats *April* im Jahr 17 *90.*

Abb. 73   *Ingolstadt mit hl. Mauritius als Patron der Stadt,*
in Handwerkskundschaften viele Jahre verwendet (Kat. 77).

Wahre Abbildung
deß Wunderthätigen Heyl. Creutzes in der Obern Pfarr= und Academischen
Kirchen bey der Schönen U.S. Frauen zu Ingolstadt so von Ludovico
Barbato Herzogen in Bayrn A: 1429. aldahin verehrt worden.

Abb. 74
Das als wundertätig verehrte
„heilige Kreuz" Herzog Stephans
des Kneißels im Münsterschatz mit
Stadtvedute, ca. 1730 (Kat. 67).

allgemeine Präsentation eines Städtebilds hätte man sich doch wohl mit dem Panther-Wappen begnügt. Der umgearbeitete Stich fand im 18. Jahrhundert Eingang in vorge-druckte Handwerksbriefe, in denen Namen, Körpermerkmale, Datum und Verweildau-er des Gesellen mit der Hand einzutragen waren.

Kreuzreliquiar
mit Vedute
Abb. 74
Ein in mehreren Exemplaren nachweisbares Andachtsbild (Kat. 67) vereint die »Wahre Abbildung des Wunderthätigen Heyl. Creutzes in der Obern Pfarr- und Academischen Kirchen bey der Schönen U. L. Frauen zu Ingolstadt, so von Ludovico Barbato Herzo-gen in Bayrn Ao. 1429 aldahin verehrt worden«, mit einer Stadtvedute.
Eine Urkunde Herzog Ludwigs des Gebarteten von 1429 geht näher auf die Schenkung dieses Kreuzes ein: »So haben wir auch das hailig creuz ererbt von unserm lieben herrn und vater . . . Wir schaffen auch zu derselben unser lieben Frauen pfarrkirchen das be-nant heilig creuz, das uns von unserm lieben vater säligen worden ist, mit sampt dem gold

96

und gestain, da ist das gold zu Regenspurg in dem Teutschen Haus und der span des haili-gen kreuz in sant Maurizen pfarr zu Ingolstat; da sol man das gold zu Regenspurg nemen oder wo das ist und das gen unser lieben Frawen pringen und das hailig kreuz darein tun und den rubin, den wir in unserm neuen halspand mit den palasen haben, denselben sol man in dasselb gold des hailigen creuz wider machen oder mit hundert gulden an des ru-bin stat wider pessern und erstatten . . .«[104] Zusammen mit dem Reliquiar eines Dornes der Pariser Dornenkrone, den der französische König Karl VI. Herzog Ludwig dem Gebarteten geschenkt hatte, zählte dieses Kreuz zu den kostbarsten Objekten des Ingol-städter Heiltumsschatzes.

Dieses Heilige Kreuz Herzog Stephans des Kneißels, des Vaters Herzog Ludwigs, wurde mit einem Sockel als Kalvarienberg versehen, auf dem Maria und Johannes standen, Maria Magdalena umfing den Schaft des Kreuzes. Das Kreuz Herzog Stephans und der Sockel von ca. 1429 haben sich unverändert erhalten, während die Assistenzfiguren im Jahre 1786 durch den Ingolstädter Goldschmied Steeger umgearbeitet wurden[105]. Nach des Stifters ausdrücklichem Willen sollte es »ewiklich bei der stift bleiben und niht davon genomen« werden[106]. Zeitweise wurde es auch als wundertätig verehrt, von 1721 bis 1728 führte man ein eigenes Mirakelbuch[107].

Was das Andachtsbild betrifft, stellt sich die Frage, ob die abgebildeten Figuren eine freie Variation der Barockfiguren sein sollen oder ob ihnen nicht der Charakter einer authentischen Dokumentation des Zustands vor 1785 zukommt.

Glücklicherweise kennen wir den Zusammenhang, in dem der Kupferstich um 1730 ge-standen hatte. 1722 hatte eine Neubelebung der Wallfahrt zum heiligen Kreuz in Ingol-stadt stattgefunden. Zwei Jahre vorher, am 1. Oktober 1720, erlaubte der Geistliche Rat der Diözese Eichstätt die Aussetzung der Kreuzpartikel an allen Freitagen und an den beiden Festen Kreuzauffindung und Kreuzerhöhung[108].

Am 21. Nov. 1721 wurde die Kreuzpartikel erstmals im Münster zur öffentlichen Vereh-rung ausgesetzt[109]. Der Ingolstädter Münsterorganist und Komponist Franz Stickl kom-ponierte 6 Messen von venezianischer Klangpracht zu Ehren eben dieser Kreuzpartikel und widmete deren Druckausgabe von 1728 dem Rat der Stadt Ingolstadt[110]. Die Messen verstanden sich laut Titel als eine »Anglipolitana veneratio erga Sanctissimam Crucis particulam in academico B. V. speciosae templo cultui publico expositam«[111].

Mit Brief vom 7. März 1733 bemühte sich sodann der Liebfrauenpfarrer Professor Max von Planckh um einen entsprechenden Ablaß aus Rom, er legte dem Schreiben an den Generalvikar in Eichstätt zwei Kupferstiche bei, einen großen und einen kleineren. Beide Stiche haben sich im originalen Zusammenhang im Ordinariatsarchiv Eichstätt er-halten, Stecher ist J. M. Steidlin, gemeint ist Johann Matthias Steudlin von Augsburg. Der Stich kann also nur vor 1733, wohl zwischen ca. 1720 und 1733, entstanden sein[112].

Mit diesem frühen Ansatz erweist sich das Andachtsbild als authentische Wiedergabe der Kreuzpartikel mit Assistenzfiguren im alten, vorbarocken Zustand, die Falten-gebung in den Gewändern Marias und Johannes' wird glaubhaft. Die genannte Datie-rung macht hinwiederum begreiflich, daß der Stich der Weningschen Vorlage folgt. Das hier wie andernorts zu beobachtende Spiel mit der Vedute als vielerlei, fast stereotyp wie ein Zitat verwendbares Detail eines Bildes darf weder auf den ästhetischen Aspekt noch auf die Rolle einer topographisch aussagekräftigen Quelle beschränkt werden. Es gibt sich gerade in dieser zitathaften Anwendung nicht selten geistig-geistliche Zuordnung kund, transzendiert also die Aussage die in einer Stadtansicht zu erwartende topographi-sche Dokumentation.

S. MARIA Schutterana apud RR. PP. Augustinianos in Ingol — stadt.

Da dir so Edle Mand Mariam freudig traget
Was Wunder? wan die Fluth mit solchem Dienst abschlaget
Derberg dann deine Schä beglückes Meer, Gestalt
Die Schutter schencket uns den Abgrund aller Gnad.

Klauber Cath. Sc. Aug. Vind.

Abb. 75   Klauber: Das Gnadenbild der Schuttermutter, von Poseidon an Land getragen,
mit Andeutung des gotischen Schutterkirchleins, ca. 1750 (Kat. 78).

Das wohl originellste Ingolstädter Andachtsbild zeigt, wie Poseidon mit dem Dreizack die Schuttermutter an Land trägt (Kat. 78). Der Bildtitel lautet: »S. MARIA Schutterana apud RR. PP. Augustinianos in Ingolstadt«:

> »Da der so Edle Mann Mariam freudig traget
> Was Wunder? wann die Flutt nit solchen Dienst abschlaget.
> Verberg dann deine Schäz beglücktes Meer Gestatt
> Die Schutter schencket uns den Abgrund aller Gnad.«

Die Legende der »Schuttermutter« berichtet, daß eine Marienstatue von Juden geraubt, ihr Haupt abgesägt und beides in die Donau geworfen worden sei. Wider Erwarten sei das Marienbild die Donau aufwärts, hinein in die Schutter geschwommen und unter lebhafter Anteilnahme vieler aus ihr geborgen worden. Diese Legende steht mit Sicherheit in Zusammenhang mit der Ausweisung der Juden. Herzog Stephan der Kneißl hatte deren Terrain 1384 den Bürgern der Stadt mit der Auflage zum Geschenk gemacht, dort eine Kapelle zu Ehren Unserer Lieben Frau zu erbauen[113]. Die Madonnenstatue des 14. Jahrhunderts, heute in einer Seitenkapelle der Franziskanerkirche, wurde zum Gnadenbild, das bis zum Bombardement im Jahre 1945 in der ehemaligen Augustinerkirche gestanden war.

Der Kupferstich von Joseph Sebastian Klauber von ca. 1750 verbindet nun die fromme Legende mit der Figur Poseidons, rechts im Bilde das gotische Schutterkirchlein, im Hintergrund die Schutter, in der die Madonnenfigur schwimmt, und eine Andeutung Ingolstadts. So reizvoll das Sujet vom Thematischen her auch ist, muß doch der Mangel an topographischer Zuverlässigkeit bedauert werden.

Es ist zu vermuten, daß sich der Stecher oder der Entwerfer von dem Fresko des Kirchenschiffs der 1736–1740 erbauten neuen Augustinerkirche inspirieren ließ. Die 1945 zerstörte Kirche, ein Werk Johann Michael Fischers, war ein bedeutendes Baudenkmal, Johann Bapt. Zimmermann hatte die Fresken geschaffen[114]. In der terrestrischen Randzone des Hauptfreskos wurde die Geschichte der Schuttermutter erzählt. Details spielten auf Ingolstadt an, ohne freilich ein topographisch richtiges Gesamtbild zu ergeben.

Dies gilt von der Szene der in der Schutter schwimmenden Madonnenfigur, im Hintergrund ist das Ingolstädter Münster zu sehen, oder auch von der Bergung der Statue vor dem Schutterkirchlein, das ebenfalls als annähernde Abbildung der gotischen, zur Zeit der Freskierung bereits abgebrochenen Kirche gelten kann.

Ein anderes Ingolstädter Gnadenbild zeigt die Madonna des Gegenreformators und Franziskaners Johannes Nas, die im beginnenden 19. Jahrhundert von den Franziskanern bei ihrem Umzug in das ehemalige Augustinerkloster in die Schutterkirche mitgenommen und 1945 zerstört wurde[115]. Der Kupferstich (Kat. 73) wurde von dem Professor der Medizin Franz Anton Stebler, der den Franziskanern sehr verbunden war, in Auftrag gegeben, er ist Titelbild der philosophischen Thesen P. Carl Länzis[116]. In diesem Bilde scheint die gegenreformatorische Dimension der Geschichte Ingolstadts deutlich auf: Das Gnadenbild, gekrönt und kostbar gewandet, in der Linken das Jesuskind, in der Rechten das Zepter, in einer Wolke, vor ihr sitzt P. Johannes Nas, in der Rechten die Feder, mit der Linken auf ein brennendes Herz weisend, vor sich die Mitra, der Bischofsstab liegt auf der Schwelle (er wurde Weihbischof von Brixen), von seiner Feder ausgehende Blitze treffen fliehende Reformatoren, im Hintergrund eine Vedute Ingolstadts. Zwei Putten halten eine Kartusche, auf der die Jahreszahl 1574 zu lesen ist. In diesem

Abb. 76   Johann Bapt. Zimmermann: Die in der Schutter schwimmende Madonnenstatue („Schuttermutter"), im
Hintergrund Andeutung der Stadt Ingolstadt mit Münster.
Detail des im Krieg zerstörten Deckenfreskos der 1736–1740 erbauten Augustinerkirche.

Abb. 77
Die Meßbundmadonna
über P. Johannes Nas und fliehendem
Reformator, 1742 (Kat. 73).

Abb. 78 *Johann Bapt. Zimmermann: Bergung der Schuttermutter mit etwas freiem Bild des Schutterkirchleins, Detail des zerstörten Deckenfreskos.*

Jahre führte Nas – das Jahr zuvor war er an Stelle des Petrus Canisius Hofprediger in Innsbruck geworden – als Generalkommissar der Straßburger und österreichischen Provinz des Ordens den Vorsitz beim Kapitel in Ingolstadt[117]. Der Stecher, dem wahrscheinlich ein Entwurf des Ingolstädter Malers Melchior Puchner[118] vorlag, ist nicht bekannt.

Von diesem Blatte abhängig dürften die weit eleganteren Titelblätter von Drucken der Statuten des Meßbunds sein, die in Exemplaren von 1754 und 1759 vorliegen, von Johann Evangelist Hölzl entworfen und von Klauber in Augsburg gestochen wurden[119]. Auch dort treffen die von der Feder des Johannes Nas ausgehenden Blitze die Reformatoren, jedoch fehlt die Ingolstadt-Vedute.

Maria vom Siege erscheint als Patronin Ingolstadts in zwei Variationen eines Kupferstichs, der auf eine Zeichnung aus dem Jahre 1755 von Johann Peter Federhauser[120], einem Ingolstädter Miniaturmaler, zurückgeht. Den Stich besorgte Klauber in Augsburg. Die eine Version (Kat. 80) zeigt in einem Rokokorahmen das Bild Marias vom Siege. Diese sitzt auf Wolken und hält mit der Rechten das Kind, das mit dem Kreuzstab den Drachen zu ihren Füßen ersticht, in der Linken das Zepter. Seitliche Engel schwingen Fackel und Schwert und halten Lorbeerkranz und Palmenzweig über Maria. Über dem Bilde findet sich in einer Kartusche das Marienmonogramm, zwei seitliche Kartuschen tragen die Aufschrift: »Zerstörerin der Ketzereyen« und »Obsiegerin der Türcken«. Eine kleine Kartusche am Architektursockel zeigt das Oratorium – es sei an den kleinen Stich des 17. Jahrhunderts erinnert – und das Bruderschaftshaus – beide sind heute noch südlich des Münsters erkennbar, wenn auch verunstaltet[121]. Die Kirche selbst war 1713 erneuert[122], das Bruderschaftsgebäude 1679/80 von dem Ingolstädter Maurermeister Albrecht Khrenner errichtet worden (vgl. Kat. 34)[123]. Die am Boden stehende Schriftkar-

Maria vom Siege

tusche nimmt auf die Gründung der Bürgerkongregation Maria vom Sieg im Jahre 1612 Bezug: »Sancta MARIA de Victoria das ist die Siegreiche Schutzfrau der Löbl. Burger und Stadt Congregation beyderley Geschlechts zu Ingolstatt 1612«.

Die Bedeutung dieser Bürgerkongregation ist kaum zu überschätzen[124]. Wer von den Ingolstädter Bürgern auf sich hielt, trat ihr bei. Den Namen hat sie von dem Maria zugeschriebenen Sieg der Christen über die Türken in der Seeschlacht von Lepanto 1571. Das Motiv der Maria vom Siege hatte in der Folgezeit weitere Sinnschichten hinzugewonnen. Als Ingolstadt 1632 den Schweden unter Gustav Adolf erfolgreich widerstanden hatte, wurde Maria vom Siege zur Beschützerin im Dreißigjährigen Krieg[125]. Im 18. Jahrhundert feierte man nun Maria auch als die Siegerin über die Ketzer, Maria vom Siege wurde also zum Symbol der Gegenreformation.

Abb. 79, Seite 103 Noch deutlicher erscheint dieses Motiv in einer Variation des Kupferstichs von 1756 (Kat. 81), die das Pendant zu dem beschriebenen Kupferstich darstellt. Bei diesem Blatt ist der Architektursockel durch einen gefesselten Türken mit Kanone (rechts) und einen Reformator über einem brennenden Scheiterhaufen (links) ersetzt, wahrscheinlich wurde die alte Platte weiter verwendet. Die Aufschrift der Sockelkartusche lautet nun: »Sancta MARIA de Victoria das ist die Siegreiche Schutzfrau der Löbl. Burger und Stadt Congregation beyderley Geschlechts zu Ingolstatt 1756.«

Das Aussehen des Franziskanerklosters des 18. Jahrhunderts vermittelt eine Federzeichnung, angeblich nach einem Gemälde (Kat. 82). Die Klosteranlage steht in denkbar großem Kontrast zum aufwendigen Komplex des Jesuitenkollegs, eine gewisse Weitläufigkeit aber ist ihr trotz franziskanischer Bescheidenheit nicht abzusprechen[126]. Die Basilika ist freilich in der Proportion verzeichnet, Ausdruck des mangelnden Verständnisses des 18. Jahrhunderts für Steilheit und Strenge des mittelalterlichen Baus. An die Kirche grenzt der Kreuzgang an.

Pläne und Bauten für die Universität Die Universität Ingolstadt hätte im ausgehenden 17. Jahrhundert beinahe einen repräsentativen Neubau erhalten. Noch 1693 hatten die Fakultäten ihren Raumbedarf aufgestellt und waren dabei keineswegs kleinlich verfahren. Dramatisch schilderte noch 1693 der Kurfürstliche Rat und Hoheschulkammerverwalter Georg Christoph Erhardt der Hofkammer, wie lebensbedrohend die Baufälligkeit der Hohen Schule sei, die Hofkammer hinwiederum berichtete an den Geheimen Rat, wie sehr ihr dieser Bericht »zu Gemüth gangen«. Nach einigem Hin und Her wurde die Planung Enrico Zuccalli übertragen, dessen Kostenvoranschlag belief sich auf den stolzen Betrag von 49 400 Gulden. Die Pläne Zuccallis haben sich erhalten und lassen noch heute nachempfinden, wie tief dieser Neubau in das Stadtbild eingegriffen hätte[127]. Ein Prospekt der Westseite zeigt den Bau mit dem Fluidum eines barocken Palastes, der Ingolstadt einen schloßartigen, dreiflügeligen Arkadenhof beschert hätte (Pl. 2). Zwei tempiettoartige Aufbauten hätten wie kleine Kuppeln die Dreiflügelanlage bekrönt.

Infolge der Ungunst der Zeit, nicht zuletzt wohl aus finanziellen Gründen, hatte sich das Bauvorhaben zerschlagen, das vorhandene Hohe-Schul-Gebäude wurde wieder instand gesetzt[128], die Pläne sind dem Kapitel »ungebaute Architektur« zuzuschlagen.

Abb. 79 *Klauber nach Johann Peter Federhauser: Maria vom Sieg, in Kartusche Oratorium der Bürgerkongregation Maria de Victoria und anschließendes Bruderschaftshaus, 1756 (Kat. 81).*

Obsiegerin
der
Türcken

Sancta MARIA
de Victoria
das ist
die Siegreiche
Schutzfrau der Lobl. Burger und Stadt
Congregation beyderley Geschlechts
Zu Ingolstatt
1756.

Klauber Cath. Sc. Aug. Vind.

HortVs MeDICVs AngLIpoLItanVs.

1. Das Hybernaculum oder Winter-Einsatz, welches sich schief sich in die Erden eingegraben. 2. Das auditorium pro Collegiis et exercitiis botanicis. 3. Ein Apartement pro exercitiis Anatomicis. 4. Laboratorium Chymicum. 5. Altana für die welsch- und Æstuarische gewächs, so gern Sonn- und Lufft haben. 6. Das Dach, worunter Kreütter und samen zu dörren. 7. Ein Amphitheatrum für die scherben-gewächs. 8. der Eingang durch den Francisti-Garth Hoff.

HORTVS ACADEMICO-MEDICVS
INGOLSTADIENSIS.

1. Ein Saal, worin die Demonstrationes Publicae gehalten werden. 2. Das Anatomisch und Chirurgische Zimer. 3. Das Collegium Experimentale Physicum. 4. Altana für die Astronomische Exercitia, mit scherben-gewächs besezet, und mit springenden wasser 11. versehen. 5. das Observatorium oder Specula Astronomica. 6. das Laboratorium Chymicum. 7. das Hybernaculum oder Winter Einsaz. 8. die Gartners Wohnung. 9.9. Galerie, oben mit scherben-gewächs besezet. 10. Ein Wasser-Bassin. 12.12. die Stiegen auf die Galerie.

Mvenchner delin.   Sim. Thadd. Sondermayr Sc. A. V.

Die medizinische Fakultät, die sich von dem Neubau einen Anatomiesaal für sage und schreibe 400 Personen erhofft hatte, konnte und wollte sich nicht mit dem Fehlschlag abfinden. Sie hatte für den Lehrbetrieb einer Anatomie ebenso wie eines botanischen Gartens bedurft. Nun handelte sie auf eigene Faust. Über zwei Jahrzehnte hatte man vergeblich um ein Gelände für Garten und Anatomie gefochten, wobei die Fakultät im Vertreter des Landesherrn, dem Statthalter und Generalfeldmarschall Graf Max von Taufkirchen, ihren hartnäckigen Widersacher gefunden hatte. Professor Johann Adam Morasch wußte den Haudegen zu überlisten. Er erwarb 1722 für die Fakultät heimlich und leise ein größeres Areal und machte sich an die Planung. Es spricht mancherlei dafür, daß der Eichstätter fürstbischöfliche Hofbaumeister Gabriel de Gabrieli das »Exercitien Gepäu« entworfen hatte, ausgeführt und vielleicht ein wenig vergröbert wurde es vom Ingolstädter Stadtmaurermeister Michael Anton Prunnthaller[129].

Eine repräsentative Anatomie, die auch den sonstigen »Physico-medico-experimentalia« der Fakultät bis hin zur Astronomie dienen konnte, sollte mit dem Anspruch einer fürstlichen, auf einen – hier den botanischen – Garten bezogenen Orangerie verwirklicht werden. Wie sehr dieses Bauwerk der bescheidenen Planung der Fakultät der zurückliegenden Jahre überlegen war, zeigt der Vergleich des Stiches von 1723 mit der Planung eines entsprechenden Gebäudes beim Garnisonsspital[130].

Entwurf
Abb. 80, Seite 104

Der Kupferstich der Anatomie mit Garten von S. Th. Sondermeyr (Kat. 59), der auch anderweitig für Ingolstadt tätig war, nach einem Entwurf des Ingolstädter Malers Melchior Puchner, lag einer noch 1723 erschienenen Werbeschrift bei, war somit nicht mehr und nicht weniger als ein verlockender Entwurf, der so wenig seine Wirkung verfehlte, daß der »Parnassus Boicus« im Jahr 1723 stillschweigend die Vollendung des Projekts voraussetzte und über die Anlage gemäß Stich als eine stolze, vaterländische Tat berichtete. Am 27. April 1723 fand dann endlich die Grundsteinlegung statt, 1735/36 konnte die Baumaßnahme abgeschlossen werden[131]. Die Wechselfälle der Baugeschichte muten geradezu romanhaft an. Doch waren die Querelen zwischen Statthalter und Universität bei der Grundsteinlegung wohl nahezu vergessen. Der Dekan und die Professoren der medizinischen Fakultät hatten am Tor des Botanischen Gartens den Sohn des Statthalters empfangen, der dann mit eigener Hand die Deposition des bereits benedizierten Grundsteins vollzog. Auf den ersten Blick scheint eine weder datierte noch signierte Federzeichnung (Kat. 59) auf den Kupferstich zurückzugehen, jedenfalls zeigt sie noch nicht die um ein Stockwerk erhöhten rechtwinklig ansetzenden Seitenflügel. Gegen eine spätere Kopie des Stiches aber spricht der im Vergleich zum Kupferstich niedrigere Standort des Zeichners. Man ist versucht, bei diesem Blatt an eine von möglicherweise mehreren Vorzeichnungen für den Kupferstich zu denken.

Der
Sondermeyrsche
Stich
Abb. 81, Seite 104

Ebenfalls dem Umkreis der Universität entstammen zwei Stiche, die stammbuchartigen Charakter tragen und in denen studentisches Leben seinen Niederschlag gefunden hatte. Das eine zeigt, an ein aufgedrucktes Siegel erinnernd, ein Wappen mit der Legende »Die

Abb. 82, Seite 106

Abb. 80 *Nicht ausgeführter Plan einer Anatomie mit Botanischem Garten (Pl. 3).*
Abb. 81 *Simon Thaddaeus Sondermeyr nach Melchior Buechner (Puchner):*
         Die 1723–1735/6 erbaute Anatomie mit Botanischem Garten (Kat. 59).

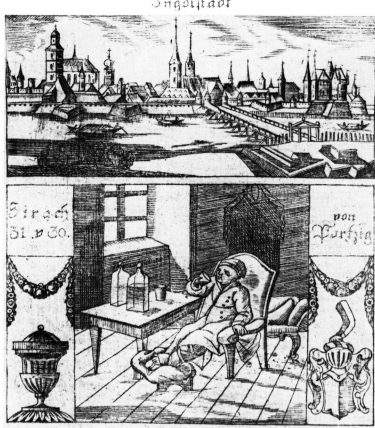

von Kottulinski« (Kat. 85). Angehörige dieses Hauses waren wiederholt an der Universität Ingolstadt eingeschrieben, im Wintersemester 1644 ein »Fridericus Alexander Kotulinski à Kotulin Silesius iuris utriusque studiosus« oder im Sommersemester 1676 ein »illustris et generosus dominus baro Fridericus Leopoldus Kotulinski liber baro à Kotulin et Krziskowiez, iuris utriusque studiosus«[132]. Unter der Vedute Ingolstadts mit Donau und Brücke öffnet sich ein Garten mit Parterre und seitlichen Arkadengängen, über dem eine Blütengirlande mit Schleife mit dem Text »Vere revertor« schwebt. Die Stadtsilhouette folgt der Darstellung der Belagerung Ingolstadts 1632 des »Theatrum Europaeum« mit den charakteristischen Verzeichnungen, drängt aber die Stadt seitlich zusammen, jegliche Anspielung auf Krieg und Belagerung unterbleibt. Ein Vierzeiler feiert den Frühling:

> »Nach langen Winterschlaf erweckt der Frühling wieder
> Die Blumen, Laub und Gras aus Keim und Knosp' hervor;
> Nach langen Todesschlafe ruffet unsre Glieder
> Aus der Verwesung Grab einst die Posaun' empor.«

Der Stich ist erst im Jahre 1800, als die Geschichte der Universität in Ingolstadt schon ihr Ende nahm, im Zittauer Tagebuch erschienen. Ein zweites Stammbuchblatt aus dem Zittauer Tagebuch findet sich im Jahrgang 1807 (Kat. 90), es gibt sich betont humorvoll.

Abb. 83

106

Abb. 82–83   *Stammbuchartigen Charakter tragen die Wappenstiche mit Ingolstadt-Veduten*
für die Familien von Kottulinski (1800, Kat. 85) und von Portzig (1807, Kat. 90).

Abb. 84   *Einzug der Österreicher in Ingolstadt 1704 (Kat. 51).*

Im Mittelfeld, unter dem Prospekt Ingolstadts, der dem Merianschen Stich der Topographie oder einem von diesem abhängigen Blatt folgt, sitzt ein Trinker mit bandagierten Füßen, in den seitlichen Textfeldern steht »Sirach 31. v. 30.« und »von Portzig«, die beigegebenen Verse lauten:

> »Der Wein, wenn man ihn mäßig trinkt,
> Giebt unserm Körper Kräfte,
> Das Uebermaaß uns Schaden bringt,
> verdirbt die Lebens Säfte.«

In beiden Blättern klingt unvermutet studentische Tradition der Universität auf, vornehm-emblematisch in dem Blatt Kottulinski, feuchtfröhlich bei dem des Herrn von Portzig.

Verschiedene Ereignisbilder haben sich von den kriegerischen Geschehnissen während *Kriege* des Spanischen und des Österreichischen Erbfolgekriegs erhalten. Sicherlich Illustration war der kleinformatige Kupferstich (Kat. 51), der sich an die Vedute in Merians Topo- *Abb. 84* graphie anschließt, im Vordergrund aber große Truppenmengen zeigt, die sich mit den flatternden österreichischen Fahnen auf die Brücke zubewegen und die Donau überschreitend in die Stadt einziehen. Die Stimmung des Bildes ist Triumph. Man wird an die Übergabe Ingolstadts im Dezember 1704 denken[133].

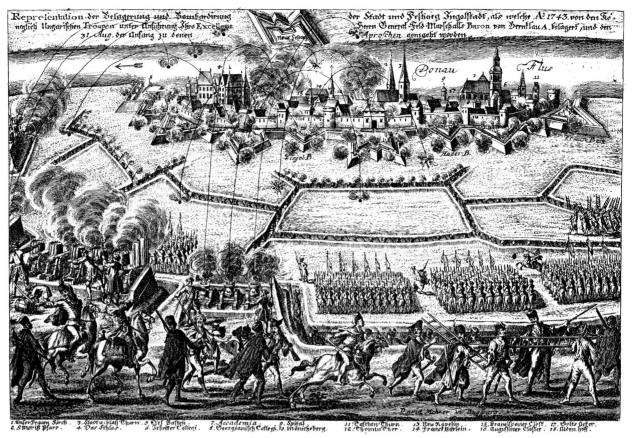

Abb. 85   *David Mehrer: Belagerung Ingolstadts 1743 (Kat. 74).*

Das Geschehen zu Zeiten des Österreichischen Erbfolgekriegs hielt der Augsburger David Mehrer im Kupferstich fest (Kat. 74). Das Blatt dürfte 1743 oder wenig später entstanden sein, da Mehrer am 16. 2. 1747 starb[134]. Die Legende in Form einer Kopfleiste macht deutlich, daß es sich um die »Representation der Belagerung und Bombardirung« von Stadt und Festung Ingolstadt am 31. August 1743 durch die Österreicher und Feldmarschallieutenant Baron Bärenklau handelte. Das Bombardement Ingolstadts war in Wirklichkeit in Grenzen geblieben, hatte aber auf die Besatzung der Festung so wenig die Wirkung verfehlt, daß General Grandville unverzüglich kapitulierte[135]. Kein Ruhmesblatt in der Geschichte der Festung Ingolstadt zweifelsohne, aber auch keine große Schlacht.

Das dekorative Blatt zeigt Ingolstadt von Norden, was durch alle Jahrhunderte die Ausnahme blieb. Bei näherem Zusehen freilich schwindet die Freude über den seltenen Aspekt, da der Stich eine nur sehr vage bleibende Vorstellung von der Lage der Bastionen mit einer wunderlich anmutenden Stadtsilhouette verbindet. Überprüft man die Details, so gewinnt man den Eindruck, daß der Stecher den Merianschen Stich oder ein Blatt in dessen Nachfolge zur Vorlage genommen und die vorgefundene Darstellung in die Gegenansicht zu übertragen versucht hatte. Dadurch entstanden charakteristische Verzeichnungen von Objekten im Norden Ingolstadts wie dem Hardertor; von dem Jesuitenkolleg und dem Franziskanerkloster fehlte dem Stecher ohnedies jede Vorstellung. Die Legende folgt derjenigen des Merian-Stichs, wobei lediglich die Nummer 19 für die »Newe Schantz« aus druckgraphischen Gründen in Wegfall kam, jedoch ist ein entsprechender Hinweis im Stich selbst eingefügt. David Mehrer erweist sich in diesem Blatt als ein geschickter Illustrator eines historischen Ereignisses, der aber auf Inaugenscheinnahme der dargestellten Örtlichkeiten verzichtet hatte.

Weit sorgfältiger im topographischen Detail ist eine Darstellung des Bombardements Ingolstadts in Öl auf Papier (Kat. 75). Der Titel: »Statt vnd Vöstung Ingolstatt. Sambt dero gegendt, wie selbe von denen Österreichern ploquiert, Bombardiert vnd so dan von denen Francosen pr. accord ÿbergeben den 31. August Ao. 1743.« Die Vedute der Stadt ist in der bei lokalen Malern gewohnten Sorgfalt gegeben. Über die fortifikatorischen Anlagen der 3 Redouten und die Andeutung der Lager hinaus ist das Bild wegen der selten dargestellten Umgebung Ingolstadts von dokumentarischem Wert. So erkennt man südlich der Donau das Brechhaus (Lazarett als Seuchenkrankenhaus)[136], den Galgen beim Brückenkopf an der Straße nach München, den »Rothen Thurn« (eigentlich ist Koth-Thurn zu lesen), nördlich der Donau Gerolfing, Samhof, Etting, Oberhaunstadt, Lenting, Unterhaunstadt, den »Ziegel Stadel«, Kösching und Feldkirchen.

Beschießung 1743 als Supraporte Abb. 67, Seite 88

Die Belagerung Ingolstadts im Österreichischen Erbfolgekrieg hatte, wie erwähnt, am 31. August 1743 durch die Kapitulation des Generals Grandville, unter dessen Kommando die Festung gestanden war, zur Überraschung der Belagerer ein plötzliches Ende gefunden[137]. Ein Vertrag kam zustande, am 1. Oktober wurde Ingolstadt den Österreichern übergeben, während die Bayern und Franzosen durch das Donautor abzogen[138]. Für die Bürger Ingolstadts kamen schwierige Jahre. Am 18. Oktober 1745 verließ die österreichische Besatzung dann endgültig die Festung[139].

Der wiedergewonnenen Freiheit froh, ließ sich einige Jahre später, 1749, der gesamte Rat der Stadt für das Privilegienbuch porträtieren. Der Doppelseite der Ratsporträts setzte man ein von Johann Hölzl signiertes Repräsentationsbild (Kat. 76) voraus. Zwei Inschriften verkünden: »Continuata perennet« und »Nec corrupta per hostes. M. DCC. XLVIIII.«

Privilegienbuch Abb. 43, Seite 63

Im Dunste liegt im Hintergrund die Stadt, davor stehen die Zelte der Belagerer mit Feldherrn (?) und Kanone. Auf einer Wolke aber fährt auf einem mit dem Ingolstädter Pantherwappen von zwei Schimmeln gezogenen goldenen Wagen der Sonne eine Allegorie entgegen: weißgewandet mit blauem, flatterndem Mantel, in der Rechten das Schwert, in der Linken die Waage, die Krone auf dem Haupt, Justitia in den bayerischen Farben; die Justitia ist bayerisch geworden, man ist versucht, an eine Allegorie Bayerns als Bavaria zu denken.

Nur gelegentlich finden sich Ingolstadt-Veduten auf Votivtafeln andernorts. Sie bieten ein vornehm-elegantes, wahrhaft städtisches Bild und unterscheiden sich von den volkstümlicheren Votivgaben einzelner Frommer.

Votivbilder in Wallfahrtskirchen

Als rokokogerahmte Kartusche gibt sich das Votivbild mit einer Ansicht der Stadt in der Kirche des hl. Leonhard in Inchenhofen (Kat. 79). Die Widmung lautet: »17. EX VOTO 55. Von Einer Löblichen Baumañschafft Der Churfirstl. Haubt Vöstung Ingolstatt.«[140]

Abb. 86, Seite 110

Ihm vergleichbar ist das Bettbrunner Ingolstadtbild, das in sehr dekorativem Rokokorahmen eine Stadtvedute zeigt, über der St. Salvator, das Gnadenbild, schwebt (Kat. 83), am Horizont Dörfer der Umgebung. Der Ingolstädter Panther schmückt die Wappenkartusche des Rahmens. Die Unterschrift des Bildes erweist es als Ingolstädter Votivgabe nach Bettbrunn zum 400jährigen Jubiläum der Wallfahrt Ingolstadts bzw. der Ingolstädter Baumannschaft aus dem Jahre 1778: »SenatVs popVLVsqVe AngLIpoLItanVs hanC Deo ponIt tesseraM / QVarto sae CVLo aD SaLVatoreM IVbILans peregrInatVs«.

Abb. 90, Seite 113

Atmosphärischen Reiz hat die Ingolstadt-Radierung von Johann Michael Frey nach einer Zeichnung von Anton Christoph Gignoux (Kat. 86) aus den »Hundert Ansichten

Um 1800 Abb. 87, Seite 111

Abb. 86   *Ingolstadt auf einer Votivtafel der Ingolstädter Baumannschaft für die Wallfahrtskirche Inchenhofen, 1755 (Kat. 79).*

und Gegenden an der Donau« vom Ende des 18. Jahrhunderts, ist aber in seiner sachlichen Aussage alles andere als verläßlich. Geradezu dünn und schlank wirken die Münstertürme, St. Moritz ist nicht wiederzuerkennen, der Bezug von Donau zur Stadt bleibt schwer erklärbar. Sehr flüchtig mögen die Skizzen gewesen sein, so daß sie bei der Radierung zu diesen naiv anmutenden Verzeichnungen führten.

Was nun verwundert, ist das zähe Nachleben dieser allen Realismus baren Vedute Ingolstadts. Sie diente Johann Georg Laminit (Kat. 87) zur Vorlage, der zu Beginn des 19. Jahrhunderts die Ansicht kaum verändert unter dem Titel »Ein Theil von Ingolstadt an der Donau« auf den Markt brachte, in dem »Ingolstadt«-Blatt bei Herzberg (Kat. 88) wurde schließlich der Ausschnitt begrenzt, um die Stadt – in allen Verzeichnungen – repräsentativer in den Blick treten zu lassen.

Um 1800 erschienen nochmals mehrere Ingolstadt-Stiche, die in der Tradition des Belagerungsstiches in Merians »Theatrum Europaeum« bzw. der auf diesem fußenden Stiche stehen, zu nennen sind die Stiche im »Monatlichen Staats-Courier durch ganz Europa« von 1801 (Kat. 89) und im »Sächsischen Trompeter« von 1836 (Kat. 109), in beiden Bildern ist im Vordergrund die Kirche von Unsernherrn erkennbar. Von einem Eingehen auf den neueren Baubestand kann bei beiden ebensowenig die Rede sein wie bei dem auf der Ingolstadt-Ansicht in Wenings Topographie fußenden Stiche im »Sächsischen Postillon« von 1799 (Kat. 84).

Der Verlust der Universität, die auf landesherrliches Geheiß im Jahre 1800 nach Landshut verlegt wurde, von wo sie 1826 nach München wanderte, und die Schleifung der Fe-

Abb. 87   *J. M. Frey: Ingolstadt von Südwesten (?), ca. 1800 (Kat. 86).*

stung im Auftrag Napoleons ebenfalls im Jahre 1800 bedeuteten für Ingolstadt einen tiefen Fall. Die Stadt schien mit einem Male öde und leer.

Die Stimmung jener Jahrzehnte nach 1800 fangen drei kleinformatige Aquarelle von ca. 1810 ein, die sich heute im Germanischen Nationalmuseum in Nürnberg befinden (Kat. 91, 92, 93). Die Bilder wirken kühl in der Farbe, der Stadtprospekt ist jeweils auf einen schmalen Streifen etwas unterhalb der Bildmitte beschränkt, darüber steht ein hoher Himmel, der Vordergrund wirkt trotz einiger Staffage leer. Der Rang dieser miniaturhaft wirkenden Aquarelle liegt nicht zuletzt in der eigentümlichen Komposition, der Beschränkung auf das schmale Band der Stadtsilhouette. Ingolstadt ist von 3 verschiedenen Standorten aus gesehen: vom Donauufer im Südosten, wobei von links das Spital, die Augustinerkirche, St. Moritz mit Glocken- und Pfeifturm, davor der Herzogskasten, dahinter das Münster und schließlich das Schloß mit den bereits gekappten Türmen ins Bild treten (Kat. 91); im zweiten Blatt vom Südufer der Donau mit der Münchener Straße aus, die Stadt zeigt sich vom Münster bis zum Schloß (Kat. 92), und im dritten von Westen (Kat. 93), man denkt an Kunikes Lithographie, mit dem beherrschenden »Westwerk« des Münsters, das hinter dem Kreuztor aufsteigt, rechts davon St. Moritz und die Hohe Schule, und – nicht zu übersehen – am rechten Bildrand ein Hopfengarten, der in Erinnerung ruft, daß es einst gerade vor dem Kreuztor Hopfenanbau, wenn auch in sehr begrenztem Maße, gegeben hatte.

Sosehr bei diesen Bildern der fast leere Vordergrund bewußt eingesetztes Stilmittel ist, entspricht diese Leere doch dem Eindruck, den im frühen 19. Jahrhundert nicht wenige

Die menschenleere Stadt

Aquarelle

Abb. 91, Seite 114

Abb. 92, Seite 115
Abb. 93, Seite 115

Ingolstadt.

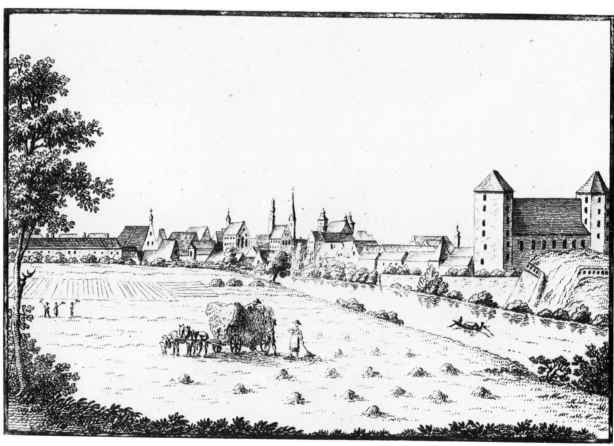

Abb. 88   Ingolstadt von Westen, ca. 1810 (Augsburg bei Herzberg; Kat. 96).

Abb. 89   Ingolstadt von Südosten, ca. 1810 (Augsburg bei A. Klauber; Kat. 95).

SenatVs popVLVsqVe AngLIpoLItanVs hanC Deo
ponIt tefferaM
QVarto faeCVLo aD SaLVatoreM IVbILans peregrInatVs.

Abb. 90 *Ingolstadt nach dem Gnadenbild St. Salvator in Votivbild der Stadt Ingolstadt für die Wallfahrtskirche Bettbrunn (Kat. 83).*

Abb. 91   *Ingolstadt von Südosten, Aquarell, ca. 1810 (Kat. 91).*

Abb. 92   *Ingolstadt von Süden, Aquarell, ca. 1810 (Kat. 92).*

Abb. 93   *Ingolstadt mit Schutter von Westen, Aquarell, ca. 1810 (Kat. 93).*

Abb. 94   *Gustav Kraus: Ingolstadt mit Donau von Südwesten (Kat. 103).*

Abb. 95   *Ingolstadt von Südosten mit den Pferden eines Schiffszugs auf dem Treidelweg, 1824 (Kat. 99).*

von Ingolstadt gewannen: Ingolstadt die menschenleere Stadt. Ein zeitgenössisches Urteil in einer vielgelesenen Reisebeschreibung spricht dies rücksichtslos aus: »Wenn man zu Ingolstadt an's Land tritt, so findet man jetzt nur zu bald, daß an dieser Stadt nur das noch merkwürdig ist, was sie jetzt nicht mehr ist. Das, was sie gegenwärtig ist, ist mit einem halben Blicke gesehen und mit drey Worten gesagt: die größte menschenleere Stadt nach Amberg im ganzen Regenkreise; der Sitz eines Landgerichtes, eines Rentamtes und eines Polizey-Commissariates und die Garnison eines Regimentes. Wenn man die Stadt vor 20 Jahren gesehen hat und jetzt sieht, so glaubt man, die Pest habe vor Monaten hier gewüthet und alle Gassen seyen ausgestorben. Die guten Bürger schleichen wie trauernde Schatten umher, wie Gespenster, die diejenigen quälen, die sie um ihre Wälle und um ihre Universität brachten. Diese ward nähmlich im Frühjahre des Jahres 1800 nach Landshut versetzt, und nach der Schlacht bey Hohenlinden wurden im Herbste desselben Jahres die Wälle der Festung geschleift. Die Stadt, die ehevor zwischen 6–7000 Einwohner zählte, hat jetzt kaum 4000. Die eintönige Gegend um Ingolstadt, die die Umgebungen dieser Stadt auch in ihren glücklichen Tagen so langweilig machte, wie sie in der Regel um jede Festung sind, ist jetzt noch trauriger als jemahls.«[141]

Die drei vorliegenden Aquarelle rücken diese Lage Ingolstadts an der Donau inmitten eines flachen Landes auf eine unverwechselbare und liebenswerte Weise ins Bewußtsein und lassen die ätzende Schärfe der genannten Beschreibung vergessen.

Der kleinformatige Stahlstich im Bürger- und Militär-Almanach von Lipowsky aus dem Jahre 1810 (Kat. 94) zeigt die Stadt von der Münchner Straße jenseits der Donau. Die Ansicht ist verläßlich, das alte Hornwerk am südlichen Brückenkopf ist geschleift. Die damalige trostlose Lage Ingolstadts kommt jedoch nicht zum Tragen. Man wird an das Aquarell von ca. 1810, das sich heute im Germanischen Nationalmuseum Nürnberg befindet, erinnert, vielleicht hat dieses – ob direkt oder über eine Zwischenstufe, ist schwer zu entscheiden – als Vorlage gedient. Die Ansicht wurde von Laminit gestochen.

Zwei Ansichten Ingolstadts erschienen um 1810 bei A. Klauber und Herzberg in Augsburg. Das eine Blatt zeigt Ingolstadt von Südosten jenseits der Donau (Kat. 95). Der Stich nimmt das im Germanischen Nationalmuseum Nürnberg erhaltene, bereits oben besprochene Aquarell zur Vorlage, ohne freilich dessen Qualität zu erreichen. Das zweite, bei Herzberg erschienene Blatt (Kat. 96) zeigt Ingolstadt von Westen, alles beherrschend das Westwerk des Münsters, daneben die Türme von St. Moritz. Auch dieses Blatt dürfte auf einem oben schon wiedergegebenen Aquarell im Germanischen Nationalmuseum basieren, und wiederum hat das Aquarell der Zeichnung viel an Atmosphäre voraus. Es hat, sieht man näher zu, den Anschein, daß dieses Blatt hinwiederum zur Vorlage für Kunikes Ansicht von 1826 gedient hat, wobei Kunike, der den Vordergrund belebend auffüllt, einige gravierende Mißverständnisse unterliefen.

Abb. 89, Seite 112

Abb. 88, Seite 112

Die Lithographie von Kunike liegt in zwei Versionen vor, es mag reizvoll sein, beide Blätter zu vergleichen. Beiden eignen topographische Ungenauigkeiten, die wohl auf die mangelnde Ortskenntnis des Lithographen bzw. Zeichners zurückzuführen sind.

Lithographien von Kunike Abb. 96, 97, Seiten 118, 119

Malerische Qualitäten können dieser Lithographie in Kunikes Donau-Ansichten von 1826 (Kat. 100) freilich nicht abgesprochen werden. Beherrschend schlechthin, wenn auch etwas zu schlank geraten, steht die Kirche zur Schönen Unserer Lieben Frau im Bilde, weit die kleinmaßstäbliche bürgerliche Stadt überragend. Man erinnert sich des temperamentvollen Ausbruchs Josef Hofmillers: »Donnerwetter! So etwas von meilenweiter Beherrschung der Stadt, der Gegend, gibt's nicht leicht ...«[142] Sieht man näher hin, trübt sich aber die Freude: Der dekorativen Wirkung entspricht topographische Detail-

Abb. 96   *Adolph Kunike: Ingolstadt von Westen, links vorne die zu mächtig geratene Schutter, 1862 (Kat. 100).*

treue leider nicht. Schon die hier im Westen der Stadt vorzufindende Schutter verliert durch das eingezeichnete Floß die ihr zustehende Maßstäblichkeit, das Flüßchen wird unterderhand zum Strom. Weitere unliebsame Überraschungen zeigen sich, wenn man die Stadtmauer mit ihren Türmen, den Giebel des Münsters oder St. Moritz mit dem Pfeifturm am rechten Bildrand näher in Betracht nimmt.

Zeichnung
Abb. 95, Seite 116

Der Kunike-Ansicht scheint auf den ersten Blick eine anonyme Federzeichnung von 1824 mit laviertem Himmel (Kat. 99) weit nachzustehen. Der Zeichner (auf der Rückseite des Blattes findet sich ein Vermerk: »Jos. Scherfel 1810–69«) wählte einen Standort im Südosten südlich der Donau. Am Ufer werden mit Peitschen die Pferde eines Treidelzugs angetrieben. Erstaunlich korrekt ist die Stadt wiedergegeben: von links: Donaubrücke und Donautor, dann die breit sich lagernde, noch heute erhaltene Donaukaserne, das Heilig-Geist-Spital, die Augustinerkirche, die dem letzten Krieg zum Opfer fiel, Pfeifturm und Glockenturm von St. Moritz, davor der Herzogskasten und schließlich das Schloß mit den gekappten Türmen. Der Wind vom Westen treibt die Wolken vor sich her, er fällt in Busch und Baum; nicht ohne Grund meiden Ingolstädter noch heute des Windes wegen die Donaubrücke. In der sachlichen Aussage wird diese Zeichnung der breit sich hinstreckenden Landschaft in hohem Maße gerecht.

Lithographie
Abb. 94, Seite 116

Zu den dekorativsten Bildern Ingolstadts zählt die großformatige Lithographie von 1830 von Gustav Kraus, nach H. Adam auf Stein gezeichnet von Joseph Selb gedruckt (Kat. 103). Mag auch der auf topographische Details versessene Betrachter anmahnen, daß

Abb. 97   *Variation der Lithographie Kunikes (Kat. 100).*

diese Lithographie in ihrer sachlichen Aussage nicht allzuviel böte, so bleibt doch des Blattes hohe zeichnerische Kultur. Ingolstadt ist vom Südwesten aus gesehen, weit breitet sich die Donau, vielleicht ist sie schon etwas zu sehr als europäischer Strom gesehen. Kaum eine zweite Ansicht der Stadt läßt so sehr die Atmosphäre der weiten Landschaft aufkommen, Dunst scheint zwischen der Weide im Vordergrund und der Stadt am jenseitigen Ufer zu liegen. Die Lithographie von Kraus diente nun manchen Blättern der folgenden Jahrzehnte zur Vorlage, nicht selten wurde das Sujet in andere Techniken übertragen. Zu den schönsten Beispielen zählt der Kupferstich von F. Ebner (Kat. 104), der in einem altkolorierten Exemplar im Stadtarchiv Ingolstadt liegt.

Zwei kleinformatige Ölbilder seien trotz bescheidener Qualität nicht übergangen, beide mögen um 1820, vielleicht sogar einige Jahre früher entstanden sein. Das eine zeigt Ingolstadt von Westen (Kat. 97). Die barocke Festung existiert nicht mehr, vom Bollwerk beim Kreuztor steht nur noch ein Teil, mit dem spitzen Giebel wie eine große Scheune anmutend. Die Straße, die zum Kreuztor führt, wurde zur Allee, von den neuen Festungsanlagen fehlt noch jede Spur. Man fühlt sich an das Herzbergsche Blatt von ca. 1810 (Kat. 96) erinnert, doch fehlt der Hinweis auf die Schutter. Das andere (Kat. 98) setzt einen Augenpunkt südlich der Donau unterhalb des Schlosses voraus. Der Blick auf die Stadt zeigt die unverwechselbare Silhouette mit dem Hl.-Geist-Spital, der ehem. Augustinerkirche (der Unteren Franziskanerkirche), dem Herzogskasten, dahinter der städtische Pfeifturm und der Glockenturm von St. Moritz, und dem Schloß mit den bereits ge-

Abb. 98, Seite 120

Abb. 98   *Ingolstadt von Südosten, kleines Ölbild von ca. 1820 (Kat. 98, bei der Wiedergabe seitlich beschnitten).*

kappten Türmen. Wiederum legt sich ein Vergleich mit einem Stich von ca. 1810 (Kat. 95) nahe. Sogar das Motiv der Heuernte im Vordergrund findet seine Entsprechung. Was die beiden anspruchslosen Bilder auszeichnet, ist die eigentümliche Atmosphäre der Stadt und ihres Vorgeländes, nachdem die Festung geschleift war und noch bevor die neuen Festungsanlagen die Stadt zur schier unzugänglichen Festung gestempelt haben.

Schon im 18. Jahrhundert, als die Universität noch in Ingolstadt gehaust hatte, hatte man die Stadt als volksarm betrachtet, es sei auf den »Antiquarius« von 1785 als Beleg verwiesen[143]. Als im Jahre 1800 mit Verlust der Universität und Schleifung der Festung die Katastrophe mit doppelter Gewalt über die Stadt hereingebrochen war, wirkte sie zumindest auf Fremde menschenleer. »Wer soll an einem solchen Orte nicht zum Misanthropen verwildern!« brach es aus einem Pamphletisten im Jahre 1801 hervor. Und er fuhr fort: »Haben Männer, wie man sie mit großer Sorgfalt zum Lehramt auswählt, verdient, an so einen Ort verbannt zu werden...?«[144] Ein Leben in Ingolstadt galt dem gehässigen Autor als Verbannung und Deportation. Doch auch andere, mehr um gerechtes Urteil bemühte Autoren wie J. A. Schultes beklagten die Menschenleere der Stadt, die ehevor zwischen 6000 und 7000 Einwohner gezählt habe, jetzt aber kaum noch 4000 habe[145]. Dem Bürger-Militär-Almanach von Lipowsky für das Jahr 1810 zufolge hatte Ingolstadt damals 4291 Einwohner, mit Einschluß des königlichen Militärs 7057[146].

Der menschenarmen Stadt bot die Aussicht, Festungsstadt zu werden, keinen geringen Grund zur Hoffnung. Im Frühjahr 1826 wurde von König Ludwig I. eine Festungsbaukommission berufen[147]. Es ging hierbei zunächst um die Wahl eines Ortes für den Hauptwaffenplatz zwischen Donauwörth und Regensburg. Die Entscheidung fiel zugunsten Ingolstadts, man dachte an eine Besatzung von 12 000 Mann[148].

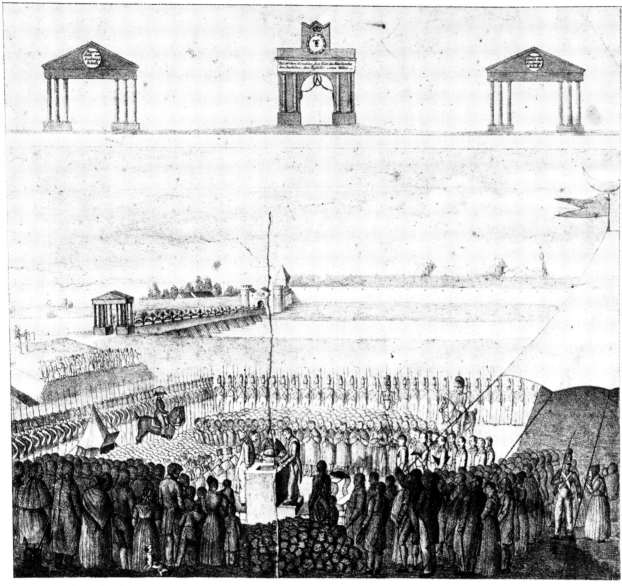

Abb. 99 *Grundsteinlegung zur Festung (Reduit Tilly) am 24. Aug. 1828 (Kat. 101).*

Die eingesetzte Kommission sprach sich für einen starken Ausbau des Brückenkopfes durch ein großes Festungswerk aus, das sowohl als Brückenkopf im eigentlichen Sinne wie auch als Reduit für den Lagerplatz zu dienen hätte. Zwei unterschiedliche Konzeptionen wurden von den Obersten Streiter und Becker vorgelegt, den Vorzug gab man wenigstens zunächst dem Entwurf von Streiter, der zum Festungsbaudirektor ernannt wurde[149]. Am 23. Mai 1827 trat die Festungsbaudirektion ins Leben[150]. Begonnen wurde nach dem Streiterschen Entwurf, die Gegenpartei setzte sich unter von Heideck 1831/1833[151] durch, was zur Folge hatte, daß in Ingolstadt noch heute die beiden gegensätzlichen Systeme erlebbar sind: Rundbauten südlich der Donau, Polygonalbauten mit Kavalieren und Fronten nördlich.

Die feierliche Grundsteinlegung fand am 24. August 1828 beim Hauptwerk am Brückenkopf, dem Reduit Tilly, statt[152]. Eine Lithographie (Kat. 101) hält den denkwürdigen, von König Ludwig I. selbst vollzogenen Akt fest. Im Hintergrund sieht man die Donaubrükke mit einer klassizistischen Triumphpforte, die mit dem im oberen Bildteil wiedergegebenen Portal identisch war, das stadtseits die Inschrift »Bayerns Bitte um Ludwigs

Die Landesfestung

Gedenkblatt
Abb. 99

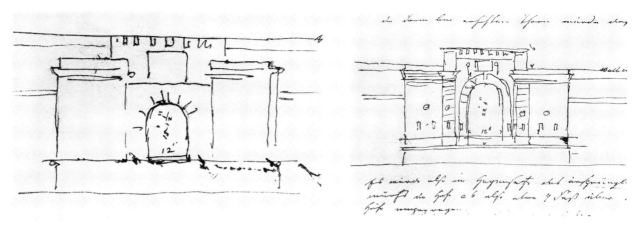

Abb. 100–101   *Leo von Klenze: Skizzen für Tore der Kavaliere, 1836 (Pl. 10 und 11).*

Schutz!« und auf der der Festung zugewandten Außenseite den Text »Bayerns Dank für Ludwigs Schutz!« zeigte. Das in der Mitte abgebildete innere Triumphtor vor dem Donautor trug die Aufschrift: »Heil dir, dem Gerechten, dem Vater des Vaterlandes, dem Beschützer, dem Beglücker seines Volkes!« In einem Lorbeerkranz unter der Krone war das Monogramm »L« angebracht, eine Huldigung für König Ludwig I. Damit war der festliche Auftakt für den Festungsbau gegeben[153].

Zwischen den Säulen zu beiden Seiten prangten die Psalmtexte »Du hast mich in meinem Innern erhalten und vor deinem Angesicht für immer gerettet. Psalm 14, 13« und »Hieran erkenne ich, daß du Gefallen an mir hast und daß mein Feind nicht über mich jauchzen wird. Psalm 41, 14«.

Es entstanden Bauwerke von klassischer Schönheit: Riesige Volumina wurden durch strenge Funktionalität (Klenze: »Alle architektonischen Formen sind unmittelbar aus dem Zwecke der Sache hergenommen...«) architektonisch bewältigt. Wehrhaft und ernst sollten die Rundbauten am Brückenkopf nach außen wirken, nach innen aber Städten gleichen. Das Innere sei »heiter« zu halten, damit die Moral der Soldaten »nicht durch gar so abschreckendes Aussehen ihrer Wohnungen leidet« (Klenze)[154]. Leo von Klenze erhielt den Auftrag für die Gestaltung der Fassaden. Der König selbst sah in diesen Festungsbauten maßstabsetzende Denkmäler der praktischen Baukunst der Zeit und eine nationale Schule für Steinhauer und Maurer[155].

Während die Bauten des Zirkularsystems am südlichen Donauufer in ihren Fassaden, nicht so sehr in ihrer Baumassengliederung, das Werk Klenzes sind, bleibt der Anteil Klenzes an den Polygonalbauten nördlich der Donau umstritten. Wohl entsprachen die Tore der Kavaliere den Entwürfen Klenzes, für die zugehörigen Kavaliere aber fehlen eindeutige Hinweise. Es sei jedoch auf jenen Revers Klenzes von 1829 aufmerksam gemacht, in dem ausdrücklich gesagt wurde, daß sich Klenzes Honorar in Höhe von 2000 Gulden auf alle Leistungen »sowohl diesseits als jenseits der Donau« belaufe[156]. Auch bliebe schwer vorstellbar, daß Klenze nur für die Tore Entwürfe geliefert habe, ohne daß die Gestaltung der zugehörigen Kavaliere mit ihm abgesprochen worden wäre.

Aus prinzipiellen Gründen verböte sich die Aufnahme von Entwürfen und Plänen in ein Corpus von Stadtansichten. Städtebilder haben gebaute Architektur wiederzugeben, nicht aber Projekte, die der gebauten Architektur vorausliegen und erst nachträglich durch Realisierung ihre Bestätigung erfahren. Doch sei hier eine Ausnahme gestattet.

Die Pläne Leo von Klenzes der Ingolstädter Festungsbauten sind wie auch diejenigen anderer Projekte Klenzes von verführerisch hoher Perfektion. Überdies läßt sich bei den Ingolstädter Festungstoren noch der Weg von der ersten eigenhändigen Skizze bis zum ausgearbeiteten Entwurf verfolgen, nur schrittweise gewannen Torprojekte Gestalt. Zwei Skizzen Leo von Klenzes aus einem Brief vom 24. Mai 1836 an Becker seien hier aufgenommen (Pl. 10 und 11). Sie zeigen ein Festungstor, dieses aber nicht in der perfekten Glätte des ausgeführten Plans, sondern flüchtig-nervig, gleichsam in statu nascendi eines architektonischen Einfalls; der Funke fliegt über, sucht beim Partner bzw. Auftraggeber Verständnis, noch vor der Abklärung des technischen Zeichners. Das schönste aller Ingolstädter Festungstore aber ist dasjenige des Kavalier Hepp (Pl. 12). Die seitlichen Reiterstandbilder Daniel Speckles (rechts) und des Grafen Solms-Münzenberg (links) sind eine Reverenz vor der Renaissancefestung Ingolstadt.

Ingolstadt hatte allen Grund, sich über den Baubeginn der Festung zu freuen. Auf die Jahre der Menschenleere in der Stadt kamen nun solche brodelnden Lebens. Die städtische Dankadresse an den König hatte dem Jubel freien Lauf gelassen: »Wie erwacht zu einem neuen Leben, bewundern wir die aufgehende Sonne unseres Glückes. Ingolstadt, durch die schmerzlichen Verhältnisse der Zeit beraubt der hohen Würde einer fürstlichen Residenz, des Schmuckes einer Hochschule, des Ruhmes einer Festung und so vieler Quellen bürgerlichen Erwerbes – herabgesunken zu einer beinahe nahrungslosen Stadt –, sieht heute, an dem Vorabende des Festes des heil. Ludwigs – der erfreulichen Namensfeier Eurer Königlichen Majestät –, neuem Wohlstande, neuem Glanze, neuem

Skizzen Abb. 100, 101, Seite 122

Abb. 102

Abb. 102   *Leo von Klenze: Tor für das Kavalier Hepp (Pl. 12).*

Ruhme entgegen.« Und etwas später: »Schon empfinden wir, und wir erkennen es mit dem allerunterthänigsten Danke, welchen höchst wohlthätigen Einfluß dieses große Unternehmen auf unsere Stadt hat, wie Gewerbe, Handel und Verkehr rege Thätigkeit gewonnen und neues Leben unter uns zurückgekehrt ist; aber wenn wir betrachten, was Ingolstadt durch die allerhöchste Weisheit und Macht Eurer Königlichen Majestät in wenigen Jahren und für alle Zukunft seyn wird, frei von Nahrungssorgen, die Ehre, der Stolz und der unverwelkliche Ruhm Bayerns, die Bewunderung der Weltgeschichte, dann fehlen uns die Worte, das Entzücken auszusprechen, welches unsere Brust erhebt.«[157]

Arbeiter und Soldaten Die Arbeiter zählten nach Tausenden. Handel und Gewerbe blühten auf. 1818 hatte Ingolstadt noch 4400 Einwohner, 1846 hingegen gemäß Volkszählung 6622 an Zivilbevölkerung, 3084 aus dem Militärstand und 4000 bis 6000 Arbeiter[158]. Innerhalb von 28 Jahren wurden an die 23 Millionen Gulden vom Staate verausgabt, die vorwiegend in Ingolstadt selbst umgesetzt wurden[159]. Das Ingolstädter Wochenblatt vom 1. Jan. 1848 hatte gewiß nicht übertrieben, wenn es feststellte, daß die Festungsbauten seit 20 Jahren die »wichtigste Nahrungsquelle des Civilstandes« in Ingolstadt ausmachten.

Doch hatte diese so lebhaft begrüßte Entwicklung auch ihre Schattenseite: Der Festungscharakter überlagerte das bürgerliche Fluidum der Stadt. Um die Stadt legte sich als eiserne Klammer der nahezu jedes Wachstum hemmende Rayon. Das Vorgelände der Festung mußte des Bestreichens wie der Sturmfreiheit wegen weithin frei gehalten werden. Am 11. 4. 1827 wurden die Allerhöchsten Instruktivnormen erlassen, die einen Rayon von 3600 Fuß (1051 m) ab Glacisfuß, unterteilt in 2 Zonen, festlegten[160], 1855 wurde eine Neuregelung nötig[161]. Der Rat der Stadt hatte sich künftig in nicht wenigen Fragen der 1832 neugebildeten Festungskommandantschaft zu fügen[162], und der bayerische Staat wußte sehr wohl seine Rechte einzufordern. Am 7. Juli 1838 wies König Ludwig den Landrichter Gerstner in Ingolstadt an, der Stadt seinen königlichen Unwillen zu übermitteln: »Ich trage Ihnen auf, der Stadtgemeinde Ingolstadt in meinem Namen zu eröffnen, daß ich mit Mißfallen ersehen habe, daß die Gemeinde Ingolstadt für die Grundabtretung zum Uebungsplatz für die Mineur und Sapeur einen den wahren Werth übersteigenden Preis gefordert hat. Von allen Stadtgemeinden des Reichs hätte ich so etwas eher als von Ingolstadt erwartet, da mir diese Stadt, die im Begriffe war, zum Dorfe herabzusinken, so viel zu verdanken hat, und zwar nicht blos für den Augenblick, sondern für eine Reihe schon verflossener und für künftige Jahre.«[163]

Dem sozialen Umschwung war man von seiten der Stadt nicht ohne weiteres gewachsen, auch wenn aufsehenerregende Vorfälle ausgeblieben waren. Zwar hatte die Stadt anläßlich der Grundsteinlegung der Festung am 24. August 1828 eine Lokalstiftung errichtet, aus deren Zinsen alljährlich zum Andenken an den Festungsbau zinsfreie Vorschüsse an die Würdigsten und Bedürftigsten der Gewerbetreibenden gewährt wurden[164]. Doch blieb wohl den Arbeitermassen ein hartes Leben. Diese, zu einem nicht unerheblichen Teil aus Notstandsgebieten kommend[165], waren der Arbeit und des Verdienstes froh und fügten sich wohl dankbar in die bedrängten Verhältnisse: »Alle diese Menschen«, schrieb das »Ingolstädter Wochenblatt« zum 1. Januar 1848, »finden Unterkunft in der Stadt, ohne daß darüber jemals eine Klage laut geworden wäre. Sie stehen unter militärischer Disziplin während der Arbeit, außer derselben unter Aufsicht der Polizeibehörde. Einen Vorfall im Jahre 1844 ausgenommen, hat sich diese Jahre, so auch im heurigen, keine Unruhe, kein bedeutender Exceß, keine Sicherheitsstörung von Seite dieser Arbeiter ergeben. Ruhig gehen sie in der frühesten Morgenstunde zur Arbeit, ruhig und müde kehren sie am Abend zur dürftigen Schlafstätte zurück.«[166]

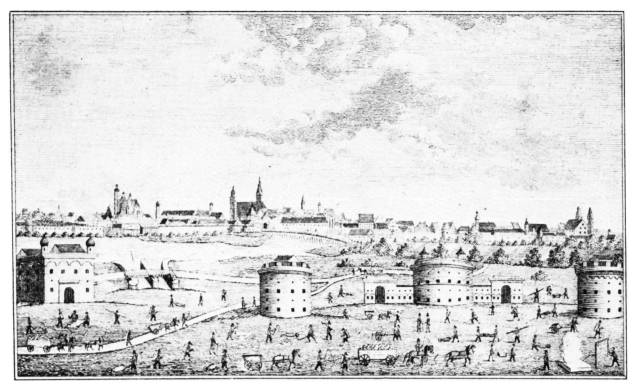

Abb. 103   *Bau der Festungswerke am Brückenkopf, ca. 1830 (Kat. 108).*

Es gibt ein paar Blätter, die einen gewissen Eindruck von diesen Festungsarbeiten nach 1828 vermitteln. Auf eine liebenswürdige Weise hält die Atmosphäre jener Jahre ein Aquarell von Donaubrücke und Donautor, mit »HD« signiert, fest (Kat. 105). An der südlichen Donaulände legen Schiffe an, auf einem flattert die weißblaue Fahne, Pferde und Reiter waren wohl mit einem Schiffszug angekommen, ein Kran hebt einen großen Steinquader an Land. Das Donautor im Hintergrund zeigt sich »verschönt«, was die Ecktürme, die ursprünglich Spitzhelme trugen, betrifft, aber noch vor den baulichen Veränderungen von 1876/1877[167], der dahinterliegende mittelalterliche Torturm ist bereits um den Giebel verkürzt. Eine Datierung um 1830 ist denkbar.

Abb. 161, Seite 173

Eine Reihe kleinformatiger Stiche mag Erinnerungszwecken gedient haben. Sie sind begreiflicherweise in fortifikatorischen Details wenig aussagefreudig und werden keineswegs der Bedeutung dieser monumentalen Werke gerecht, ihr Wert liegt eher im Atmosphärischen.

Einer der Stiche stammt von ca. 1830 (Kat. 108). Er gibt die Brückenkopfbauten mit Festungsarbeitern wieder, den Hintergrund bildet die Silhouette der Stadt. Wunderlich nehmen sich die Brückenkopfbauten aus, man wollte sicherlich nicht möglichen Gegnern alles Wissenswerte frei Haus liefern.

*Brückenkopf
Abb. 103*

Drei weitere Stiche von ca. 1840 (Kat. 111–113) zeigen die Arbeiten an den Polygonalbauten im Westen der Stadt. Wieder wird man nur wenig an topographischer Detailkenntnis für die Festungsanlagen gewinnen, besonders augenfällig angesichts der sorgfältig wiedergegebenen Stadtvedute im Hintergrund. Die Stiche wollten wohl eher als Ereignisbilder verstanden werden, bei ihnen kam es auf das ameisenhafte Gewimmel bei den riesigen Erdarbeiten oder die ungezählten Steinmetzen bei der Arbeit an. Nicht ohne Grund ist eines der Blätter mit der Unterschrift »Ingolstadt, den ... 184.« versehen, man konnte sie geradezu als Ansichts- bzw. Briefkarten verwenden.

*Erinnerungsblätter
Abb. 104–106,
Seite 126*

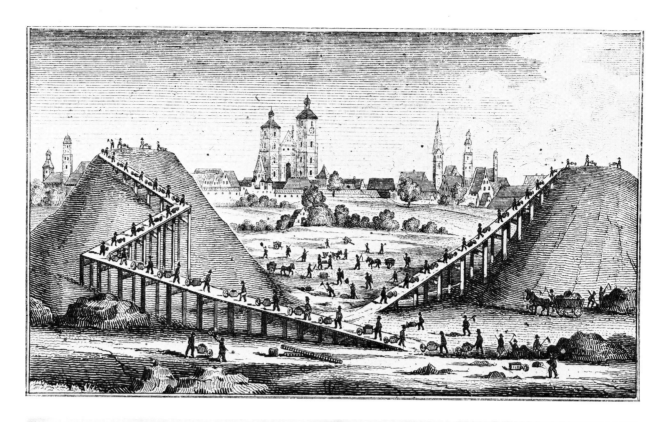

Ingolstadt, den   184

126   Abb. 104–106   *Bau der Festungswerke westlich der Stadt, ca. 1840 (Kat. 111–113).*

Von diesen gewerblich vertriebenen Stahlstichen heben sich Aquarelle, Zeichnungen und Stiche ab, die dilettierenden Offizieren der Garnison zu danken sind. Der zur Landesfestung gewordenen Stadt war ab 1828 wiederum eine neue, wenn auch einem ständigen Wechsel unterliegende Bildungsschicht zugewachsen: liberal in der Gesinnung, vielseitig interessiert, mit viel Freizeit trotz aller dienstlichen Obliegenheiten.

In dieser gehobenen Schicht pflegte man die Musik. Manch ein Offizier spielte selbst die Flöte. Die Militärmusik ließ sich außer zu dienstlichen auch zu zivilen Zwecken gebrauchen, man denke nur an Redouten und Operetten. Dem späteren General Adolf de Ahna, Bruder des nicht unberühmten Berliner Konzertmeisters Hermann de Ahna und der Berliner Hofopernsängerin Eleonore de Ahna, wurde 1862 zu Ingolstadt eine Tochter geboren, die den Namen Pauline erhielt, sie wurde die Frau von Richard Strauss[168]. Straussens nur fragmentarisch erhaltene Tondichtung »Die Donau« wird unter dem Titel »Ingolstadt« eine Huldigung an die Geburtsstadt seiner Frau enthalten[169]. Adolf Scherzer, der Ingolstädter Musikmeister, hatte zu Ingolstadt seinem Regiment einen Parademarsch komponiert, der nach seinem Tode – am 21. März 1864 starb Scherzer – mit dem offiziellen Titel »Armee-Avancier-Defilier- und Heeresmarsch Nr. 246« als »bayerischer Defiliermarsch« schier unsterblich wurde[170].

Andere Herren widmeten sich ihren Studien, philosophischen wie literarischen, die Regimentsbibliotheken hatten Niveau, in Lesezirkeln trug man Gelesenes oder Selbstersonnenes vor. Maximilian Schmidt, genannt »Waldschmidt«, der einst vielgelesene »Dichter des Bayerischen Waldes«, hatte in Ingolstadt auf Anregung eines Fräuleins Mina, einer Tochter des Obersten Macco vom Genieregiment, seinen ersten »Bayerischen Wald-Roman« mit dem Titel »Das Fräulein von Lichtenegg« geschrieben[171]. Am 9. Januar 1857 gab man im Stadttheater sein einaktiges Lustspiel »Die Verlobung im Arrest« – unter einem Pseudonym (»William«), wie es sich bei einem Offizier gehörte[172]. Maximilian Schmidts Schilderung eines Duells, eines »Zweikampfes mit krummen Säbeln ohne Binden und Bandagen«, im Frühjahr 1858 in einem Rückgebäude des »Schwarzen Bären«, bei dem die starken Männer Ingolstadts reihenweise in Ohnmacht fielen, mag als Kabinettstück Ingolstädter Garnisonslebens gelten:

»Als ich dabei zu einer tiefen Quart ausholte, schlug mein Gegner a tempo eine steile Terz und brachte mir eine lange, tiefe, klaffende Wunde, von der rechten Schädeldecke, knapp an der Schlagader bis über den Backenknochen herab sich erstreckend, bei. Blutüberströmt ließ ich mich auf einen Stuhl nieder. Die Anwesenden hielten mich für verloren und verloren auch ihren Kopf.« Als Schmidt bei der Frühjahrsinspektion des Regiments verständlicherweise fehlte, habe der Brigadegeneral im Rapport kopfschüttelnd als Entschuldigungsgrund »Hauttrennung« gelesen, berichtet der Autor[173].

Ein vielfältiges gesellschaftliches Leben, das zum nicht geringen Teil seinen Glanz den Herren Offizieren der Garnison verdankte, blühte. Ein hoher Herr war der Landrichter und Stadtkommissar, fast stets umgeben von »Generälen, Kommandanten und anderen Oberoffizieren« als »Sonnen, Monden und Sternen«, die immerhin ein Kontingent von etwa 200 Mann ausmachten[174]. Weit berühmt waren die »Bärenritterfeste« in Zeiten des Karnevals, benannt nach dem »Schwarzen Bären« in der Ludwigstraße als Treffpunkt (wo ein reichliches Mittagsmahl zu drei Gerichten nebst Bier und Brot 15 Kreuzer kostete)[175]. Maximilian Schmidt hat den Bärenrittern ein literarisches Denkmal gesetzt, das auch der Zwischentöne nicht vergaß[176]. Schmidt war es aber auch, der ausgesprochen hatte, was manchen bewegt hatte, wenn er von seiner Versetzung nach Ingolstadt, »der Hauptlandesfestung und dem am meisten gescheuten Garnisonsorte Bayerns«, gehört

Abb. 107   *Johann N. Haubenschmid: Querschnitt des ehemaligen Baubestands des Theaters in Ingolstadt mit einer Stadtvedute als Bühnenbild, 1846 (Kat. 121).*

Abb. 108   *Johann N. Haubenschmid: Projektierter Querschnitt des Theaters in Ingolstadt
mit einem Bild des Rathausplatzes als Bühnenbild, 1846 (Kat. 122).*

hatte. Doch Schmidt fährt fort: »Hielt man in besseren Garnisonsstädten den dortigen Aufenthalt dem Lebendigbegrabenwerden gleich, so waren die dorthin Verschlagenen bald mit ihrem Schicksale ausgesöhnt, und gar oft vernimmt man nun von älteren Offizieren das Geständnis, daß sie in Ingolstadt ihre vergnügteste Zeit verlebt.«[177] Ähnlich urteilten nicht selten Beamte, die eine Versetzung nach Ingolstadt verschlagen hatte.

Man hatte sich in dieser Stadt »gesellschaftlich« engagiert, wenn auch zunächst aus Langeweile. Gesellschaftliches Engagement diente aber keineswegs ausschließlich der Kurzweil, es hatte durchaus eine kulturelle Dimension.

So wäre die Pflege des Schauspiels ohne das gebildete Publikum der Herren Offiziere in Ingolstadt ebensowenig denkbar gewesen wie die musikalischen Aufführungen von Opern und Operetten ohne die Mitwirkung der Militärmusiker.

Eine sichtlich beliebte Freizeitbeschäftigung, fast ein gesellschaftliches Spiel, waren Zeichnen und Aquarellieren. Wenn einem Ingenieur-Hauptmann wie Haubenschmid noch Fertigkeiten im Technischen Zeichnen zu Hilfe kamen, konnten aus Liebhaberei Blätter entstehen, die nicht nur dem Auge gefielen, sondern auch heute noch von höchstem dokumentarischen Werte sind; daß man sie in Lithographien oder Stahlstichen vertrieb, sicherte ihnen überdies eine gewisse Verbreitung.

Zwei Lithographien nach Aquarellen von Johann Nepomuk Haubenschmid zeigen den heutigen Rathausplatz (Kat. 123) und den Platz bei der Franziskanerkirche (Kat. 124). Auf beiden Blättern wird Haubenschmid Ingenieur-Hauptmann genannt. Seine Ernennung zum Major am 31. 3. 1848 bildete somit den Terminus ante quem der Lithographien bzw. Aquarelle. Laut Verfügung des Kriegsministeriums vom 3. 6. 1841 war Haubenschmid nach einem kurzen Zwischenspiel in Landau zurückversetzt worden, jedoch war er vorher bereits in Ingolstadt gewesen. Da er am 24. 1. 1833 Hauptmann 2. Klasse, am 20. 1. 1840 Hauptmann 1. Klasse geworden war[178], dürfte die Entstehungszeit der Blätter um 1845 liegen. Mit beiden Lithographien bzw. Aquarellen wird auf eine großzügige Weise die Reihe der Platz- und Straßenbilder der Stadt eröffnet. Detailtreue verbindet sich mit dem Sinn für Atmosphäre.

Bei der Schranne
Abb. 110, Seite 131
Die Lithographie des Platzes bei der Franziskanerkirche (Kat. 124) bringt zum Bewußtsein, daß der Vorplatz der Kirche, einst Areal des Klosters, und die Harderstraße einen weitflächigen Platz ergaben. Im Vordergrund rechts die Schranne, vor ihr das Treiben der Händler und Bauern, am Schrannengebäude sind die Läden hochgeklappt. Vor der Franziskanerkirche steht der barocke Johannes-Nepomuk-Brunnen, wohl derjenige, der sich heute im Schloßhof befindet, das Kaisheimer Haus trägt noch seinen Rokokoschmuck, das seitlich anschließende Kirchlein ist bereits zum Verwaltungsgebäude umgebaut. Wie großzügig man bei der Stadterweiterung des späten 14. Jahrhunderts verfahren war, ist noch an der platzartigen Weite der Harderstraße spürbar, die im Norden im lisenengeschmückten, hochgieblingen Hardertor ihren Abschluß findet.

Rathausplatz
Abb. 109, Seite 131
Der Rathausplatz (Kat. 123), dieses Motiv nahm auch einer von Haubenschmids Kollegen, ein Herr von Koepelle, auf (Kat. 129), zeigt in der Mitte die Hauptwache von 1668, die 1874 abgebrochen wurde[179], und im Hintergrund den Mauritiusbrunnen vor dem alten Rathaus, rechts vorne erhebt sich der mächtige Giebel des Salzstadels. Der Platz hat als Ganzes noch seine Kleinmaßstäblichkeit, noch fehlt der Riegel des Gouvernementsgebäudes, der später den Platz nach Osten hin begrenzen wird. Gabriel von Seidl versuchte 1883, dem spröden Charme dieses Platzes durch das (damals) neue Rathaus mehr Glanz zu verleihen. Die Gestaltung nach dem letzten Kriege nahm dem Platz dann auch noch die seit alters überkommene Proportion.

Abb. 109 Johann N. Haubenschmid: Rathausplatz mit Hauptwache und Salzstadel, ca. 1840 (Kat. 123).

Abb. 110 Johann N. Haubenschmid: Platz vor der Franziskanerkirche mit Brunnen des hl. Johannes Nepomuk, Schranne, Kaisheimer Haus und Hardertor, ca. 1840 (Kat. 124).

Abb. 111 *Gustav Schröpler: Schützenscheibe mit Kreuztor, 1892, gestiftet von Frau von Helwig,*
gewonnen von Lt. Friedmann (Kat. 208).

Pläne
Abb. 107, 108,
Seiten 128, 129
Zwei Bühnenbilder in Querschnitten des Ingolstädter Theaters aus dem Jahre 1846
(Kat. 121 und 122), Anlagen zu einer »Denkschrift über den gegenwärtigen Zustand des
Theatergebäudes zu Ingolstadt und der hiedurch unausweichbaren Gefährdung der Ein-
wohner und sonstigen Publikums«[180], nahmen das Motiv des Rathausplatzes und der
Stadtvedute auf. Das sehr eingehende, durch einen »approximatifen Kostenanschlag«
untermauerte Memorial stammt ebenfalls aus der Feder des Ingenieur-Hauptmanns
Haubenschmid. Die Denkschrift mag als ein Beleg für die tätige Anteilnahme der Herren
Offiziere der Garnison am Geschehen in dieser Stadt gelten, die Verwendung der beiden
Ingolstadt-Motive im Rahmen nüchterner technischer Pläne war zweifelsohne eine lie-
benswürdige Geste der Stadt gegenüber.

Rathausplatz
Abb. 112, Seite 133
An die Haubenschmidsche Lithographie des Rathausplatzes erinnert ein Aquarell, das
aber einen etwas kleineren Ausschnitt als das genannte Blatt (Kat. 125) zeigt. Es fehlt der
Salzstadel zur Rechten, der Augenpunkt des Zeichners liegt etwas höher, näher an der
Hauptwache, die noch nicht abgebrochen ist, dadurch ergibt sich ein besserer Blick auf
das ehem. Kandler-Haus, das zusammen mit dem südlich anschließenden städtischen
Zoll- und Waaggebäude 1873 vom Militärärar erworben und 1873/74 zum Gouverne-
mentsgebäude umgebaut wurde[181]. F. X. Ostermair zufolge hatte einst August Graf von
Platen im Kandlerschen Haus Wohnung genommen[182], den ein Besuch bei seinem Freun-

Abb. 112   *Rathausplatz mit Hauptwache, um 1846 (Kat. 125).*

de Max von Gruber zu jener Schmähung Ingolstadts, »dieser dorfähnlichen, menschen-
leeren, erbärmlich umgebenen Stadt«, hingerissen hatte, »in welcher Bauart, Industrie,
Lebensweise an ein schon vergangenes geschmackloses Jahrhundert erinnern«[183], wie er
am 20. Okt. 1816 im Tagebuch notierte; er hatte Ingolstadt zur Zeit seines tiefsten Falls
gesehen, die ruhmreiche Vergangenheit aber war ihm nur Ärgernis:
»Papst und Folter und Inquisition und Jesu Gesellschaft,
Schöner, vierblättriger Klee...«
Seine Verse auf Ingolstadt hätten nicht ätzender ausfallen können:

> »Aber du hattest genug. Du wandtest dich weg und gebotest
> Schweigen der preisenden Schar, trat'st aus dem magischen Kreis,
> Gingest zum Tore hinaus an den Strom und riefest: O Donau,
> Schwemme doch Ingolstadt mit bis an den Pontus Euxin!
> Also werde das Vorurteil versenkt und die Torheit,
> Freier und freier empor hebe die Stirne der Mensch!«

Um 1850 freilich war diese Schmähung vergessen, Ingolstadt hatte sich zusehends erholt,
menschenleer war die Stadt längst nicht mehr, und von der Hauptwache ging, wie Ostermair berichtet, allabendlich der Zapfenstreich aus.

Abb. 113   *Nördliche Hälfte des Rathausplatzes mit dem Moritzbrunnen und angeschnittener Hauptwache,
um 1850 (Kat. 130).*

Abb. 114   *Johann N. Haubenschmid/C. Schleich: Kreuztor mit Graben (Kat. 126).*

Abb. 115   *Johann N. Haubenschmid/C. Schleich: Hardertor mit Graben (Kat. 127).*

Abb. 113, Seite 134

Ein drittes Blatt von ca. 1850 (Kat. 130) engt den Blick noch mehr ein, sein Wert liegt in der Wiedergabe von Mauritiusbrunnen, altem Rathaus, St. Moritz und Pfeifturm.

Dem Zusammenwirken des Ingenieur-Hauptmanns Haubenschmid mit dem Münchener Kupferstecher C. Schleich jun.[184] sind zwei stimmungsvolle Stahlstiche der beiden schönsten mittelalterlichen Tore Ingolstadts, des Kreuztors von 1385 und des Hardertors

Kreuztor
Abb. 114, Seite 135

von 1373, letzteres 1879 abgebrochen, zu danken. Die Ansicht des Kreuztors (Kat. 126) erinnert an den Stich von C. Wiessner nach J. Alt (Kat. 115), der Augenpunkt des Zeichners liegt aber tiefer, im Graben, nicht auf dem Wall, der Schutterturm tritt ins Bild, der Blick auf die Münstertürme fehlt. Ein kleines Experiment lohnt: Man decke mit einem Blatt den heute zugeschütteten Graben in Höhe der Brücke und der heutigen Straße ab, und man wird gewahr, wie sehr dieses Tor durch das Auffüllen des Grabens an aufragender Größe verloren hat. Auch beim Hardertor (Kat. 127) gab es noch Wälle und Erdhau-

Hardertor
Abb. 115, Seite 135

fen. Das Tor selbst zeigt sich in voller Größe mit den beiden stattlichen Türmen und dem hohen Giebel. Beim Übertragen in die Technik des Stahlstichs war freilich Schleich jun. ein Versehen passiert: Das Tor, das angesichts des Blickwinkels des Zeichners verdeckt erscheinen sollte, ist unrichtig, weil seitenverkehrt, wiedergegeben, es war selbstverständlich nicht angeschnitten. Hier sah der Zeichner einer aquarellierten Federzeichnung von 1843 (Kat. 116) richtiger: Das Blatt ist mit »Rück« signiert, Freizeitlaune schlägt durch: Das Blatt blieb unvollendet, als Staffage dient ein Paar, er in Uniform und mit großer Geste, dem Titel des Blatts »Harder-Thor« ist beigesetzt: »ist nur halb wahr«.

Abb. 116, Seite 137

Ihm gesellt sich eine dritte Darstellung des Hardertors (Kat. 140) wohl etwas späteren Datums zu, auch diese eine aquarellierte Federzeichnung, die dem Hardertor seinen Ernst und seine ablesbare Größe gibt.

Reisebeschreibungen

Etwas unpersönlicher, distanzierter, vielleicht auch ein wenig perfekter wirken die weit verbreiteten Bilder Ingolstadts, die ursprünglich Reisebeschreibungen zur Illustration gedient hatten. Noch heute hängen diese Stahlstiche in vielen Wohnungen. Sie muten zumeist gefällig-liebenswürdig an, vergessen sind die bei weitem nicht in gleichem Maß wohlwollenden Begleittexte. Deren Autoren hatten zumeist der Geschichte der Stadt durch mehr oder minder reichhaltige Information gerecht zu werden versucht, aber auch mit Wertungen nicht zurückgehalten. Uns sind sie gerade um der letzteren willen wertvoll, geben sie ja den Eindruck wieder, den damals die von Festungsanlagen umschlossene Stadt auf Fremde machte.

Als Donau-Reisender hatte man Zeit zu haben, zum Schauen, zum Lesen, zum Überdenken. Hinzu kam der Sinn des 19. Jahrhunderts für Geschichte, Kriegsgeschehnisse und Hohe Schule inbegriffen, hier geizten die Reisebeschreibungen keineswegs. Dennoch hatte man, wenn die Fahrt nicht gerade in die kalte Jahreszeit fiel, auf einem Ordinarischiff über Langeweile kaum zu klagen: »Da kommt langsam und bedächtig eine Ordinari herangeschwommen, munteres Volk in allerlei Landestracht steht und sitzt auf dem Dach des Stromhauses, das eine Art Doppel-Kajüte für Nobelpassagiere und ärmere Reisende einschließt, und plätschert mit langen Rudern im Strom. Solch eine Ordinari ist das sprichwörtliche Symbol der Langsamkeit und erinnert an die deutschen Postkutschen in der Mitte des vorigen Jahrhunderts. Sie läßt sich im günstigsten Fall bei schöner Jahreszeit von Ulm in neun, ja sogar in acht Tagen von den Donauwellen sanft bis Wien schaukeln« (L. Bechstein)[185].

Eduard Duller z. B. hielt um die Jahrhundertmitte einen kurzen Aufenthalt in Ingolstadt wegen des »geschichtlichen Charakters der Stadt« für geraten, sehr schön aber fand er sie nicht: »Die Lage Ingolstadts bietet dem Auge kein landschaftliches Interesse, und der

Abb. 116 *Hardertor, lavierte Federzeichnung, ca. 1860 (Kat. 140).*

Abb. 117 *Kreuztor nach W. Henry Bartlett (Kat. 117 und 120).*

Abb. 118 *Conrad Wiessner nach Jakob Alt: Stadtmauer und Graben mit Kreuztor (Kat. 115).*

Gesamteindruck der architektonischen Massen (die massiven neuen Festungsbauten schließen sich als steinerner Rahmen um die aneinandergedrängten Giebel, aus denen die Liebfrauenkirche emporragt) ist kein bleibender.«[186] Nichtsdestoweniger wurde diesem Bande ein Stahlstich des Kreuztors von C. Wiessner nach J. Alt (Kat. 115) beigegeben, der zu den gefälligsten Ingolstadt-Blättern zählt. Noch ist der wenn auch nicht mehr wasserführende Graben bei der gotischen Stadtmauer zu sehen, das Kreuztor steigt geradezu traumhaft empor, daneben das mächtige Westwerk des Münsters.

Kreuztor
Abb. 118, Seite 138

Aus der Beschreibung der Donau von Oscar Ludwig Bernhard Wolff stammt ein Stahlstich des Kreuztors von W. Henry Bartlett (Kat. 117), der an denjenigen bei Duller erinnert, überdies gab man noch ein Bild der »stattlichen Tracht« bei, die von den Frauen in der Umgebung Ingolstadts getragen wurde, der Text versucht, »dem alten, berühmten Ingolstadt« und seiner Geschichte gerecht zu werden, und rühmt das Kreuztor[187].

Abb. 117, Seite 138

Derselbe Stich fand ein Jahr später wiederum Verwendung, nun in einem in englischer Sprache erschienenen Donaubuch von William Beattie (Kat. 120). Der Text konfrontiert die einstige Schönheit der berühmten Universitätsstadt mit dem an ein Gefängnis gemahnenden Festungscharakter. Einst sei Ingolstadt »remarkable for the beauty of its buildings, its straight and broad streets and celebrated as the seat of a famous university« gewesen, für heute aber gelte: »These walls, however, fortified as they are and promising everything desirable for the security of the inhabitants, impart to the whole a prison-like appearance and conjure up in the stranger's mind a thousand ideas of siege and storm, capitulation and captivity.«[188]

Auch Hippolyte Durand konstatierte, wie sehr Ingolstadt, einst Sitz einer »riche et savante université«, heute zur Festung schlechthin geworden war: »Ingolstadt, dont je n'ai fait que raser la rive, présente un front respectable de remparts et de bastions... La ville en reçoit un air belliqueux... Au temps où Ingolstadt n'avait pas de canons, c'était une riche et savante université. Des professeurs célèbres y enseignaient, et quatre mille étudiants suivaient ses cours.«[189]

L. Bechstein hatte Ingolstadt noch als neutraler Beobachter geschildert: »Schon als das Schiff Neuburg verließ, hoben sich fernhin sichtbar, trotzig, mächtig, altertümlich die Thürme Ingolstadts über die Ebenen, und wir grüßen erfreut die merkwürdige Stadt, die wir nicht unbesehen lassen dürfen. Ingolstadt fehlt der landschaftliche Reiz, daher concentrirt sich der Ueberblick auf diesen Conglomerat grauer Mauern mit Thürmen und Zinnen, alten und neuen Festungswerken und hohen Giebeldächern, welches sich gern die dritte Hauptstadt des alten Herzogthums Bayern nennen ließ und eben so gern seine Gründung aus den Römerzeiten datiren hörte.«[190] Daß der Text auf die Geschichte der Stadt näher eingeht, versteht sich von selbst.

Weit verbreitet ist auch der Hildburghausener Stahlstich im 15. Band von Meyers Universum von 1852[191], der die Stadt vom Südwesten zeigt, der Zeichner scheint über der Donau zu schweben (Kat. 134). Diese Stadtansicht ruft in Erinnerung, daß in den üblichen Reisebeschreibungen die Donau flußabwärts befahren wird, der Reisende deshalb auch die Stadt zunächst vom Westen, von Neuburg her, zu Gesicht bekommt. Bei näherem Zusehen freilich wird man der Vedute nicht recht froh: Vom Westen gesehen, bietet sich die Stadt ebensowenig auf diese Weise dar wie vom Osten, verwiesen sei auf die Relation von St. Moritz und Münster oder die Position von Chor und Münstertürmen. Man gewinnt eher den Eindruck, daß hier Einzelskizzen von verschiedenen Standorten nachträglich zu einem wirkungsvollen Bild zusammengefügt wurden, wodurch so manches Detail nicht stimmig wiedergegeben wurde.

Abb. 119, Seite 140

Abb. 119   *Ingolstadt von Südwesten, in Meyers Universum 15, 1852 (Kat. 134).*

Trotz dieser Unrichtigkeiten im Detail wäre man versucht, den Stich als eine liebenswerte Präsentation des 19. Jahrhunderts zu werten, stünde dem nicht ein in der Ingolstädter Literatur beispiellos sarkastischer Begleittext gegenüber[192]. Noch am ehesten ist mit dem Bilde die einleitende Schilderung der Stadt in Einklang zu bringen: »Gelegen in einer von der Donau durchströmten weiten Ebene, umgürtet und gepanzert vom Gott des Kriegs, gewährt Ingolstadt mit seinen Glockenthürmen und hohen Kirchdächern aus der Ferne einen stattlichen Anblick. In der Nähe betrachtet, ist es jedoch nichts weniger als schön.« Dann aber schlägt der Verfasser zu: »Es ist eine alte, runzlige Matrone und steht in dem Rufe, eben so bigott als leichtfertig zu seyn. ›Wo die Absolution an jedem Gewissen Wache steht und ein Soldat in jeder Haustür, da gehen Zucht und Sitte durch ein Nadelöhr‹, sagt Abraham a Sancta Clara. Die Stadt, welche kaum 1500 Familien zählt, hat eine stehende Garnison von – 2000 Mann!« Ingolstadt und seine Universität sind dem Verfasser ein Jesuitennest und eine Stätte finsteren Glaubens. Rufmord an Stadt und Universität geschehen vor aller Öffentlichkeit, daß nicht einmal die Fakten stimmten, focht den Verfasser wenig an: »Ingolstadt besaß eine der ältesten Universitäten Deutschlands. Sie wurde in der ersten Hälfte des 15. Jahrhunderts gegründet, kam aber unter jesuitischen Einfluß und wurde berüchtigt als die Pflanzschule geistiger Verfinsterung, deren Wirken auf das Volk in Altbayern noch in manchen Erscheinungen zu Tage tritt. Der lichtfreundliche König Max I. zerstörte das Jesuitennest; er verlegte die Universität nach Landshut, und später wurde sie mit der Münchener vereinigt. Aus einer Festung und Stütze des blinden und finstern Glaubens wurde Ingolstadt eine Veste und Stütze der Staats- und Militärgewalt, und wenn wahr ist, was die Sage erzählt, so haben die Ingolstädter und Ingolstädterinnen bei dem Wechsel nichts verloren.«

Die Universität Ingolstadt hatte trotz ihres zeitweise weit über die Landesgrenzen hinausreichenden Rufes keine entsprechende Dokumentation in Bildern gefunden. Sie kehrt zwar in vielen Stichen der Stadt wieder, meist jedoch nur andeutungsweise, die Bildlegenden nehmen gelegentlich auf sie Bezug, es gibt keinen repräsentativen Stich der Hohen Schule als des eigentlichen Universitätsgebäudes, von den anderen Gebäulichkeiten im Umgriff der Universität wie Ballhaus, Reitschule oder Kamerariat gar nicht zu reden. Ein gebürtiger Ingolstädter, der an der an München verlorenen Universität zu hohem Ansehen gelangte, hatte diesen Mangel mehr als andere empfunden: Karl Emil Franz Schafhaeutl[193]. Seinen, des königlichen Professors und Oberbibliothekars der Ludwig-Maximilians-Universität, Namen trägt die »Topische Geschichte der Universitaet Ingolstadt« von 1855/56 (Kat. 139), die Pläne wurden »aufgenommen und gezeichnet von dem Ingenieur Hermann Hezner«.

Karl Emil Franz Schafhaeutl war am 16. Februar 1803 zu Ingolstadt geboren, am 25. Febr. 1890 starb er hochberühmt zu München. Mit drei Jahren hatte er den Vater verloren, mit elf Jahren Vollwaise, hatte er sich durchs Leben gekämpft und auf ungezählten Gebieten Vorbildliches geleistet. 1843 außerordentlicher Professor, erhielt er 1844 einen ordentlichen Lehrstuhl, 1849 wurde er überdies Nachfolger Joseph Ignaz Döllingers als Oberbibliothekar an der Universität München. Der Stadt Ingolstadt, die er noch als alter Mann 1889 »mein altes Ingolstadt« nannte, blieb er zeitlebens zugetan, auch wenn die

Schafhaeutl und Ingolstadt

Abb. 120   *H. Högner: Geburtshaus Prof. Schafhaeutls, ca. 1850 (Kat. 131).*

Abb. 120, Seite 141

»alten Ingolstädter«, denen er »als unbändiger Junge zu Erektion ihrer spitzen Zunge viel Gelegenheit gegeben habe«, 1889 längst verstorben waren[194]. Sichtlich voll Stolz und nicht ohne Rührung kennzeichnete der Gelehrte in einer undatierten Zeichnung H. Högners sein Geburtshaus, die Information mit Unterschrift beglaubigend (Kat. 131). Ingolstadt hinwiederum blieb stolz auf diesen berühmten Sohn der Stadt, der als Kind eines Regimentsarztes als Beispiel dafür gelten kann, wieviel die Stadt der Bildungsschicht ihrer Garnison während des 19. Jahrhunderts und darüber hinaus verdankte.

In 29 Tafeln und einer »historisch tabellarischen Erlaeuterung« versuchte er alle »Gebäude, welche der Universitaet selbst gehoerten oder in naeherer oder fernerer Beziehung zu ihr standen«, in Bild und Kommentar festzuhalten. Vordergründig betrachtet, hatte dieses Tafelwerk amtlichen Charakter getragen, 200 Gulden wurden auf einen Antrag des Senats der Universität hin durch eine Allerhöchste Entschließung vom 22. Oktober 1855 dafür genehmigt. Das amtliche Interesse der Universität an ihrer Geschichte allein vermag jedoch diese Mappe in ihrer Liebenswürdigkeit und Aussagekraft kaum hinreichend zu erklären. Hier war, wie schon angedeutet, ein gebürtiger Ingolstädter mit einem Werke betraut, in das seine Anhänglichkeit an die Heimatstadt, die Weite seines Horizonts, sein historischer Sinn und der Wille zur Dokumentation Eingang finden konnten. Um der angestrebten Akribie der Risse und perspektivischen Darstellungen willen hatte er einen Ingenieur, Hermann Hezner, für die Ausführung der Blätter gewonnen. Romantische Beschwörung der Vergangenheit unterwarf sich der unbestechlichen Kontrolle des um die Gesetzmäßigkeiten technischer Zeichnungen wissenden Ingenieurs. Schafhaeutls Absicht war die bewußte Konfrontation des alten Bestandes von 1572/73, wie er dem Sandtnerschen Stadtmodell zu entnehmen war, sowie des Bestandes vor 1800, dem Jahr der Wegverlegung der Universität, mit der in manchem deprimierenden Gegenwart von 1856. An vielen Stellen konnte er hierbei ein Wissen um die Nutzung von Gebäuden einbringen, das damals in Ingolstadt noch selbstverständliche Tradition war, wenig später aber zerbröckelte und heute mühsam erschlossen werden muß.

Die Aquarelle nach dem Stadtmodell von Jakob Sandtner machen bewußt, daß Schafhaeutl hinter dem Spielzeughaften des Holzmodells dessen gültige, gerade von den Städteplanern unserer Tage wiederentdeckte Aussage erkannt hatte: den dokumentarischen Charakter und die unschätzbare Hilfe, städtebauliche Situationen zu erfassen.

Beginnen wir mit den Bildern der Hohen Schule. Zwei Tafeln (Abb. 121, 123)[195] zeigen die einstige Universität von Nordwesten und Norden, rufen in Erinnerung, daß der heutige Hohe-Schul-Platz zur Zeit der Fertigung des großen Stadtmodells von J. Sandtner in den Jahren 1572/73 – Schafhaeutl schreibt 1571 – häuserbestanden und der eigentliche Universitätsplatz der kleinere nördlich der Hohen Schule gewesen war. Dankbar nimmt der Betrachter die alte, heute längst egalisierte Fenstergliederung des 1434 als Pfründnerhaus begonnenen Gebäudes wahr, eines Großbaus inmitten der kleinmaßstäblichen, bürgerlichen Stadt mit dem lisenen- und türmchengeschmückten Schaugiebel eines wahrhaft herzoglich-herrschaftlichen, nichtbürgerlichen Baus. Der Haupteingang liegt nach Norden, die Fenster der 1456 geweihten Katharinenkapelle in der Nordostecke lassen den doppelstöckigen Raum ahnen. Auf einer dieser Tafeln (Abb. 121)[196] tritt das 1494 erbaute Georgianum, das »Collegium novum«, dem alten Collegium, der Hohen Schule selbst, zur Seite, seine Firstlinie setzt das 1496 geweihte Peter-und-Paul-Kirchlein mit dem Dachreiter fort, im Süden schiebt sich das Substitutenhäuschen, das im ausgehenden 18. Jahrhundert als Chemisches Laboratorium Wissenschaftsgeschichte machte, quer, im Westen floß die Schutter vorbei.

Abb. 121   *Die Hohe Schule im Bestand von 1573 in Schafhaeutls Topischer Geschichte (Kat. 139, Tafel IV).*

Abb. 122   *Die Hohe Schule als städtische Feuerwehrhalle im Bestand von 1856 (Kat. 139, Tafel VI).*

Abb. 123 *Die Hohe Schule im Bestand von 1573 mit dem nördlich vor dem Gebäude liegenden kleinen Platz (Kat. 139, Tafel III).*

Brutal schematisiert und der Giebelfialen wie des Türmchens beraubt, tritt die Hohe Schule im Baubestand von 1856 (Abb. 122)[197] ins Bild, nun Feuerwehrhalle mit großen Toren und städtisches Schulgebäude in einem; was beim Umbau zugrunde ging, etwa im Bereich der Katharinenkapelle oder der Aula, hat kein Protokoll festgehalten. Am rechten Bildrand wird ein anspruchsvolles Professorenhaus – das des bedeutenden Cameralisten Franz Xaver Moshammer – angeschnitten.

Ingolstadts letzter intim-versonnener Platz westlich der ehemaligen Universität, der heute den Namen Hohe-Schul-Platz führt, war einstmals mittelalterlich verwinkelt, zum Teil auch bebaut gewesen. Seine ursprüngliche Gestalt kann man am Sandtnerschen Modell studieren. Doch was angesichts dieses überreichen Stadtmodells übersehen oder in seiner Aussage verkannt werden könnte, heben die Blätter bei Schafhaeutl ins Bewußtsein: die unverwechselbare städtebauliche Situation: Eines der Bilder (Abb. 124)[198] gibt den Blick in die einstige »Schwaiger Gassen« – in Ingolstadt hießen einst alle Straßen, sogar die repräsentativsten, Gassen – vom »Daniel« bis zur Hohen Schule frei und zeigt außer dem Georgianum[199] und dem anschließenden Peter-und-Paul-Kirchlein[200] – ihm gegenüber lag die Wohnung des Hohe-Schul-Kastners – auch den im Norden an das Georgianum anschließenden Erweiterungsbau von 1564[201], der auf Herzog Wilhelm V. zurückgeht. Ein anderes (Abb. 125)[202] gibt gegenüber dem Befund des Stadtmodells von 1572/73 auch das Gebäude wieder, das Herzog Wilhelm V. im Osten an das Georgianische Semi-

144

Abb. 124   *Hohe Schule und Georgianum von Osten im Bestand von 1573 (Kat. 139, Tafel X).*

nar anfügen ließ. Und wiederum empfindet man angesichts eines weiteren Bildes (Abb. 126)[203] den Keulenschlag der Entfremdung nach 1800: Das Georgianum wurde zur Brauerei (a), die Kirche zu Malztenne, Getreideboden und Brauhaus, das Konventshaus des 16. Jahrhunderts zum Collegibauern, rechts angeschnitten wird noch das Gebäude, in dem von 1798 bis 1803 die Buchdruckerei Alois Attenkofer ihr Domizil hatte (e), und mit Mansarddach ganz links: jenseits der Straße das ehemalige Haus des kurz vor Wegverlegung der Universität nach Ingolstadt berufenen Staatsrechtlers Nicolaus Thaddäus Gönner[204].

Des großen, wenn auch zuweilen äußerst ungerechten Geschichtsschreibers der Universität Ingolstadt Carl Prantl[205] unversöhnlichen Jesuitenhaß teilte Schafhaeutl sichtlich   145

Abb. 125   *Hohe Schule und Georgianum von Südosten im Bestand von 1580 (Kat. 139, Tafel XI).*

Abb. 126   *Das ehemalige Georgianum im Bestand von 1856 (Kat. 139, Tafel XII).*

Abb. 127 Jesuitenkolleg (Collegium Albertinum) mit St.-Hieronymus-Kirchlein von Nordosten
im Bestand von ca. 1573 (Kat. 139, Tafel XIII).

nicht, wenn er das Augenmerk des nachdenklichen Beschauers auf das Jesuitenkolleg in
mehreren Baustufen lenkte. 1549 durch den bayerischen Herzog nach Ingolstadt berufen, ursprünglich in das Gebäude der Hohen Schule gepreßt, strebten diese bald nach einem eigenen Haus. Im Jesuitenkolleg nördlich des Münsters konnten sie ein eigenes
Reich errichten, sie waren der andere geistige Pol in der Universitätsstadt; auch wenn
manches Hohe Schule und Jesuitenkolleg verband, war die Universität Ingolstadt doch
nie zur reinen Jesuitenuniversität geworden[206].
Schafhaeutl gibt zunächst den Bestand des Sandtnerschen Modells wieder (Abb. 127)[207]:
Noch steht die Reihe spitzgiebliger Bürgerhäuser an der Stelle des heutigen Canisius-
Konvikts an der Konviktstraße. Schafhaeutl kommentiert den Bestand: an der Ecke das
Hieronymuskirchlein der Jesuiten von 1573, das später zur Eingangshalle der Kreuzkirche werden sollte, daneben mit hohem Giebel das Haus des Rektors, im Westen schloß
an die heutige Jesuitenkirche die Knoeringsche Bibliothek an, die schließlich der Kreuzkirche weichen mußte, und etwas zurückgesetzt stand das große Gebäude des Kollegs
der Jesuiten.
Doch was wurde im Laufe eines nur einzigen Jahrhunderts aus diesen bescheidenen Anfängen! Schafhaeutl nahm, um diesen Weg deutlich zu machen, eine Ansicht des Jesuitenkollegs nach Wenings bekanntem Kupferstich auf (Abb. 128)[208]. Aber die Erfahrung
des Ingolstädters und das Wissen des Universitätsoberbibliothekars setzten ihn in die

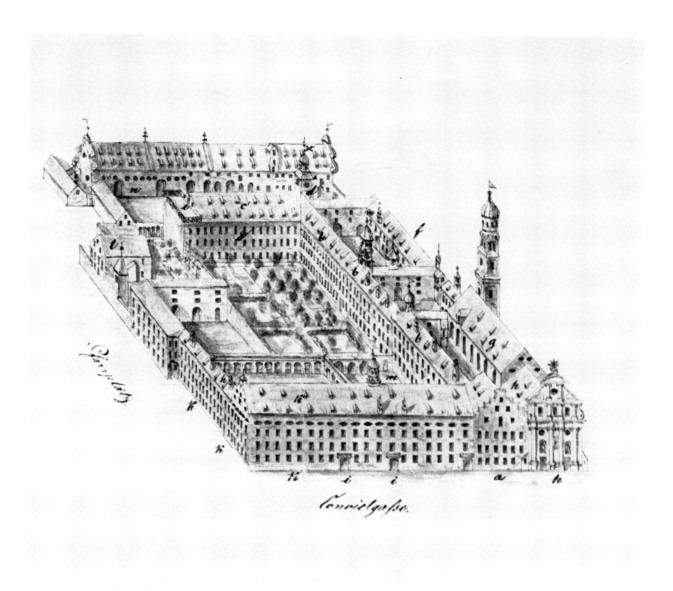

Abb. 128 *Jesuitenkolleg von Osten im Bestand von 1584–1720 (Kat. 139, Tafel XIV).*

Lage, das Bild kenntnisreich zu kommentieren. Neben der Kreuzkirche von 1584 bis 1589, von deren Turm aus Scheiner seine Sonnenfleckenbeobachtungen vornahm, und der ihr vorgelegten Eingangshalle des einstigen Hieronymuskirchleins (h) steht das Haus des Rektors des Kollegs (a), südlich schließt das große, heute noch stehende Gebäude (heute Canisiuskonvikt) an, das im nördlichen Teil das Paedagogium bzw. Gymnasium (i), im südlichen das eigentliche Seminar, das »Collegium Wilhelminum seu St. Ignatii Martyris« (k), beherbergte, das in den das Areal abgrenzenden Südflügel, der später abgebrochen werden sollte, übergeht. Westlich stößt an die Hl.-Kreuz-Kirche die Jesuitenbibliothek (f), ihr und der Kirche läuft ein Gebäudezug parallel, der Professorenstock, hier als »Wohnungen der Jesuiten« ausgewiesen. Im Westen begrenzt den gartenähnlichen, von einem Arkadengang geteilten Hof der Block des »Breisach«, dahinter liegen Ökonomiegebäude. Das Türmchen im Eck von Breisach und Professorenstock wird als alte Sternwarte, die Plattform am südlichen Ende des Breisach als neue Sternwarte ausgewiesen, auf die Rolle der Hl.-Kreuz-Kirche für die Sonnenfleckenbeobachtungen von Christoph Scheiner und Cysat macht das Blatt aufmerksam.

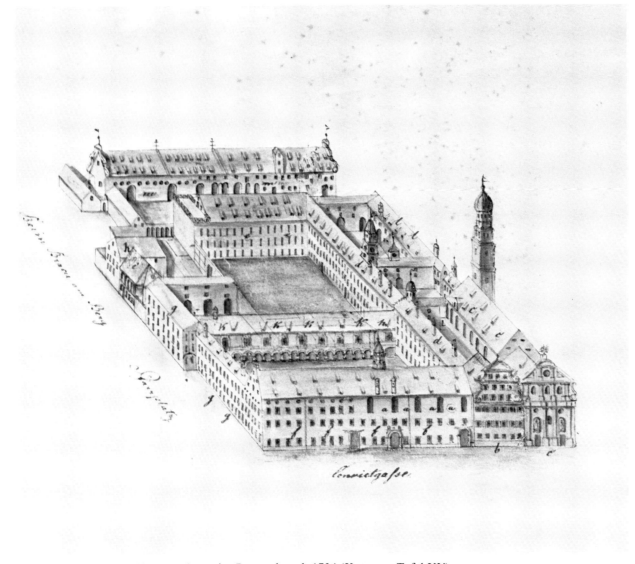

Abb. 129 *Jesuitenkolleg von Osten im Bestand nach 1724 (Kat. 139, Tafel XV).*

Schafhaeutl bietet eine zweite perspektivische Ansicht desselben Komplexes im Bestande von 1720/1856[209] und in der Nutzung des 19. Jahrhunderts (Abb. 129)[210]. Die Hl.-Kreuz-Kirche (c), von 1780 bis 1809 Malteserkirche, ist nun Militärheumagazin, wenig später wird sie abgetragen werden, das Rektoratshaus daneben zeigt noch den prächtigen volutengeschmückten Giebel, der um 1700 noch gefehlt hatte, es war inzwischen von 1780 bis 1809 Wohnung des Commandeurs der Malteserkommende gewesen und ist nun Wohnsitz des Regimentsadjutanten; Paedagogium und Seminarium sind Konviktkaserne (f), wobei der zur Kirche zur Schönen Unserer Lieben Frau hin gelegene Südflügel (g) am 11. Mai 1834 abgebrannt war. Im oberen Stock des einstigen Paedagogiums (a) war bis 1800 die vereinigte Universitäts- und Jesuitenbibliothek untergebracht, auch der Saal im Parterre, 1775 gewölbt, diente diesen Zwecken, 1856 war alles Sitz des Monturmagazins. Auf den Arkadengang hatte man 1724 als barocken Museumsbau den Orbanschen Saal gesetzt, der sog. Breisach wurde Monturmagazin (e), er brannte am 1. Juni 1833 ab. Der lange, der Kirche parallele Block des Professorenstocks, bis 1809 Maltesergebäude, war Kaserne und ebenfalls am 1. Juni 1833 ein Opfer der Flammen geworden. Das Bild 149

Abb. 130   *Ehemalige Anatomie mit ehemaligem Botanischen Garten von Westen*
im Bestand von 1856 (Kat. 139, Tafel XVII a).

mutet wie ein letztes Innehalten vor dem endgültigen Zugriff der Kasernenbauten an, dem das bedeutende Bauwerk der Kreuzkirche zum Opfer gefallen war.

Das Aquarell der Anatomie folgt dem Sondermeyrschen Stich von 1723[211]; was aus der heiter-verspielten, an eine Orangerie gemahnenden Anatomie und dem Botanischen Garten geworden war, verschweigt die Dokumentation des Bestands von 1855/56 (Abb. 130)[212] nicht.

Den unverkennbaren Sinn Schafhaeutls und Hezners für städtebaulich Bedeutsames verrät auch der Blick auf den Straßenbogen nordwestlich des Münsters (Abb. 131)[213] mit dem Hause des Luthergegners Dr. Johannes Eck (a), im Hintergrund die Gebäulichkeiten der Jesuiten von 1572/73. 1856 war aus dem Eckschen Hause längst eine Scheune geworden, rechts schloß das heute restaurierte Colloquium externum von 1740 an, links der Bräu am Berge (heute Neue Galerie) (Abb. 132)[214].

Den kundigen Historiker verrät das Aquarell des alten Kornmarkts (Schäffbräustraße, Abb. 133)[215]. Hier, unweit der Mühlen an der Schutter, war vor der Stadtwerdung Ingolstadts im 13. Jahrhundert das zweite präurbane Zentrum Ingolstadts gelegen – die erste Stelle nahm der niederaltaichische Klosterhof bei St. Moritz als einstiges Zentrum des karolingischen Kammerguts zu Ingolstadt ein. Die Darstellung folgt wieder dem Sandtnerschen Stadtmodell von 1572/73, das Georgskirchlein mit dem Giebeltürmchen (a) begrenzt den Platz, ihm zur Seite das einstige Kaisheimische Haus (nicht zu verwechseln mit dem Kaisheimer Haus am neuen Kornmarkt bei der Franziskanerkirche), im Hintergrund das Hl.-Geist-Spital im Baubestand von 1572/73. Und wiederum wird dem Beschauer die Konfrontation (Abb. 134)[216] nicht erspart: Das altehrwürdige Georgskirchlein (a) ist Speicher geworden, das einstige Kaisheimische Kastenhaus, von 1751 bis 1804 Kloster der Ursulinerinnen, wurde zum Privathaus (b), das einstige Schulgebäude

Abb. 131   *Blick in die Bergbräustraße auf das Haus Prof. Dr. Johannes Ecks (a) nordwestlich des Münsters,*
im Hintergrund das Jesuitenkolleg im Bestand von 1573 (Kat. 139, Tafel XIX).

Abb. 132   *Das ehemalige Wohnhaus Dr. Ecks mit angrenzendem Colloquium externum, 1856 (Kat. 139, Tafel XX).*   **151**

Abb. 133   *Die Schäffbräustraße, ehemals alter Kornmarkt, mit dem Georgskirchlein*
im Bestand von 1573 (Kat. 139, Tafel XXI).

Abb. 134   *Ehemaliges Ursulerinnenkloster und profaniertes Georgskirchlein*
im Bestand von 1856 (Kat. 139, Tafel XXII).

Abb. 135   Der Herzogskasten mit dem nördlich anschließenden Burghof im Bestand von 1573
(Kat. 139, Tafel XXIII).

Abb. 136   Der Herzogskasten von Norden im Bestand von 1856 (Kat. 139, Tafel XXV).

Abb. 137 *Der Herzogskasten mit Baumgarten von Süden im Bestand von 1573 (Kat. 139, Tafel XXIV).*

der Ursulinerinnen (c) ging in den Besitz eines Bäckers über. Ähnliche Gegenüberstellungen gelten dem Herzogskasten und dem Schlosse, als Beispiel sei der Burghof des ersteren an der Hallstraße (Abb. 135, 136)[217] besonders hervorgehoben.

Auch Ingolstadts Reichtum an alten Kirchen war im 19. Jahrhundert nicht völlig in Vergessenheit geraten. Zwar hat der Fanfarenstoß des Beginns des Festungsbaus im Jahre 1828 die Wiederentdeckung der kirchlichen Vergangenheit Ingolstadts in eben jenen Jahren in den Hintergrund treten lassen, doch erwachte um 1830 auch in Ingolstadt ein neuer Sinn für die zu Beginn des Jahrhunderts etwas verschütteten, weil dem Zeitgeist nicht adäquaten Werte der architektonischen Zeugnisse mittelalterlicher und barocker Frömmigkeit. Für diese romantische Hinwendung zur Vergangenheit mag der Name des Pfarrers zur Schönen Unserer Lieben Frau stehen. Ferdinand Coelestin Jungbauer[218] war am 6. Juli 1747 in Grattersdorf in Niederbayern geboren, dann in das Benediktinerkloster Niederaltaich eingetreten, 1788 wurde er schließlich Pfarrer in Großmehring, 1817 Pfarrer in Ingolstadt, wo er am 25. März 1823 starb. Als Erneuerer der Kirchenmusik hatte er selbst den Weg von der Aufklärung zur Romantik beschritten, sich des »wahren Gefühls« weder in seinen Kompositionen noch in seinen Predigten schämend. Bei seinem Versuch einer Wiederbelebung der Verehrung des dem staatlichen Zugriff zum Opfer gefallenen Heiligtums, der »Gnad«, im Jahre 1821 – »Hättest Du wohl glauben können,

Abb. 138   *Das Neue Schloß von Südwesten im Bestand von 1573 (Kat. 139, Tafel XXVI).*
Abb. 139   *Neues Schloß von Westen im Bestand von 1856 (Kat. 139, Tafel XXVII).*

155

gottseliger Ludwig, daß einmal Zeiten kommen würden, in welchen man sich an Deinen Heiligtümern vergreifen, selbe gleichsam mit Füßen treten und die darauf gelegte Flüche und das Gericht Gottes auf seine Seele zu laden sich nicht fürchten würde!« (C. Jungbauer bei der Weihe der Kopie der »Gnad« 1821) – hatte er die im Volke schlummernden Kräfte des Herzens geweckt[219]. Es folgte das Wiederaufleben der bis dahin von Staats wegen durch Säkularisation zum Aussterben verurteilten Klöster der Franziskaner (1827/28)[220] im ehemaligen Augustinereremitenkloster an der Schutter und der Frauen von St. Johann im Gnadenthal (1829)[221].

Man entdeckte die Schönheit der mittelalterlichen – weniger der barocken – Kirchen Ingolstadts aufs neue. Im Jahre 1840 erschien die Monographie »Die Stadtpfarrkirche zu Unserer lieben schönen Frau in Ingolstadt« des Landrichters und Stadtkommissärs Ritter Gerstner[223], der mit seiner »Geschichte der Stadt Ingolstadt« von 1853[224] zum Wiederbegründer der Ingolstädter Geschichtsschreibung wurde. Die evangelische Gemeinde ließ sich 1845/46 durch Karl Heideloff eine Kirche bauen, in der man nicht zuletzt ein »belehrendes Muster edler Baukunst« sah[225], auch dies Ausdruck der Rückwendung zur Architektur der Gotik. Daß die neu erwachte Begeisterung für das Mittelalter auch verhängnisvolle Folgen haben konnte, wurde in Ingolstadt bei der Renovierung des Münsters 1851 und noch gravierender bei der Regotisierung der Kirche St. Moritz im Jahre 1888/89 deutlich.

Die Kirchen   Die Kirche zur Schönen Unserer Lieben Frau – vielen Reisenden hatte sie auch im 18. Jahrhundert wegen ihrer Größe, ihres einstigen Kirchenschatzes und ihrer Geschichte als »das merkwürdigste unter den öffentlichen Gebäuden Ingolstadts« gegolten

Abb. 141, Seite 158   (Wolff)[226] – hielt das Titelbild in Gerstners Monographie von 1840 (Kat. 114) fest. Der Stahlstich C. Schleichs hatte einen Entwurf des Ingenieur-Hauptmanns Haubenschmid zur Vorlage, der mit untrüglicher Sicherheit das beherrschende Westwerk, nicht den der Stadt zugewandten Chor als entscheidende Sicht ins Bild setzte. Der Standort des Zeichners liegt in der Kreuzstraße unmittelbar vor der Kirche. Der Härte der Technik des Stahlstichs entspricht die Sachlichkeit der Aussage, auch Details wie die fehlenden Maßwerke der Turmfenster werden wiedergegeben. Der umgebende Friedhof ist bereits aufgelassen, jedoch ist sein Areal noch spürbar, noch ist der Kirchplatz nicht glattgefegt wie heute. Die Turmuhr zeigt sich in barocker Umrahmung.

Abb. 140, Seite 157   Auch eine Lithographie von J. B. Dilger im »Vaterländischen Museum« von 1839 (Kat. 110) zeigt das Münster, wenn auch aus größerer Distanz. Das Bild vereint den Sinn für die Großartigkeit des Bauwerks der Oberen Pfarr, dessen Kontrast zu den weit zurückgelassenen Dächern der bürgerlichen Stadt erlebbar wird, mit der Idylle von Graben und spätmittelalterlicher Stadtmauer noch vor Entstehen der Festungsanlagen des 19. Jahrhunderts. Die Vorliebe des Zeichners für den dekorativen Schmuck von Giebel und Südwestturm fällt auf, um beschönigende Verbesserungen ist er nicht verlegen. So erscheint das Westfenster nicht abgemauert, und die Turmfenster zeigen auch in den unteren Stockwerken Maßwerk.

Besonders angelegen ließ sich die Ingolstädter Kirchen der »Kalender für katholische Christen« aus Sulzbach sein. Nicht, daß dieser Kalender Ingolstadt mit Vorzug behandelt hätte! Man muß schon Jahrzehnte dieses auch historischen Anspruch erhebenden Kalenders durchblättern, will man mehrere Ingolstädter Ansichten zu Gesicht bekommen. Aber er hat – und das mochte damals schon etwas heißen – die Kirchen und Klöster der Festungsstadt auch nicht verschwiegen. Uns ist heute die ganze Serie dort erschienener Ingolstadt-Ansichten schon wegen ihrer topographischen Aussage wertvoll. Im 26.

Abb. 140   *J. B. Dilger: Münster mit Stadtmauer und Graben von Südwesten, 1839 (Kat. 110).*

Abb. 141   *Joh. N. Haubenschmid/C. Schleich: Das Münster zur Schönen Unserer Lieben Frau, 1840 (Kat. 114).*

Abb. 142
Kloster St. Johann im Gnadenthal
von Westen, 1866 (Kat. 146).

Jahrgang von 1866 findet sich ein Blick auf das Gnadenthal (Kat. 146). Verzichtet wird *Abb. 142*
auf das Ambiente der bürgerlichen Stadt, das Kloster wird gleichsam auf die grüne Wiese
gesetzt. Interessanterweise wählte aber der Zeichner für diesen Holzstich nicht die
Schauseite an der Harderstraße, sondern zeigt die Klosteranlage von der Rückseite mit
den Gärten, also von Westen.

Die Kirche zur Schönen Unserer Lieben Frau kam im 40. Jahrgang von 1880 zur Abbildung (Kat. 179), der Stahlstich in Gerstners Monographie von 1840 (Kat. 114) hatte zur
Vorlage gedient. Für den Mangel an Aussage in diesem Bilde entschädigen zwei Ansich-
ten im 44. Jahrgang von 1884. Die »obere« Franziskanerkirche – gemeint ist die alte Kir- *Abb. 143, Seite 160*
che dieses Ordens, die zur Garnisonskirche geworden war – hat zwar keinen umfriedeten
Kirchhof mehr, dafür aber einen Brunnen. Auch ist der einstige Klosterbereich noch im
Verlauf der Fassade gegenüber dem Platze abgeschlossen (Kat. 185). Ein paar Seiten später findet sich eine Ansicht der »unteren« Franziskanerkirche, der ehemaligen Augusti- *Abb. 144, Seite 160*
nerkirche an der Schutter, mit Kloster (Kat. 186). Das Bild läßt trotz einiger Verzeichnungen ein wenig die Schönheit dieses kostbaren Baus von Johann Michael Fischer
nachklingen, der 1945 der Zerstörung anheimfiel[227]. Der enge Umgriff dieses in der Altstadt gelegenen Klosters freilich wird unterschlagen, auf die städtebauliche Situation bewußt verzichtet. Diese Abbildung erfreute sich großer Beliebtheit, sie ging u. a. auch in
Andachtsbilder der Schuttermutter, die um 1900 in großer Zahl u. a. bei Pöllath in Schrobenhausen gedruckt wurden, ein (Kat. 244).

Das damals vielgerühmte Bauwerk der evangelischen Kirche fand ihren Niederschlag in
einem Stahlstich von J. Poppel, München, der der 1847 in Nürnberg erschienenen Fest- *Abb. 145, Seite 161*
schrift aus Anlaß der Einweihung am 15. November 1846 beigegeben war (Kat. 128).

Das allgemeine Ingolstadt-Bild des 19. Jahrhunderts war, darüber kann kein Zweifel
aufkommen, in erster Linie vom Festungscharakter bestimmt. Dennoch sucht man Ansichten von Festungsanlagen, von Cavalieren und Kasematten, nahezu vergeblich, sieht
man von dem von Ansichten verschiedenen Genus der Festungspläne ab. Der Abbildung
von Festungsanlagen mochten militärische Bedenken entgegengestanden haben. Noch
G. Schröpler hatte einer besonderen Genehmigung bedurft, um Festungsanlagen im Bil-

Abb. 143 *Franziskanerkirche, 1884 (Kat. 185).*

Abb. 144 *Die im Krieg zerstörte ehem. Augustinerkirche (untere Franziskanerkirche), 1884 (Kat. 186).*

de festzuhalten. Das Festungsgouvernement hatte ihm zwar unterm 19. Oktober 1891 gestattet, »Skizzen und Ansichten von malerischen Punkten der Festung zum Zwecke landschaftlicher Bilder aufnehmen zu dürfen«, »die Vervielfältigung solcher Skizzen ohne besondere Genehmigung« war ihm jedoch untersagt[228].

Für aus militärischen Gründen Entgangenes entschädigt das Interesse, das zeichnende und aquarellierende Offiziere an der alten Stadt, ihren Straßen, Plätzen und Toren, genommen hatten. Dankbar vermerkt sei, daß Ingolstadt seine schönsten Ansichten aus der Zeit um 1850, die erstmals Straßen und Plätze ins Bild holen, den Betrachter nicht mehr jenseits der Donau stehenlassen, sondern in die Stadt hereinnehmen, gerade dem Kreise der Offiziere der Garnison zu verdanken hat. Und was von Hause aus nur dekoratives Beiwerk ist, die Staffage, gewinnt in diesem Zusammenhang Aussagekraft: Uniformträger im Straßenbild als Ausdruck der militärischen Präsenz in der Stadt.

Pläne und Bauaufnahmen Wiewohl Bauplänen in einer Sammlung von Ingolstadt-Ansichten kein legitimer Platz zukommt, sei um der Vermittlung verlorenen Baubestands willen in einigen Fällen vom Prinzip abgewichen. Selbstverständlich wirken Pläne im Vergleich zur freien Zeichnung steifer, lassen mancherlei an Fluidum zu wünschen übrig. Andererseits aber sind Architekturzeichnungen des 19. Jahrhunderts heutigen Plänen dann doch nicht selten in vielem überlegen.

Hohe Schule *Abb. 146, Seite 162* Eine undatierte Federzeichnung gibt das einstige Universitätsgebäude, die »Hohe Schule«, wieder (Pl. 1). Der blockhafte Charakter des ehemaligen Pfründnerhauses mit seinem Anspruch auf Repräsentation ist angesichts dieses Aufrisses nacherlebbar.

Zwar fehlen die dem Giebel aufgelegten dreieckigen Lisenen, doch geben der Giebelzierat, das auskragende Türmchen, der gemalte Wappenfries und die Fenstergliederung dem Haus durchaus eine gewisse kraftvolle Festlichkeit. Reizvoll ist die asymmetrische Fenstergliederung, die von dem im Sandtnermodell von 1572/73 wiedergegebenen Befund abweicht. Zunächst ist festzuhalten, daß der Eingang noch in der Mitte der Stirnwand lag, um 1750 hatte man ihn an die Ostseite verlegt[229]. Die Katharinenkapelle liegt noch in der Nordostecke des Gebäudes, sie ist doppelstöckig und hat an der Ostseite nur ein hohes Fenster.

Auffallend ist auch der große, doppelstöckige Saal mit vier hohen Fenstern (im Sandtnerschen Modell fünf) an der Ostseite, sicherlich die Aula, die noch die Pläne um 1750 ausweisen[230]. Eine lange Reihe kleiner (beim Sandtnerschen Modell höherer) Fenster zeigt das oberste Stockwerk an der östlichen Längsseite an dieser Stelle. Hier war die Knöringsche Bibliothek eingezogen, nachdem sie noch im 16. Jahrhundert an ihrem ursprünglichen Ort westlich der Hieronymuskirche dem Jesuitenkolleg hatte weichen müssen[231]. Nicht übersehen sei das Ochsenauge am nordwestlichen Eck. An dieser Stelle zeigt das Sandtnermodell ein höheres Fenster. Zieht man die Beschriftung des Blattes heran, möchte man eine Datierung des Aufrisses spätestens ins frühe 17. Jahrhundert für durchaus denkbar halten.

Rätsel gibt der Plan auf, den der Churfürstliche Bauamtsmaurermeister Andreas Fischer, der Bruder Johann Michael Fischers, als Meisterriß beim Rat der Stadt eingereicht hatte und der am 17. Okt. 1732 vom Rat gutgeheißen wurde (Pl. 4). Er nimmt einen charakteristischen Standort in der Reihe der Ingolstädter Baumeisterpläne ein: Häuser gotischer Art, deren Giebel mit vorgelegten Lisenen und Fialen geschmückt sind, erhalten schließlich seitliche Türme, von denen der eine als Eckturm ausgebildet wird wie in den Meisterplänen von Michael Frankh vom 19. März 1649, von Michael Funckh vom 4. März 1667 und Albrecht Khrüner vom 14. Oktober 1673[232]. Bei Andreas Fischer wird nun erstmals auf den lisenengeschmückten Giebel zugunsten eines Mansarddaches verzichtet. Die Front zählt fünf Fensterachsen und einen zentralen Eingang, ein Mittelerker fehlt. Diese Schauseite des Meisterrisses entspricht nun auffallend der Südseite des Kais-

Meisterplan Abb. 148, Seite 163

Abb. 145   *J. Poppel: Die evangelische Kirche, 1847 (Kat. 128).*

Die Universität

Abb. 146
Die Hohe Schule im 17. Jahrhundert
(Pl. Nr. 1).

162

Abb. 147
J. Daunn: Donautor, 1823 (Pl. Nr. 7).

Abb. 148   *Andreas Fischer: Meisterriß, 1732 (Pl. 4).*

heimer Hauses, dessen vielstufige Baugeschichte im einzelnen noch nicht geklärt ist.
Man ist versucht, beim Kaisheimer Haus, das sich angesichts der Ingolstädter Baumeisterpläne geradezu als Schulbeispiel erweist, an einen Umbau zur Zeit Andreas Fischers,
vielleicht sogar an ein Werk von seiner Hand zu denken.

Von J. Daunn stammt ein Aufriß des Portals des Donautores im Renaissancebestand (Pl. *Riß*
Abb. 147, Seite 162
7) – über dem Eingang prangt die Jahreszahl 1542 – mit dem Wappenaufsatz und den
Steinsäulen mit knorrigen Aststrünken, die Zeichnung ist mit 1823 datiert.

Den Namen des Ingolstädter Maurermeisters Johann Schellhorn trägt eine Fassadenab- *Bauaufnahme*
Abb. 151, Seite 165
wicklung der Ost- und Südseite des Jesuitenkollegs von 1822 (Pl. 6). Von rechts: Noch
stand die Hl.-Kreuz-Kirche mit der vorgesetzten Eingangshalle der einstigen Hieronymuskirche und dem hohen Turm; von 1780 bis 1809 war sie Malteserkirche, dann bis zum
Abbruch Militärheumagazin gewesen. Es folgt der Trakt des ehemaligen Paedagogiums
und Collegiums Sancti Ignatii martyris, ab 1774 Conviktkaserne, noch mit dem Flügel,
der im Süden an der Bergbräustraße das Areal des einstigen Jesuitenkollegs abschloß
und ein Jahrzehnt nach dieser Aufnahme niederbrannte (am 11. Mai 1834)[233]; die hohen
Fenster im Obergeschoß der Conviktkaserne – der Weningsche Stich zeigt diese doppel-
geschossigen Fenster noch nicht – gehörten zu einem Saal, der von 1775 bis 1800 zu der
vereinigten Universitäts- und Jesuitenbibliothek gehörte[234].

Ebenfalls von Johann Schellhorn stammt die Bauaufnahme der Hl.-Kreuz-Kirche der *Bauaufnahme*
Abb. 149, Seite 164
Jesuiten, die 1817 dem Militärärar überlassen und 1859 abgebrochen wurde (Pl. 9)[235]. Die
Risse zeigen Fassade und Nordseite. Die verschiedenen Baukörper der einstigen Hiero-
nymuskirche, die zur Eingangshalle geworden war, und der Hl.-Kreuz-Kirche heben

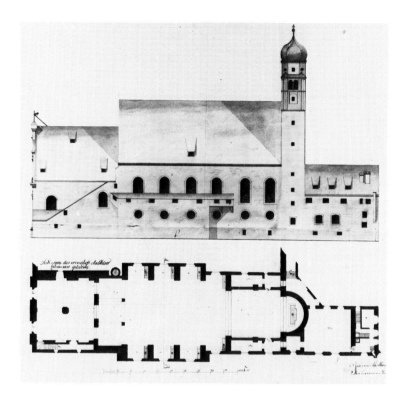

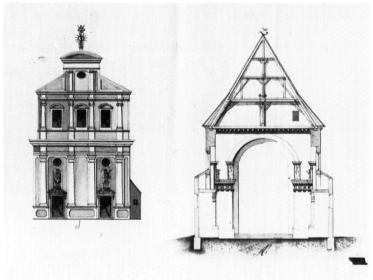

Abb. 149
Johann Schellhorn:
Die 1859 abgebrochene Hl.-Kreuz-Kirche
(Pl. Nr. 9).

sich deutlich voneinander ab, der Turm, von dem aus Christoph Scheiner seine berühmt gewordenen Beobachtungen der Sonnenflecken durchgeführt hatte, hatte einst der Stadtsilhouette einen wichtigen Akzent gegeben.

Bauaufnahme
Abb. 150, Seite 165 Den Baubestand des Heilig-Geist-Spitals im Jahre 1824 gibt ein anderer Plan Johann Schellhorns wieder (Pl. 8). Die Giebelseite der Kirche ist hier noch nicht neugotisch verbessert, auf dem Dachwerk sitzt das barocke Türmchen von 1717, das 1845 abgebrochen und durch eine »gotischere« Konstruktion ersetzt wurde, das Mittelfenster ist noch geschlossen. Eine spröde, höchstinteressante Fenstergliederung zeigt der Riß der Südwand des Spitalgebäudes. Die drei großen Fenster des Erdgeschosses gehören dem einstigen zweischiffigen, vierjochigen, gewölbten Gemeinschaftsraum des Spitals zu, in den oberen Stockwerken lagen Einzelzimmer von Pfründnern.

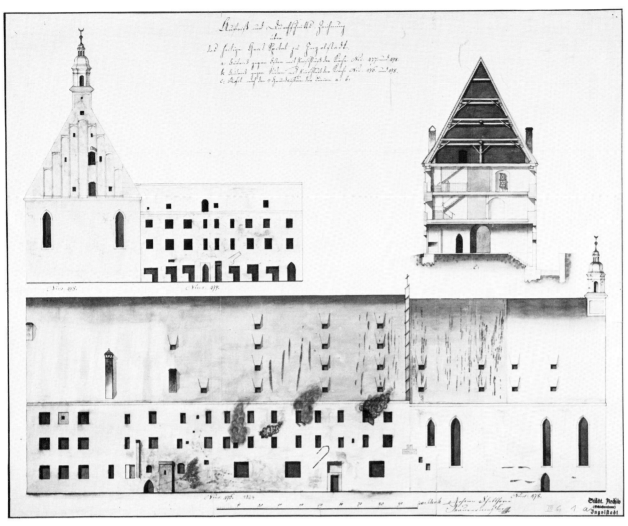

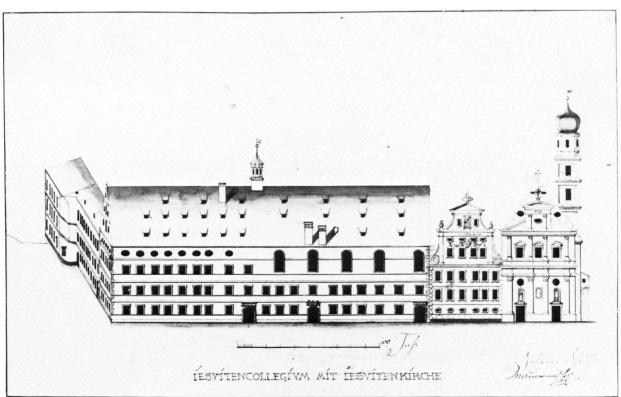

Abb. 150   *Johann Schellhorn: Das Hl.-Geist-Spital, 1824 (Pl. Nr. 8).*

Abb. 151   *Johann Schellhorn: Das ehem. Jesuitenkolleg, 1822 (Pl. Nr. 6).*

Abb. 152 *Joseph Dietrich: Das 1843/4 abgebrochene „Baldehaus" (Kat. 119).*

Abb. 153 *Johann Schellhorn: Das Münster von Süden, 1816 (Pl. Nr. 5).*

Abb. 154   *Kloster St. Johann im Gnadenthal (Kat. 153).*

Ebenfalls Planaufnahmen stehen zwei Bilder des »Baldehauses« (Harderstraße 8) nahe *Baldehaus*
Abb. 152, Seite 166
(Kat. 118 und 119). In diesem Bäckerhaus hatte einer lokalen Tradition zufolge Jakob
Balde gewohnt. Eine der romantischsten Szenen der Ingolstädter Geschichte soll sich
hier abgespielt haben. Der angehende Jurist Balde habe hier des Nachts seiner Geliebten
ein Ständchen gesungen, sei aber unerhört geblieben. Da sei der Chorgesang von dem gegenüberliegenden Frauenkloster im Gnadenthal herübergedrungen, den Sänger habe
Weltverachtung ergriffen, die Laute habe er zerschmettert[236]. Balde trat in der Tat 1624
dem Jesuitenorden bei, 1635 wurde er, wenn auch nur für wenige Jahre, Professor in Ingolstadt[237]. Mit Ingolstadt verbunden sind sein Drama »Jephte«, das 1637 bei den Jesuiten zur Aufführung kam und zu den Marksteinen des Jesuitendramas zählt (Haas[238]), und
sein hymnischer Nachruf auf den 1632 in Ingolstadt an seiner in Rain erlittenen Verwun-
dung verschiedenen Tilly (»Tillii parentalia«): »Deshalb wollen wir gehn, sein Leichen-
begängnis zu feiern, und mit großem Pomp der Ehren letzte bezeigen, Ingolstadt, ein Lager des Mars, die bojische Göttin stand hier auf, das Gesicht so rot wie die Farbe der Iris,
hat die Leiche verwahrt und triumphiert in der Trauer.« Zur gleichen Zeit schrieb Bar-
tholmaeus Holzhauser seine düstere Vision vom Untergang Ingolstadts nieder[239], er
selbst kommentierte später den dunkel gebliebenen Text: »... und weil das Wasser mich
auch hier verfolgte, so floh ich, fürchtete mir sehr, und als ich oberhalb der Donau stand,
weinte ich häufige Tränen, und erst als ich mich auf die Berge zurückgezogen habe, war
ich sicher... Die Stadt, welche in der Erscheinung durch den Eintritt der Gewässer ver-
wüstet worden ist, war Ingolstadt; das Wasser kam über das Feld, das man das Eselfeld
nennet, her...« Und Gott selbst ließ den Visionär wissen (im »fünften Gesicht«): »Es ist   167

keine Gerechtigkeit, keine Erbarmnis und kein Glauben mehr; in ihren Schlafkammern ist kein Feuer, sowohl bei dem Volke als bei dem Priesterstande; das Salz ist töricht geworden, und die Völkerschaften sind in Fäulnis übergegangen ...«

Doch zurück zu Balde. Seine Lyrik verbindet katholische Frömmigkeit mit antiker Formvollendung, in ihr errang sich ein der jesuitisch-ingolstädtischen Geisteshaltung zutiefst verpflichtetes reiches Werk einen festen Platz in der Weltliteratur.

Da beide Bilder des »Baldehauses« die Hausnummer 917 zeigen, können sie erst nach der Einführung dieser Numerierung (1805) entstanden sein. Die Fassadendekoration des im Bilde angeschnittenen Kaisheimer Hauses differiert in beiden, das eine zeigt noch einen Brunnen auf der Straße, das vielleicht etwas jüngere könnte ca. 1843 – vor dem Abbruch des Hauses[240] – entstanden sein, es stammt von Joseph Dietrich, der 1873 verstarb.

Abb. 154, Seite 167 Das Kloster Gnadenthal mit der spätgotischen Kirche hält ein Aquarell aus der 2. Hälfte des 19. Jahrhunderts fest (Kat. 153), das einen Blick in die Johannesstraße gestattet.

Kriegsjahre brachten zu allen Zeiten Unruhe in Festungsstädte, auch wenn diese selbst nicht unmittelbar vom Kriegsgeschehen betroffen waren. Maßnahmen im Festungsbau mußten getroffen werden, in Ingolstadt waren die 1868 begonnenen drei Werke des Vorwerkgürtels (die Forts Haslang, Max Emanuel und Wrede) beim Kriegsausbruch 1870 noch nicht vollendet[241]. Der Ausmarsch der Regimenter und ihre Rückkehr waren Schauspiele sondergleichen, leider hat sie kein Zeichner festgehalten.

Kriegsgefangene Spektakulär war der Einzug der französischen Kriegsgefangenen am 7. 8. 1870 mit 17 Offizieren und 346 Mann, 2 Tage später folgten 24 Offiziere und 507 Mann, meist Turkos und Zuaven, die Transporte rissen nicht ab, nach der Schlacht bei Sedan am 1. 9. 1870 überstieg die Zahl der in Ingolstadt untergebrachten Gefangenen 10 000[242].

Was damals Gefangenenleben in Ingolstadt bedeutet hat, hat ein französischer Hauptmann, Alfred Quesnay de Beaurepaire, in den 1891 in Paris erschienenen Memoiren »De Wissembourg à Ingolstadt«[243] (Kat. 155) geschildert. Der Leser nimmt teil am Zug der Gefangenen durch die fahnengeschmückten Straßen[244]; wir lesen, wie der Gouverneur, um der unstillbaren Neugier der vielen entgegenzukommen, eine »exhibition des prisonniers« veranstaltete, indem er sie durch die Stadt ziehen ließ[245]. Besonders hatten es den Ingolstädtern die algerischen Scharfschützen angetan: »Ces Arabes avaient si grand air, que cette lourde troupe en armes semblait rendre les honneurs à des vainqueurs. Leurs têtes énergiques et bronzées, leurs formes athlétiques doublées d'une tournure martiale ont dû faire une grande impression sur les Allemandes: elles ont pu du moins constater que ces soldats n'ont rien de commun avec les monstres que la caricature allemande nomme, par dérision, l'avant-garde de la Grande-Nation.«[246]

Schwerer als die Zuaven fanden sich die Turkos in der Gefangenschaft zurecht: »Ces pauvres Arabes étaient particulièrement malheureux et beaucoup plus maltraités que les autres; d'ailleurs ils refusaient le linge et les vêtements que les Allemands leur proposaient par hasard. Il n'était pas rare de trouver l'un de ces misérables, nu jusqu'à la ceinture, pendant que sa chemise séchait au soleil. Si on peut donner le nom de chemise à cette loque sans forme et sans nom que le malheureux venait de laver. Leurs pantalons des toile tombaient par lambeaux, mais ils les recousaient tant bien que mal, plutôt que d'accepter les vêtements qu'on leur proposait.«[247]

Dem Winter waren die Turkos am allerwenigsten gewachsen: »Quant aux turcos, les rigueurs de l'hiver en avaient tué un grand nombre, et les rares survivants, que les Bavarois promenaient toujours devant les foules joyeuses, passaient fièrement drapés dans des
couvertures sordides couvrant à peine leurs pantalons de toile en lambeaux.«[248]

Abb. 155   *Alfred Quesnay de Beaurepaire: Zug der gefangenen Franzosen durch die fahnengeschmückte Theresienstraße, 1870 (Kat. 155).*

Die Memoiren des gefangenen Capitaine sind an Details schier unerschöpflich, ob er das Volk, eine »brasserie bavaroise« oder das bayerische Bier preist: »La bière est excellente et, dit-on, très nourissante.«[249] Die Feier des Siegs von Sedan freilich machte ihn betreten: »Dans Ingolstadt, les drapeaux et les bannières bavaroises s'unissent plus que jamais aux banderolles prussiennes pour célébrer la grande victoire de Sedan. La foule des paysans n'a jamais été aussi compacte dans les rues et dans les brasseries. On y boit et chante jour et nuit, mais nous ne voyons pas les familles qui pleurent, dans la ville et dans les campagnes, ceux qui sont partis pour jamais.«[250] Das mit allem Pomp gefeierte Te Deum im Münster stimmt ihn nachdenklich: »Ici je reconnais cette grande force de nos ennemis, la croyance en Dieu et le respect de la foi des pères.«[251]

Die Ereignisse von 1870/71 in Ingolstadt verdienten in diesem Zusammenhange eine derart eingehende Behandlung keineswegs, wären sie nicht zum Anlaß für eine Reihe von Bildern geworden, die das Pittoreske des Themas »Afrika in Bayern« festzuhalten versuchten. Doch sei darüber das Historisch-Bedeutsame nicht vergessen: die Schaffung des Deutschen Reichs im Jahre 1871. Bayern blieb rechtlich souverän, behielt u. a. seine eigene Armee, und doch konnte die bayerische Regierung erreichen, daß die Festung Ingolstadt nicht nur nicht aufgelassen wurde, sondern das Reich nahezu 12 Millionen Mark für den Fortgürtel auswarf, der 1875 begonnen wurde und von dem lediglich Fort VI (Prinz Karl) bei Katharinenberg erhalten geblieben ist[252].

Doch zurück zu den Bildern: Alfred Quesnay de Beaurepaire hatte seine Ingolstädter Erlebnisse als Gefangener nicht nur im Wort, sondern auch im Bilde festgehalten; 26 Abbil-

Abb. 156   *Abendliche Heimkehr der gefangenen Franzosen von der Arbeit, 1870 (Kat. 155).*

Abb. 157   *Gefangene Franzosen beim Kegelspiel im Lager am Brückenkopf, 1870 (Kat. 155).*

Abb. 158 *Wachtposten bei der Eisenbahnbrücke, 1870 (Kat. 155).*

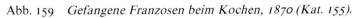

Abb. 159 *Gefangene Franzosen beim Kochen, 1870 (Kat. 155).*

Abb. 160
*Zug der gefangenen Franzosen
bei der Sebastianskirche, 1870
(Kat. 155).*

dungen konnten 1891 seinem Buche beigegeben werden. Der Zeichenstift hielt zum Teil Genreszenen fest, vor allem mit Turkos, auch eine Bierwirtschaft, andere bieten Ingolstadt von einer ungewohnten Seite. So zeigt ein Blatt Theresienstraße und Münster nach dem Siege von Wissembourg (Abb. 155[253]). Aus jedem Haus hängen Fahnen, in Gruppen steht das Volk erwartungsvoll umher, und vom Kreuztor bewegt sich der lange Zug der Gefangenen, voran Turkos, in die Stadt. Andere Bilder zeigen Zuaven im Gefangenenlager am Brückenkopf, beim Kegeln oder beim Kochen, beide Male treten auch die Brückenkopfbauten als Hintergrund ins Bild (Abb. 157, 159[254]).

Einmal wird die abendliche Heimkehr nach der Arbeit gezeigt: Der Zug der Gefangenen schiebt sich durch die Schulstraße, vor dem abendlichen Himmel das Münster, die begleitenden Soldaten mit geschultertem Gewehr, ein paar Neugierige vor den Häusern (Abb. 156[255]). Während die Bilder Schröplers ausschließlich die freundliche, liebenswürdige Seite der Stadt zeigen, keinesfalls das gewiß auch vorhandene Enge, Bedrückende – es gab auch damals Armut und Not und für die vielen Festungsarbeiter freudlose Quartiere –, ist hier die regennasse Straße ein trübsinniger Ort, Verlassenheit umgibt die Gefangenen; Gefängnisatmosphäre kommt auf. Ein andermal werden Turkos von Soldaten durch die Stadt geführt: Schwerbewaffnet sind die Soldaten, die Gaffer stehen an der Straße, und alles spielt sich im idyllischen Unteren Graben ab (Abb. 160[256]).

Abb. 161   *Donautor, vom südlichen Donauufer aus gesehen, ca. 1830 (Kat. 105).*

Abb. 162   *Neues Schloß mit Neuem Feldkirchner Tor (Kat. 107).*

174

Abb. 163   Joseph Weiß: Zuaven-Waschhaus des französischen Gefangenenlagers am Brückenkopf, dahinter die Stadt, 1870 (Kat. 162).

Abb. 164   *Gustav Schröpler: Einzug französischer Gefangener durch das Neue Feldkirchner Tor, 1870 (Kat. 156).*

Abb. 165   *Eugen Adam nach Gustav Schröpler:*
Zug der französischen Gefangenen durch das Kreuztor, 1870 (Kat. 159).

Das letzte Bild des Buchs gibt einen Wachtposten am Donauufer bei der Eisenbahnbrücke wieder (Abb. 158[257]). Ein Zug donnert qualmend über die Stahlbrücke, im Hintergrund die Silhouette der Stadt. Was heute vertraut erscheinen mag, war damals höchst aktuell. 1867 war die Bahnlinie München–Ingolstadt, 1870 diejenige Ingolstadt–Treuchtlingen eröffnet und 1868/69 die damals noch eingleisige Eisenbahnbrücke erbaut worden.
Das Ereignis der Ankunft der französischen Gefangenen in Ingolstadt wurde vielfach im Bilde festgehalten. Eine im Verlag der Krüllschen Buchhandlung in Ingolstadt erschienene Lithographie nach G. Schröpler (Kat. 156) hält ihren Einzug durch das Neue Feld-   Abb. 164, Seite 176
kirchner Tor fest. Farbenprächtig gekleidet und hocherhobenen Hauptes schreiten die Turkos einher, von schwerbewaffneten Soldaten begleitet, ein Schauspiel für das Volk. Ganz anders wirkten dieselben Gefangenen beim Verlassen der Stadt am gleichen Tag. G. Schröpler hat auch diese Szene der Nachwelt überliefert: Durch das Kreuztor ziehen die Turkos (Kat. 158). Die Gefangenen suchen sich gegen den Regen zu schützen, unbeirrt bleiben nur die Begleitsoldaten. In der »Allgemeinen Illustrirten Zeitung« erschien eine Abbildung »nach einer Skizze von Eugen Adam« (Kat. 159). Der Ausschnitt freilich   Abb. 165
ist ein anderer, dem Breitformat zuliebe wurde der obere Teil des Kreuztors mit dem Münster weggelassen, dafür wurde seitlich etwas hinzugegeben, die Gefangenen wie die Soldaten sind aber unstreitig die des Schröplerschen Bildes. Die Zeichnung hat dem Ölbild die Wiedergabe des strömenden Regens voraus. Was hat nun zur Vorlage gedient, wird man fragen: eines der Ölbilder Schröplers oder die Skizze von Eugen Adam? Man ist versucht, die Antwort in einer Skizze Schröplers zu vermuten, die beiden Versionen

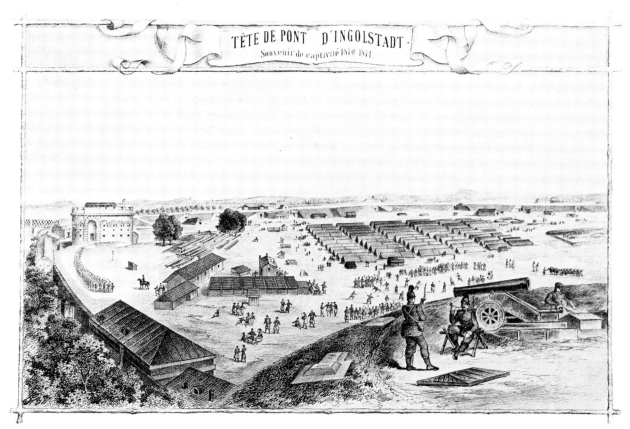

Abb. 166   *Gustav Schröpler: Lager der gefangenen Franzosen am Brückenkopf, 1871 (Kat. 160).*
Abb. 167   *Franz von Lenbach: Stadtmauerpartie, 1855 (Kat. 138).*

178

vorgelegen sein mochte, ähnlich der Zeichnung Schröplers für die Lithographie des Einzugs der Gefangenen. Der Begleittext der Illustrierten geht etwas auf die Ankunft der 600 neuen Gefangenen in Ingolstadt ein. Die Turkos werden als »braune und schwarze Träger der französischen Civilisation« apostrophiert. »Fast alle sind zerlumpt, unsauber, mit Blut bespritzt und sehen mager und verhungert aus.« Dann wird die Szene der Essensausgabe geschildert: »Mit wildem Geschrei, mit Sprüngen wie Hyänen fallen sie über das gereichte Brod und Fleisch her, es sich gegenseitig entreißend.«[258] Arroganz schlägt durch.

In der Krüllschen Verlagsbuchhandlung erschien wenig später eine Folge von Lithographien von »Typen französischer Gefangener«: sachlich den Gefangenen durchaus ihre Würde belassend, fast von wissenschaftlicher Sachlichkeit (Kat. 163).

Als »Souvenir de captivité 1870/71« war ein ebenfalls im Verlag der Krüllschen Buchhandlung erschienener Druck gedacht mit dem Titel »Tête de pont d'Ingolstadt« nach einer Zeichnung Schröplers (Kat. 160). Das Blatt gibt die Weite des Lagers mit Turm Triva wieder. In langen Reihen stehen die Baracken, auf freiem Felde vergnügen sich die Gefangenen.

Erinnerungsblatt
Abb. 166, Seite 178

1880 erschien in einer Illustrierten wiederum eine Abbildung von Turkos in Ingolstadt nach einer Federzeichnung von Hoffmann-Zeitz (Kat. 161). Eine Gruppe Gefangener in exotischen Gewändern wird begafft, man blickt auf Theresienstraße und Münster. Der Titel »Vor zehn Jahren. Afrika in Bayern« will eine »heitere« Erinnerung beschwören: »Der Schauplatz ist Ingolstadt, wo ein biederer altbayrischer Landmann mit seinem Weib und Sohn die gefangenen Turcos und Saphis betrachtet. Das Ergötzen beider Parteien, mit Ausnahme des Jungen, ist gegenseitig.«[259]

Abb. 163, Seite 175

Das schönste aller Blätter mit Gefangenenszenen ist ein Aquarell des Münchners Joseph A. Weiß vom 29. August 1870 (Kat. 162). Anscheinend war Weiß nach Ingolstadt gereist, vielleicht sogar des Schauspiels der Zuaven in altbayerischer Umgebung wegen. Geschildert ist das Treiben der farbigen Gefangenen beim Waschhaus am südlichen Donauufer, man fühlt sich an die Memoiren des französischen Capitaine erinnert. Ein Dampfer zieht stromaufwärts. Dahinter steigt Ingolstadt empor: Das hohe Donauufer bei der Lände, die Stadtmauer um das Tränktörlein, dahinter die Dachlinie der Donaukaserne, rechts angeschnitten ist der Herzogskasten, die ehem. Augustinerkirche, damals schon längst Untere Franziskanerkirche, ragt in den Himmel, die Krone bilden Pfeifturm und Glockenturm von St. Moritz, zur Linken weit zurückliegend das Münster.

Münchener Maler

Daß Ingolstädter Motive im Werke Münchener Maler nicht fehlten, dürfte eigentlich kaum verwundern, auch wenn zugegebenermaßen Ingolstadt als Garnisonsstadt unterm Münchener Blickwinkel nicht mehr allzuviel an Glanz verstrahlte. Die große Zeit Ingolstadts war weithin vergessen, der barocken und jesuitischen Kultur gewann man nicht mehr viel ab, und was die in Ingolstadt vorhandene gotische Substanz betraf, so kam diese zwar wieder zu Ehren, doch wirkte sich der durch Wegnahme der Universität geschehene Abbruch der Tradition für eine Rezeption auf überregionaler Ebene hinderlich aus. So mußte für Münchener Ingolstadt eine mehr oder minder dem Zufall überlassene Entdeckung bleiben, noch Hofmillers Ingolstadt-Erlebnis gibt davon Zeugnis[260].

Skizze
Abb. 167, Seite 178

Von Franz von Lenbach hat sich ein Skizzenbuch mit Motiven aus Ingolstadt und Umgebung (Kat. 138) erhalten. In ihm findet sich eine Bleistiftzeichnung mit einem Stadtmauermotiv vom Juli des Jahres 1855. Für den 20jährigen Schrobenhausener war Ingolstadt keineswegs aus der Welt gelegen, überdies bestanden auch persönliche Bindungen zwischen ihm und Bürgern der Stadt. Daß es ihm die gotische Stadtmauer mit Turm be-

Abb. 168 *Anton Doll: Kreuztor mit Stadtmauer, 1878 (Kat. 178).*

sonders angetan hat, ist doppelt begreiflich. Sein Vater, der aus Tirol zugewanderte
Stadtbaumeister von Schrobenhausen, hatte selbst von der dem Ingolstädter Vorbild
verpflichteten Schrobenhausener Stadtmauer einen Teil für seinen Wohnhausbau erworben und den dazugehörigen Turm bei der Neubauplanung einbezogen. Überdies
hatte gerade in jenem Jahr nach der tiefgreifenden Münchener Enttäuschung Lenbachs
eine Welle an Produktivität den jungen Maler ergriffen[261].

Was bei Lenbach noch mit der Erinnerung an das elterliche Haus in Schrobenhausen
verbunden sein mochte, stimmt bei anderen Bildern auswärtiger Künstler nachdenklich.
Das damals moderne Leben und Treiben in Ingolstadts Straßen zog sie nur wenig, die Festung schon gar nicht an, falls hier nicht sicherheitspolitische Erwägungen mitspielten[262],
sehr wohl aber das altertümelnde Ingolstadt, bei Lenbach die Stadtmauer, bei anderen
das Kreuztor.

Abb. 168 Von Anton Doll gibt es eine lavierte, weiß gehöhte Bleistiftzeichnung der Stadtmauer mit
dem Kreuztor vom 8. Mai 1878 (Kat. 178), das der farbigen Wiedergabe in Dolls Landschaften einiges an Sublimität voraushat. Eine ähnliche, fast ätherische Wiedergabe fand
Abb. 169, Seite 181 das Kreuztor in einer nur ankolorierten Bleistiftzeichnung von Michael Neher, wohl aus
der Zeit um 1850 (Kat. 132). Die Exaktheit der Wiedergabe aus der Hand eines in Architektur versierten Fachmanns besticht.
Abb. 170, Seite 182 Romantische Überhöhung erfuhr das Kreuztor 1883/1884 im Sängersaal von Neuschwanstein (Kat. 184), in dem die Idee der Gralsburg beschworen wird. Der Kampf
Parzivals mit dem roten Ritter ereignet sich im Wandgemälde von August Spieß vor dem
Ingolstädter Kreuztor.

Abb. 169   *Michael Neher (?): Kreuztor, ca. 1850 (Kat. 132).*

Abb. 171   *Gustav Schröpler: Kreuztor, im Hintergrund das Münster (Kat. 193).*

Abb. 170   *August Spieß: Kampf Parzivals mit dem roten Ritter, im Bild das Ingolstädter Kreuztor,*
　　　　　Schloß Neuschwanstein 1883/4 (Kat. 184).

Mit Gustav Ludwig Schröpler setzt ein neuer Abschnitt in der Geschichte der Ingolstadt-Ansichten ein: die professionelle und detaillierte Darstellung der Stadt, ihrer Straßen, Plätze, malerischen Winkel und Tore durch einen »Kunstmaler«. Gustav Schröpler war ein »Zugereister«. Am 12. April 1830 war er in Lobositz in der Bezirkshauptmannschaft Leitmeritz geboren, am 2. Juni 1856 hatte er Maria Magdalena geb. Stahl aus Plan bei Eger geheiratet, am 24. September 1901 starb er in Ingolstadt. Das Ingolstädter Bürgerrecht erwarb er durch Stadtmagistratsbeschluß am 5. November 1878. Seine Tochter Luise wurde ebenfalls Malerin, sie zog schließlich nach München. Ein regelrechtes »Geschäftslokal« betrieb Schröpler im 1873/1874 erbauten neuen Stadttheater, wo er sich »zu weiteren geneigten Aufträgen« empfohlen hatte[263]. Schröpler malte alles, wofür er Käufer finden konnte: Porträts, Fresken und vor allem Stadtansichten.

Sein Hang zum Detail, die stimmungshafte Darbietung, das behagliche Auskosten der altertümlichen Stadt kamen der bürgerlichen Freude an der eigenen Stadt entgegen. Seltsam: Die ersten, die sich dem urbanen Fluidum in dieser Stadt mit Feder und Pinsel zugewandt hatten, waren Offiziere, waren Soldaten gewesen, die hier Dienst taten. Nun geschah das Abkonterfeien der Stadt professionell durch einen aus Böhmen zugezogenen Maler. Hatten Fremde, »Zugereiste«, einen untrüglicheren Blick für das Unverwechselbare dieser Stadt?

Die Detailtreue gibt den Schröplerschen Bildern eine Bedeutung, die sie über den in Grenzen bleibenden künstlerischen Wert hinaushebt: Die Bilder werden zur zeitenüberdauernden Dokumentation der alten Stadt. Was einst nur liebenswürdig gewirkt haben mochte, wird heute zur Herausforderung für Städtebauer, Architekten und Kommunalpolitiker. Schröpler zeigt eine fast noch intakte Stadt, jedenfalls empfinden wir das von ihm festgehaltene Ingolstadt so, da uns die Verluste nach 1850 an Stadttoren, Bürgerhäusern und Kirchen längst aus dem Blick geraten sind. Und die Dokumentation zählt doppelt angesichts der Eingriffe in die Stadtgestalt nach 1945. Und selbst das, was eigentlich nur verkaufsfördernde Staffage war – jenes spitzweghaft anmutende Fluidum mit Jägern, Offizieren und deren Damen –, erweist sich als ein Festhalten der unverwechselbaren Atmosphäre der Garnisonsstadt.

Selbstverständlich darf man die Aussage dieser Bilder nicht ausschließlich als das Verdienst dieses Malers sehen. Diese Bilder wären nicht denkbar gewesen, hätte dem Maler nicht ein Interesse entgegengeschlagen, das ihm eine hinreichende Existenzbasis bot. Es ging auch den Bilderkäufern um die Stadt, in der man sich zu Hause fühlte, so sehr, daß man sich die Bilder eben dieser Straßen und Plätze an die Wand hängte. Man liebte sie auf eine idealisierende Weise. Die Straßen scheinen bei Schröpler nicht selten in das warme Licht später Nachmittage getaucht, ausgespart bleiben das Harte, die Armut und das zuweilen Bedrängend-Enge. Wo Alltäglichkeit ins Bild genommen wird, ist es eine gepflegte Alltäglichkeit.

Nähern wir uns der Stadt Schröplers über den obligaten Zugang durch die Tore. Das *Kreuztor* / *Abb. 171, Seite 183* / *Abb. 175, Seite 188* Kreuztor von 1385 hat Schröpler wohl ungezählte Male (Kat. 193, 194, 195, 196, 197, 206, 208) gemalt: als spitzweghaftes Beschwören der Vergangenheit, hoch aus dem Graben steigend, im warmen Sonnenlicht des Nachmittags, bei Nacht, bei einem der Bilder schimmert der Mond durch den wolkenverhangenen Himmel, der Nachtwächter mit Hellebarde schreitet über die Brücke, aber auch mit dem Befund der Zeit um 1870, als man den Graben aufgeschüttet hatte, wodurch dem Tor seine aufstrebende Höhe verlorengegangen war. Bei manchem dieser Kreuztorbilder spürt man die Landstadt, sosehr auch der Maler um den einmaligen fürstlichen Zusammenklang von Torarchitektur und

Abb. 172 *Gustav Schröpler: Ingolstadt von Süden mit Donaudampfer und Soldaten, kolorierte Lithographie, ca. 1870 (Kat. 154).*

Abb. 173   *Die Straße Am Stein mit Blick auf Schliffelmarkt und Pfeifturm, ca. 1890 (Kat. 200).*

Abb. 174   *Blick aus der Ludwigstraße mit dem Ickstatthaus auf den Schliffelmarkt und*
            in die Theresienstraße (Kat. 201).

Abb. 175   *Gustav Schröpler: Kreuztor, 1891 (Kat. 206), Seite 188.*
Abb. 176   *Gustav Schröpler: Schloßtor, 1891 (Kat. 207), Seite 188.*

Abb. 177   *Gustav Schröpler: Blick in die Ludwigstraße mit dem Wunderlbräu, ca. 1890 (Kat. 202).*

Westwerk des Münsters wußte. Schröpler hatte das Tor aus mancherlei Anlaß wiederge-
geben, u. a. auch für eine Schützenscheibe (1892, Kat. 208), den Schützen zuliebe einen
Jäger als Staffage beigebend. Donautor (Kat. 144) und Schloßtor (Kat. 207, 212) fehlen in
Schröplers Ingolstadt-Serie nicht.

Schützenscheibe
Abb. 111, Seite 132
Abb. 176, Seite 188

Besonders wertvoll sind uns heute Schröplers Bilder Ingolstädter Straßen, etwa das der
Ludwigstraße (Kat. 202). Spätes Nachmittagslicht liegt auf der Straße und der südlichen
Häuserfront. Im Schatten steht das einstige Kastenamtsgebäude von der Mitte des 16.
Jahrhunderts, das 1945 vom Krieg angeschlagen, dann wiederhergestellt und 1963 we-
gen Kaufhausneubau abgerissen wurde. Zwei wappenhaltende Löwen trugen auf ihrem
Rücken einen Erker, zwischen ihnen befand sich ein Madonnenbild mit der Inschrift:
»Sis populo boico in paucis tibi devoto, semper propitia« von 1773[265]. Was bei einem
Blick auf den Stadtplan so unwahrscheinlich scheinen läßt, macht Schröplers Blick
glaubhaft: Diese Straße, einst Auffahrt zum Schloß, war als langgezogener Platz in der
Tat urbaner Lebensraum, die Staffage mit Wagen, Kutschen und Bürgern läßt das Leben
in dieser Straße glaubhaft erscheinen. Die südliche Straßenwand bilden Häuser, die –
wie es in Ingolstadt üblich war – mit den Giebeln zur Straße standen, der Rhythmus wird
durch drei Häuser in Traufenstellung unterbrochen: das erste entstand 1841, das zweite
trat 1886 an die Stelle der ehemaligen Schloßschmiede, das dritte, das einstige Deutsch-
ordenshaus, besitzt noch in diesem Bilde den mächtigen Treppengiebel, 1894 wird man
es aufstocken; am 8. Juli 1614 hatte es der Komtur Konrad Schuzsper, genannt Milch-

Ludwigstraße
Abb. 177

Abb. 178   *Gustav Schröpler: Blick in die Straße Am Stein und auf den Schliffelmarkt, ca. 1886 (Kat. 188).*

ling, der Ballei Franken Komtur zu Ellingen und Nürnberg, mit Billigung des Herzogs und späteren Kurfürsten Maximilian erworben[266].

Am Stein/
Schliffelmarkt
Abb. 178 und
Abb. 173, Seite 186

Zwei Bilder von ca. 1886 und 1890 zeigen den Blick von der Straße Am Stein auf den Schliffelmarkt (Kat. 188 und 200). Die unvergleichliche Situation im Mittelpunkt der Stadt ist in ihrem Charakter trefflich verfaßt: die Enge der Kreuzung wie die der Straßen, die Kutsche unterstreicht dies. Der Schliffelmarkt als der Platz derer, die hier schliffeln

gehen, d. h. für eine kleine Weile nichts zu tun haben, als zu stehen und zu plaudern, ist

Abb. 179   *Gustav Schröpler: Blick auf Poppenbräu und Münster, ca. 1886 (Kat. 189).*

städtebaulich das Herz Ingolstadts[267]; unvorstellbar, daß man nach 1945 hier korrigierend eingreifen wollte. Zur Rechten schiebt sich der Erker der akademischen (Oberen)
Apotheke herein, St. Moritz bietet dem Blick Halt, darüber der städtische, auf die Kirche
sich stützende städtische Pfeifturm, links der Glockenturm von St. Moritz. Im Vordergrund rechts die ehem. »Jesuitenbuchhandlung« (die Krüllsche Buchhandlung), die im
19. Jahrhundert zum kgl. privilegierten, ab 1867 städtischen Leihhaus geworden war[268],
zur Linken mit Laternen über dem Eingang die Weinhandlung zur blauen Traube, es

Abb. 180
*Schliffelmarkt
mit Glockenturm von St. Moritz
und Café Ludwig, ca. 1885 (Kat. 182).*

schließt zum Schliffelmarkt hin ein altertümelndes Haus mit vorragendem Dachgesims an, am Schliffelmarkt steht bereits der mittelalterlichen Giebeln die Absage erteilende *Abb. 178, Seite 190* Umbau von 1880[269]. Das erste der beiden Bilder zeigt auch das »Paskolini«-Haus an der Ecke Am Stein/Milchstraße mit volutengeschmücktem Giebel und dem bei Ingolstädter Häusern verschiedentlich wiederkehrenden Turmerker.

Abb. 180 Ganz nah an den Schliffelmarkt führt ein Aquarell (Kat. 182) heran, das unsigniert ist, aber den Werken Schröplers sehr nahe steht, auch wenn es im einzelnen naiv verzeichnet ist, doch gibt es zugestandenermaßen gelegentliche perspektivische Mißverständnisse auch in signierten Werken Schröplers. In weitem Bogen führen die Schienen der Pferdebahn über die Kreuzung, wochenmarktartiges Getriebe nistet im Winkel vor dem mächtigen Haus des Café Ludwig, Marktstände in der Ludwigstraße beleben den Platz. Dahinter steigt schwalbenumflogen der Glockenturm von St. Moritz auf. Das Gebäude des Café Ludwig entstammt dem 16. Jahrhundert, wurde aber mehrfach umgebaut und ist heute abgebrochen. Einst hatte es die Ratstrinkstube beherbergt und noch im ausgehenden 19. Jahrhundert das städtische Brothaus, in dem die einzelnen Bäcker ihre Ware feilboten, sich einem erbarmungslosen Vergleich unterwerfend. Das kleine Haus davor war einst das Tuchhaus gewesen, jahrhundertelang hatte es in verschiedenster Weise den öffentlichen Belangen der Stadt gedient[270].

*Schliffelmarkt
Abb. 174, Seite 187* Den klassischen Blick auf den Schliffelmarkt eröffnet ein unsigniertes Bild von ca. 1890 (Kat. 201). Im Hintergrund reihen sich die Giebel der Theresienstraße, der Erker der Oberen Apotheke gibt dem Bild seitlichen Halt. Beherrschend steht das »Ickstatthaus«,

Abb. 181   *Gustav Schröpler: Alte Läden an der Moritzkirche, 1875 (Kat. 174).*

das vornehmste aller Ingolstädter Professorenhäuser, im Raum. Um die Mitte des 18.
Jahrhunderts hatte dieses Haus Professor Ickstatts[271], mit dem sich die Aufklärung an Ingolstadts Universität vollends Bahn brach, seinen Dekor aus Stuck erhalten; Bürgerhäuser hatten in Ingolstadt keinen Stuck getragen, derart »nutzlosen« Aufwand betrieben
Professoren oder die öffentliche Hand. Am Schliffelmarkt selber wieder der sich modern
gebärdende Umbau von 1880, zwischen ihm und dem Ickstatthaus das ehemalige Bas-
sussche Haus, das 1888 verändert und aufgestockt worden war.

Eine Zeichnung Schröplers von 1875 (Kat. 174) gibt die kleinen Läden an der Moritz-   *Abb. 181*
straße wieder, gerade in städtischen Zentren schob sich Krämerleben eng an die Gottes-
häuser heran, von den Kirchenverwaltungen nicht selten wohlwollend geduldet.

Auf einen anderen großen Platz, denjenigen vor dem Kaisheimer Haus, führen uns zwei
Ölbilder Schröplers. Ursprünglich hatte an dieser Stelle die bei der Stadterweiterung des
späten 14. Jahrhunderts hinzugewonnene Harderstraße zwar Weite erhalten, jedoch
nicht den abgeschirmten Platz vor der Franziskanerkirche einbezogen. Dennoch hatte   *Platz bei*
die breite Straße nahe der Kirche seit dem 14. Jahrhundert als Kornmarkt gedient, der an   *Franziskanerkirche*
die Stelle des alten Kornmarkts in der Schäffbräustraße getreten war[272]. Das eine der bei-   *Abb. 242, Seite 229*
den Bilder zeigt den Platz vor (Kat. 191), das andere nach Errichtung des pompösen
Kriegerdenkmals von 1890 (Kat. 213), das im inneren Einklang zur 1857 zur Garnisonskirche gewordenen Franziskanerkirche stand. Das ältere Bild schildert das Leben an der
Schranne mit den Getreidesäcken, auf der gegenüberliegenden Straßenseite steht der
Faßwagen einer Brauerei. Platzbeherrschend ist das Kaisheimer Haus mit den unglei-   193

Abb. 182   Gustav Schröpler: Holzmarkt mit „Schlössel", ca. 1868 (Kat. 149).

chen Türmen. Dieses mächtige Gebäude hatte man immer wieder umgebaut, einst soll Peter Apian dort gewohnt haben, zeitweise gehörte es den Fuggern, dann dem Zisterzienserkloster Kaisheim, das hier für Studierende des Ordens ein Collegium unterhielt[273]. Manches Mal hatten in ihm auch Prinzen aus dem Hause Wittelsbach residiert, die an der Universität das geistige Rüstzeug für ihr späteres Amt erwarben[274]. Das östlich anschließende St.-Bernhards-Kirchlein[275] war längst schon zum Amtsgebäude umgebaut. Bäume begleiten damals wie heute wenigstens auf einer Seite die Straße, und ganz im Hintergrund fängt ein in die Straße sich schiebender Giebel den Straßenzug auf.

Holzmarkt
Abb. 182
Einen prachtvollen Einblick in das Leben und Treiben des Holzmarkts gewährt ein leider beschädigtes Blatt Schröplers (Kat. 149). An den Verlauf des einstigen Stadtgrabens des 13. Jahrhunderts hatte sich der langgezogene Platz angelehnt[276], später hatte er einen der Nebenmärkte Ingolstadts, den Holzmarkt, aufgenommen. Noch steht im Hintergrund das nicht ohne Grund »Schlössel« genannte hohe Haus mit seinem geschwungenen Giebel, das einst mancherlei Prominenz als Wohnstatt gedient hatte[277]. Im 19. Jahrhundert hatte es zunächst das Krankenhaus aufgenommen; als man 1867 das neue Krankenhaus errichtet hatte, wurde es abgebrochen (1868)[278]. Schröplers Bild zeigt einen noch intakten Platz der alten Stadt mit einem unverkennbaren Fluidum, der durchaus eine gewisse Weite hatte, sich aber durch die niedrigeren Häuser von den Hauptstraßen der Stadt unterschied und dem das »Schlössel« einen kräftigen, aber keinesfalls ensemblesprengenden Akzent setzte.

„Schlössel"
Abb. 184, Seite 195
Das »Schlössel« hatte als Krankenhaus durch die Vermauerung von Fensterachsen an Herrschaftlichkeit eingebüßt, war aber noch immer respektabel (Kat. 148). Schröpler hatte dies ebenso festgehalten wie den Neubau des Krankenhauses von 1869 (Kat. 152)[279], der sich dem Gefüge der alten Stadt weit weniger organisch einfügen wollte.

Krankenhaus
Abb. 183, Seite 195

Abb. 186, Seite 197
Das Münster zur Schönen Unserer Lieben Frau mit dem angeschnittenen raumbestimmenden »Poppenbräu«, im Bilde trägt er die Aufschrift »Johann Ruile«, zeigt ein Aqua-

194

Abb. 183 *Gustav Schröpler: Neues Krankenhaus mit Stadtwaage (Kat. 152).*

Abb. 184 *Gustav Schröpler: Altes Krankenhaus („Schlössel", Kat. 148).*

Abb. 185
*Blick auf Münster,
Schäferbräu und Poppenbräu,
ca. 1880 (Kat. 180).*

rell Schröplers von 1873 (Kat. 171). Obwohl die Situation südlich des Münsters bereits bereinigt erscheint und die Michaelskapelle schon abgebrochen ist, spürt man noch etwas die einstige von der Straße abgrenzende Umfriedung des aufgelassenen Friedhofs.

Abb. 185 Dem Bilde steht ein anderes, unsigniertes Aquarell von ca. 1880 (Kat. 180) nahe. Die Situation mit »Poppenbräu« und »Schäferbräu«, der bis 1886 im Besitz der Familie Schäf(f)er war, ist wiederum trefflich erfaßt. Das Doppelhaus des »Schwabenbräu« zeigt bereits über der Einfahrt ein Secco mit den Sieben Schwaben, die Geleise der Pferdebahn führen zur Endstation beim Poppenbräu. Ein drittes Bild gleichen Sujets stammt von ca. 1886 (Kat. 189).

Abb. 187, Seite 197 Auch auf Anatomie und Anatomiestraße fiel sichtlich Schröplers Augenmerk (Kat. 168)[280]. Die Anatomie hatte ihre Schauseite dem Botanischen Garten an der Ostseite zugewandt, dorthin hatten sich die Flügel geöffnet. Schröpler zeigt sie von der Rückseite, die im 19. Jahrhundert notgedrungen zur Schauseite wurde, in der Situation von 1871. Die ausgewogene Schönheit der Fassade ist noch zu ahnen, aber durch Einfahrten und Tür empfindlich gestört, der nördliche Flügel war gesondert genutzt und durch einen kleinen Anbau ergänzt.

Abb. 66, Seite 88 Mit einem Ölbild nach dem Stich von 1723 (Kat. 59) bezeugte Schröpler seine Reverenz vor der einstmaligen Schönheit der Anatomie, auch wenn die Gestalt des Gartens werbewirksames Wunschbild gewesen war, das nie in dieser Form Realität wurde (Kat. 198)[281].

Abb. 188, Seite 198
Abb. 190–191, 193
Seite 199 Nicht vergessen sollte auch der im Jahre 1873 verstorbene Joseph Dietrich[282] werden. Die Blätter seiner Hand erinnern zuweilen an diejenigen Schröplers, aufs Ganze gesehen

Abb. 186   Gustav Schröpler: *Münster und Poppenbräu, 1873 (Kat. 171).*
Abb. 187   Gustav Schröpler: *Anatomie von Westen, 1871 (Kat. 168).*

197

Abb. 188
Joseph Dietrich:
Schloßtor, 1866 (Kat. 147).

Abb. 189
Neues Schloß
mit Neuem Feldkirchner Tor (Kat. 106).

198

Abb. 190   *Joseph Dietrich:*
Neues Feldkirchner Tor von Osten, 1869 (Kat. 150).

Abb. 191   *Joseph Dietrich:*
Neues Feldkirchner Tor von Westen, 1869 (Kat. 151).

Abb. 192   *Gustav Schröpler:*
Donautor von Süden, 1865 (Kat. 144).

Abb. 193   *Joseph Dietrich:*
Altes Feldkirchner Tor von Osten, 1865 (Kat. 141).

Abb. 194 *Ingolstadt-Motive auf Briefbogen, ca. 1853 (Kat. 136).*

muten sie ein wenig technischer an und sind von hoher Detailtreue. Joseph Dietrich bevorzugte die Zeichnung, Öl vermied er grundsätzlich.

Bilderbögen mit Für einen ausschließlich ingolstädtischen Käuferkreis war ein um die Mitte des 19. Jahr-
Stadtmotiven hunderts gedruckter und wohl in größerer Zahl vertriebener Briefbogen (Kat. 136) be-
Abb. 194 stimmt, der eine Stadtansicht als Kopfleiste und verschiedene Einzelmotive in seitlichen
Medaillons zu einem liebenswürdigen Gebinde fügt. Die Vedute zeigt Ingolstadt mit Donau von Westen ähnlich dem Hildburghausener Stahlstich (Kat. 134), in der linken Me-
daillonreihe werden Kreuztor, Münster und Hardertor, in der rechten Neues Feldkirchner Tor, evangelische Kirche und Donautor präsentiert. Das stimmungsvolle Blatt
setzt die Briefkultur des vorigen Jahrhunderts in ihrer gepflegten und betulichen Mitteil-
samkeit ebenso voraus, wie es auch deutlich macht, was man damals in Ingolstadt für
charakteristisch und des Vorzeigens wert hielt: die Lage an der Donau, die Schönheit der
Stadt in ihren alten Toren und die in den beiden Kirchen sich dokumentierende damals
durchaus noch als modern empfundene Bikonfessionalität der Garnisonsstadt.

Über den liebenswürdig wirkenden Bildern Schröplers und Joseph Dietrichs sei eine völlig andere Art und Weise der Präsentation der Stadt im Bilde nicht übersehen: in Blät-

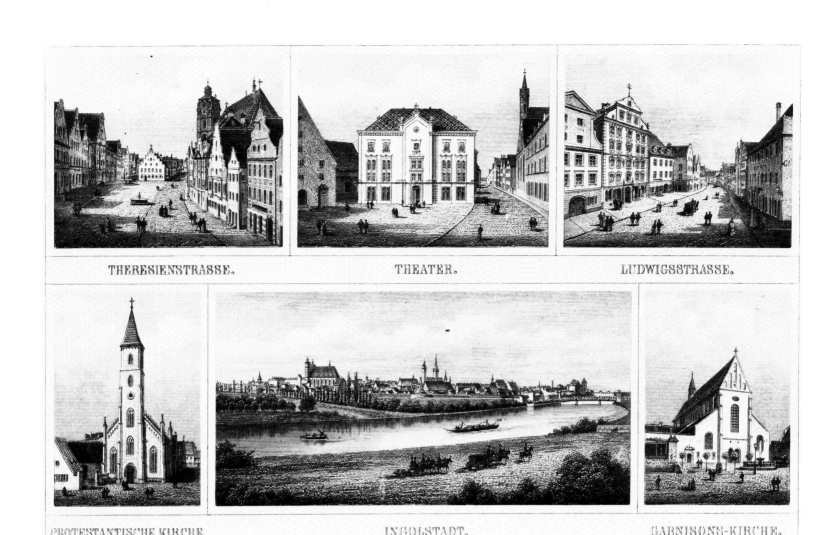

Abb. 195   *Bilderbogen aus Ingolstadt, ca. 1875 (Kat. 175).*

tern, die viele Motive postkartenhaft vereinen. Künstlerischen Anspruch erhoben sie keineswegs, dennoch sind sie aus mehrfachem Grunde noch immer beachtenswert.
Zum einen zeigen sie, wenn auch in Grenzen, nicht selten Baubestand, der heute zum Teil nicht mehr erhalten ist, zum anderen spiegeln sie sowohl in der Auswahl der Detailbilder wie in dem gelegentlich spürbaren Bemühen, dem tatsächlichen Befunde etwas nachzuhelfen, all das, worauf man damals in dieser Stadt stolz war. In dieser Reihe nimmt ein Stahlstich von C. Rorich und Sohn, Nürnberg, der im Verlag von J. H. Locher in Zürich *Abb. 195* erschienen ist (Kat. 175), einen guten Platz ein. Die Ansicht der Stadt von Südwesten könnte auf einer Vorlage von G. Schröpler beruhen. Diese Vedute wird von zwei Bildern von Kirchen gerahmt: der protestantischen Kirche und der als Garnisonskirche deklarierten Franziskanerkirche. Damit ist die Atmosphäre der Garnisonsstadt mit dem zunehmenden Anteil von Angehörigen der evangelischen Konfession in der einstmals ausschließlich katholischen Stadt und der seit 1857 offiziösen katholischen Garnisonskirche angesprochen[283]. In der oberen Reihe ist im mittleren Bilde das 1873 erbaute neue Stadttheater wiedergegeben[284], der ehemalige Salzstadel ist seitlich angeschnitten, das Spital tritt ebenfalls ins Bild. Begleitet ist dieses Mittelbild von Ansichten der Theresien- und

Abb. 196   *Bilder aus Ingolstadt aus der „Illustrierten Welt" (Kat. 205).*

Abb. 197   *Bilderbogen mit vielen Detailansichten (Kat. 167).*

Ludwigstraße, die ungewöhnlich breit wirken. Die Straßen Ingolstadts hatten noch im ausgehenden 19. Jahrhundert auf Fremde großzügig gewirkt. Reidelbach z. B. rühmte in seinem weitverbreiteten Bayern-Buch von 1899, daß die Stadt »trotz des Festungspanzers… schöne breite Straßen mit stattlichen Häusern« besitze. »Bei jedem Schritt wird man daran erinnert, daß hier der Kriegsgott herrscht. Die Straßen wimmeln von Soldaten, das öffentliche Leben hat in allen Dingen Bezug auf militärische Verhältnisse.«[285] Reidelbachs Buch ist eine Tafel »Ansichten von Ingolstadt« nach C. Dietrich (Kat. 211) beigegeben, wo freilich auf Militärisches völlig verzichtet wird, dafür aber das neue Rathaus von 1883[286] mit Pfeifturm und Glockenturm von St. Moritz im Hintergrund, das Schloß, das Kreuztor und im Medaillon die Hohe Schule – freilich ein wenig stattlicher, als es dem damaligen Zustand entsprach – als Zeugen einer ehrwürdigen Geschichte vor Augen geführt werden. Eine andere Bildseite, die in der »Illustrierten Welt« erschienen war (Kat. 205), vereint unter dem Titel »Bilder aus Ingolstadt« ebenfalls nach C. Dietrich die Motive der Bildtafel des Reidelbachschen Buchs (Schloß, Rathausplatz mit neuem Rathaus, Kreuztor und Hohe Schule im Medaillon) und Ansichten des Tillyhauses und der ehemaligen Anatomie. Was hier an Militärischem versäumt sein mochte, hatte ein lithographierter Einblattdruck der Lith. Anstalt von F. Streng nach Zeichnungen von Ig. V. Dorfinger (Kat. 167) vorweggenommen. Die Stadt selbst ist von Westen gesehen, die Staffage geben Soldaten ab, die Stadtvedute wird von einer großen Zahl kleiner Bil-

Abb. 196, Seite 202

Abb. 197

der gerahmt. In der oberen Reihe: das Kreuztor, das königliche Landgerichtsgebäude (das einstige Kastenamtsgebäude in der Ludwigstraße), das Hl.-Geist-Spital, das »Magistratsgebäude« (noch vor dem Neubau von 1883), die Hohe Schule, das »königliche Festungsbaudirektionsgebäude« (das Kaisheimer Haus), das Donautor noch ohne die Stahlfachwerkbrücke von 1877; die linke Bilderleiste enthält: die Obere Pfarr mit dem fürstlichen Westwerk, den Gasthof zum Goldenen Adler in der Theresienstraße wohl als repräsentative Nobelherberge, das Canisiuskonvikt als »Kaserne«, das gerade ein Trupp Soldaten verläßt; die rechte Leiste: die protestantische Kirche, die »Wirtschaft zur Ziegelei« wohl als beliebtes Ziel für Spaziergänger, die »obere Franziskanerkirche«. Die Serie der Bilder unten von links: das Hardertor, das Gnadenthalkloster, das Reduit Tilly am Südufer der Donau (»Reduité-Bau«), das Schloß, ein »detaschirtes Fort«, das ehem. Augustiner-, nun »untere Franziskanerkloster« und das Feldkirchner Tor. Eine herausgehobene Position in den Ecken des mittleren Hauptbilds nehmen ein: das Tor beim Kavalier Hepp, das Tor beim Kavalier Heideck, das Schloßtor und das Tor beim Kavalier Spreti. Die Aussage dieses Blattes von ca. 1870 steht in denkbar großem Kontrast zu den besprochenen Blättern nach C. Dietrich (Kat. 205 und 211). Fehlte dort die militärische Note nahezu völlig, so trat diese hier voll ins Bild, überwog dort der Stolz auf die historische Rolle der Stadt, wurde diese hier kaum angesprochen, Hinweise auf die einstige Universität (Hohe Schule und Anatomie) unterblieben ebenso wie eine Präsentation von Rathaus und St. Moritz. Dies ist um so auffälliger, als die genannten Illustrationen nach C. Dietrich das »auswärtige« Interesse an Ingolstadt dokumentierten, das ganz und gar auf das Militär zielende Blatt von Dorfinger hingegen ein auf eine ganz bestimmte Käuferschicht zielendes Ingolstädter Produkt war.

Gouverneur General von Sauer

Abb. 198, Seite 205

Ein drittes Bild sollte in diesem Zusammenhang nicht fehlen: die Urkunde über die Verleihung des Ehrenbürgerrechts an den aus Ingolstadt scheidenden Gouverneur General Sauer vom 28. Februar 1895 (Kat. 210). Ihm fühlte sich Ingolstadt in besonderem Maße zu Dank verbunden, hatte er sich ja – obwohl General – für die tatsächlich erfolgte Aufhebung der strengen Rayongesetze, die ein weiteres Wachstum der Stadt nahezu unmöglich gemacht hätten, nachdrücklichst verwendet. Die Ehrenurkunde hatte man in München bei F. X. Weinzierl in Auftrag gegeben. Im Bilde knüpft diese aber nicht am Kriege 1870/1 an, sondern nimmt ein Motiv des 18. Jahrhunderts auf, das die Beschießung Ingolstadts im Jahre 1743 zeigt (Kat. 75). Der Text der Urkunde ist ein bedeutsames Dokument der Geschichte der Stadt: »Die vereinten Gemeindekollegien der Stadt Ingolstadt haben in ihrer außerordentlichen Sitzung von 28. Februar 1895 einstimmig beschlossen, Seiner Exzellenz Herrn Karl von Sauer, Königl. Kämmerer, General der Artillerie, Gouverneur der Festung Ingolstadt, Großkomtur des Königl. Militärverdienst-Ordens, Inhaber des Verdienstordens vom hl. Michael II. Klasse mit Stern, des Großherzogl. hessischen Verdienstordens ›Philipp des Großmüthigen‹, des Königl. preußischen rothen Adlerordens I. Klasse u. s. w., bei seinem Scheiden aus Ingolstadt zum Zeichen besonderer Verehrung und in dankbarer Anerkennung des von Hochdemselben eine Reihe von Jahren hindurch der hiesigen Bürger- und Gesammteinwohnerschaft gegönnten Wohlwollens, der thatkräftigen Unterstützung bei Förderung des gemeindlichen und öffentli-

Abb. 198   *Urkunde über die Verleihung des Ehrenbürgerrechts an Gouverneur General von Sauer vom 28. Febr. 1895 (Kat. 210).*

205

Abb. 199   *Gedenkblatt auf die Gründung des Evangelischen Arbeitervereins Ingolstadt im Jahre 1888 (Kat. 190).*

chen Wohles, insbesondere durch Herbeiführung der Aufhebung der Rayonbeschränkung in der Hauptumfassung der Festung, bei Durchführung der Wasserversorgung, der
Schlachthofanlage und der sanitären Verhältnisse der Stadt überhaupt sowie Seiner jederzeit geübten Leutseligkeit das Ehrenbürgerrecht der Stadtgemeinde Ingolstadt zu
verleihen.« Die Urkunde ist von Bürgermeister Doll und von L. Baumann, dem 1. Vorstand des Collegiums der Gemeindebevollmächtigten, unterzeichnet.

In diesem Text klingt neben dem Dank der Bürgerschaft auch deren dem Gouverneur als
Repräsentanten der Staatsgewalt geschuldeter Respekt an, in Ingolstadt gab um 1880
den Ton weder der Bürgermeister noch der Rat, sondern der Gouverneur an, nicht ohne
Grund hieß der Platz bei Rathaus und Gouvernement nicht Rathaus-, sondern Gouvernementsplatz.

Die eigentümliche, im ausgehenden 19. Jahrhundert in Ingolstadt vorherrschende
Stimmungslage mögen drei Bilder besonders deutlich dokumentieren. Das eine, ein
Abb. 200, Seite 207 Werk Schröplers, stammt von 1880 und findet sich im Privilegienbuch der Stadt[287]. Diesem Prunkband mit jener beispiellosen Reihe von Porträts der Räte der Stadt seit 1493
hatte man im 19. Jahrhundert keine Bildseiten mehr eingefügt, bis man sich im Jahre 1880
anläßlich des 25jährigen Dienstjubiläums des Bürgermeisters Doll zur Wiederaufnahme
der abgerissenen Tradition bewogen fühlte. Drei Seiten mit den Porträts der Räte Ingolstadts setzte man ein Titelblatt (Kat. 181) vor, das, beidseitig von einer Weinlaube ge-

Abb. 200   Gedenkblatt von 1880 im Ingolstädter Privilegienbuch (Kat. 181).

Abb. 201
[Luise Schröpler:]
Blick auf den Herzogskasten (Kat. 187).

rahmt, im Hintergrund die Stadt, im Vordergrund Eisenbahn und Pferdebahn als die modernen Errungenschaften, links einen Soldaten mit Fahnen und Schild mit den Jahreszahlen »1870 1871« und rechts eine Gruppe von Landleuten zeigt, im Geäst hängen Wappen und Handwerksgerät. Trotz oder gerade wegen der angestrebten Modernität erinnert das ganze Blatt heute auf eine fast peinliche Weise an Gartenlaubenromantik, ist aber gerade deshalb ein beredtes Dokument jener Zeit.

Diesem Blatt gesellt sich ein Bild Schröplers von 1888 hinzu, das die Erinnerung an die

Abb. 199, Seite 206 Gründung des evangelischen Arbeitervereins am 11. November dieses Jahres wachhalten wollte (Kat. 190). Im weinumrankten Spalier stehen seitlich ein Arbeiter an der Drehbank (links) und eine weibliche Allegorie mit Leier und Lorbeerkranz (rechts). Das Mittelbild zeigt im Hintergrund die Stadt an der Donau, im Vordergrund bäuerliches Gerät, ein Läutwerk der Eisenbahn und eine Dampfmaschine. Darüber flattert ein Schriftband mit dem Text »Bet' und arbeit, hilft Gott all'zeit«, das in der Mitte ein Schild mit einem Kreuz und dem Symbol des Händedrucks trägt, darunter »Gott mit uns!«. Das Bild verdiente diese Beachtung nicht, hätte hier nicht eine entscheidende Veränderung der Gesellschaftsstruktur bildlichen Ausdruck gefunden: Die Garnisonsstadt ist nun auch zu einer Stadt der Arbeiter geworden, von denen nicht wenige evangelischen Bekenntnisses

waren.

Abb. 202   *Wilhelm Donaubauer:*
           Pfarrgaßl bei St. Moritz (Kat. 229).
           Abb. 203   *Wilhelm Donaubauer:*
           Schliffelmarkt mit Pferdebahn (Kat. 230).

Festung, Garnison und Arbeiter verliehen der Stadt im späten 19. Jahrhundert neben Handwerk, Wirtshäusern und Stadtbauern ihr Gepräge. Die Bevölkerung wuchs im Jahre 1900 auf 22 207 Einwohner an, Militär inbegriffen, wovon 3152 evangelische Christen und 99 Juden waren.

Mit dem Tode des am 12. April 1830 geborenen Gustav Schröpler am 24. September 1901 war ein charakteristischer Abschnitt Ingolstädter Malerei zu Ende gegangen. An seine Stelle war, was Ansichten der Stadt anlangt, für kurze Zeit Wilhelm Donaubauer getreten. Am 25. 3. 1886 in Ingolstadt geboren, hatte er an der Münchener Akademie studiert und sich 1905 in Ingolstadt niedergelassen. 1918 zog er nach Starnberg, 1920 wurde er in Fürstenfeldbruck ansässig. Auch von ihm hat sich eine größere Zahl von Bildern der Stadt erhalten. Es finden sich darunter exakte Ansichten, die an Schröpler erinnern, aufs Ganze gesehen wirken seine Bilder aber lockerer, lichtdurchlässiger, »impressionistischer«. Die Zahl der Bilder von seiner Hand ist unübersehbar. Manche zeigen Straßen und Winkel der Stadt von ihrer liebenswürdigsten Seite: das verschneite Pfarrgaßl, den Schliffelmarkt, über den die Pferdebahn rumpelt, den Unteren Graben und die Stadtmauer. Zuweilen steigt spitzweghafte Stimmung auf, wenn es in den Straßen, am Schliffelmarkt etwa, Nacht wird. Vor allem aber hatte Donaubauer als erster unter den Ingolstädter Malern die Donauauen und Donauwälder entdeckt und ins Bild gehoben, sei es

Abb. 202, 203
Abb. 204, Seite 210
Abb. 205, Seite 211

Abb. 204   *Wilhelm Donaubauer: Ingolstadt von Westen (Kat. 237).*

Abb. 205   *Wilhelm Donaubauer: Blick aus dem Auwald auf Ingolstadt (Kat. 225).*

auch nur als Vordergrund von Veduten der Stadt. Nicht selten steigt in Bildern von seiner Hand die Silhouette Ingolstadts hinter Auwald und Wiesen auf.

Wie schon 1870/1 hielt auch 1914/18 ein französischer Kriegsgefangener Ingolstädter Motive fest. Nun war es ein Maler, nach einem älteren Museumsinventar namens »Anthoni« (Anthony?), der mit flüssigem Pinsel in einer Reihe von 8 Ölbildern im ungewöhnlichen Format des Achtecks das Münster, das Rathaus mit St. Moritz, das Kreuztor, ferner Münzbergtor, Schloßtor, Schuttertor und Donautor wiedergab.

Zeit des Weltkriegs Abb. 206–213, Seiten 212–213

Die erhaltene Serie hält die Stadt in erster Linie in ihren Toren fest, kaum in ihren Plätzen, das Leben und Treiben interessierte den Maler nicht. Auch die Skizzen Hans Pöllners von 1918, des aus eigenem Antrieb zeichnenden Soldaten, sind hier zu nennen; sie zeigen, was Ingolstadt betrifft, nicht die Stadt in ihrem Alltag. Letztlich tragen diese Bilder den Charakter von Freizeitbeschäftigung, bilden die Stadt statisch und distanziert ab. Man fragt nach dem nicht ins Bild Eingegangenen: den Geschehnissen jener Jahre 1914/ 18. 1910 hatte die Stadt 23 700 Einwohner, 1916 47 000, 1919 26 100, ein Auf und Ab sondergleichen; erst 1956 hatte die Stadt die 47 000-Marke wieder erreicht. Nichts von den Truppentransporten, nichts vom Umbruch von 1918, dem Rathaussturm oder der Revolution. Es fehlen die Ereignisbilder, nur gelegentlich stößt man auf eine Ausnahme, das Bild der Pferdemusterung im Jahre 1917 (Kat. 257) von Konrad Schneider. Im Ingolstadt-Bild der Soldaten, Gefangenen, Maler und zeichnenden Dilettanten fand weder die Zusammenballung von Menschenmassen in der Stadt noch der Zusammenbruch von 1918 statt. Es ist, als hätte man in jenen Jahren weithin die Lust am Festhalten im Bilde verloren. Und Ähnliches gilt von der Not der Nachkriegsjahre.

Abb. 215, 216, Seite 214

Abb. 206–213   *Motive aus Ingolstadt, Werke eines französischen Gefangenen [Anthoni], 1914/18: Abb. 206*
Schuttertor (Kat. 249), Abb. 207 Münzbergtor (Kat. 250), Abb. 208 Donautor (Kat. 251), Abb. 209
Schloßtor (Kat. 252), Abb. 210 Rathaus mit St. Moritz (Kat. 253), Abb. 211 Kreuztor im Sommer
(Kat. 254), Abb. 212 Münster (Kat. 255), Abb. 213 Kreuztor im Winter (Kat. 256).

Die Ansicht von Kirche und Pfarrhof St. Anton, die am 16. Dezember 1917 geweiht wor-   *Abb. 214*
den war, hatte seinerzeit den Bauplänen beigelegen (Kat. 259). Angesichts der Zerstörung der Kirche durch Bomben im Jahre 1945 kommt dem Blatt dokumentarischer Wert zu.
Beim Wiederaufbau versuchte man dem seinerzeitigen Bestand Rechnung zu tragen,
ohne daß man sich sklavisch an das Vorbild hielt.

Abb. 214   *Kirche und Pfarrhof St. Anton (Kat. 259).*

Abb. 215 *Hans Pöllner: An der Stadtmauer nördlich des Neuen Feldkirchner Tors, 1918 (Kat. 258).*
Abb. 216 *Hans Pöllner: Blick auf das Münster, 1918 (Kat. 258).*

An einem Wendepunkt in der Geschichte der Ingolstadt-Ansichten steht Frau Elsbeth Werkmann (geb. Fries). Die am 25. 5. 1881 in Gunzenhausen Geborene hatte bei Franz Gräßel Malunterricht genommen, dann die Malschule von Walter Thor besucht. 1908 heiratete sie einen in Ingolstadt stationierten Hauptmann und lebte von 1908–11 in dieser Stadt. Aus jenen Jahren sind Ingolstadt-Ansichten erhalten, wie man sie bis dahin noch nicht gesehen hatte: großzügiger als alles Vorausgegangene. Ein Ölbild der Moritzstraße von ca. 1910 (Kat. 248) stößt weit das Tor zur modernen Malerei in Ingolstadt auf. Der Expressionist unter den Ingolstädter Malern war Karl August Tinti[288]. Er war am 8. Mai 1876 in Kehl am Rhein geboren. Von Beruf war er Architekt gewesen und hatte als solcher in Hamburg gelebt. 1915 hatte ihn ein Ingolstädter Unternehmen angeworben. Tinti zog mit seiner Frau Jenny nach Ingolstadt, wirkte hier zunächst als Architekt, bis ihn die Firma infolge von Inflation und Wirtschaftskrise nicht mehr beschäftigen konnte. Fortan malte er aus Leidenschaft und um Brot. In der Nacht vom 24. auf 25. Dezember 1933 starb er an den Folgen eines Verkehrsunfalls.

Mit Tinti fand der Expressionismus Eingang in das Bild der Stadt. Seine Bleistiftskizzen von Straßen und Plätzen zeigen den untrüglichen Blick des Architekten für städtebaulich Bedeutsames: die giebelgesäumten Straßen, den Kontrast von fürstlichen Großbauten

Durchbruch der
Moderne

Abb. 217
Abb. 218, Seite 216

Abb. 220–226,
Seiten 218–219

Abb. 218   *Elsbeth Werkmann: Blick in die Moritzstraße mit St. Moritz und Pfeifturm, ca. 1910 (Kat. 248).*

Abb. 219   *Karl Tinti: Blick auf den Schliffelmarkt mit St. Moritz und Pfeifturm, 1927 (Kat. 270).*

Abb. 220–223 auf Seite 218   *Karl Tinti: Blick aus der Höllbräugasse auf den Gouvernementsplatz (Kat. 313),*
bei der Alten Post (Kat. 318), Blick in die Poppenstraße und auf das Münster (Kat. 314),
das Münster mit vorgelagerten Häusern von Westen (Kat. 307).

Abb. 224–226   *Karl Tinti: Dollstraße mit Pfeifturm (Kat. 306), Stadel an der Kanalstraße (Kat. 316),*
Blick in die Theresienstraße (Kat. 315).

Abb. 227
Karl Tinti:
Bürgerhäuser in der Harderstraße
(Kat. 303).

Abb. 228
Karl Tinti:
Blick von der Gymnasiumstraße
auf das Münster (Kat. 302).

Abb. 223, Seite 218
Abb. 225, Seite 219
Abb. 229, Seite 221
Abb. 243–244,
Seite 230–231

und kleinmaßstäblicher Stadt. In ungebrochener Kraft steigt das Münster über die Bürgerhäuser empor, ragt hinter den Stadeln der Kanalstraße die Hohe Schule in den Himmel. In seinen Ölbildern fährt der Pinsel breit über die Leinwand. Die Farbe bleibt ungebärdig. Seinem ungestümen Zugriff verdanken wir die schönsten Ingolstadt-Bilder. Sie zeigen die Stadt in ihrer unverwechselbaren architektonischen Eigenart, die Theresienstraße etwa, in ihrer Betriebsamkeit mit den Marktständen die Ludwigstraße, den Rathausplatz mit Autos und Litfaßsäule und nicht nur in einem Beispiel den Schliffelmarkt.

Abb. 229   *Karl Tinti: Am Schutterturm (Kat. 301).*

Im Vergleich zu den Bildern Tintis gibt sich das Oeuvre Johannes Eppeleins, das eben- Abb. 230–233,
falls Porträts und Stadtansichten umfaßt, verhalten. Eppelein war am 27. Juli 1891 in Seiten 222–223
Münchsteinach im Steigerwald geboren, 1918 übernahm er in Ingolstadt das Atelier Wil- Abb. 235–237,
helm Donaubauers in der Harderstraße, am 17. August 1965 starb er. Sein Lehrer war Seiten 224–225
Angelo Jank gewesen, dieser hatte dem jungen Mann Ingolstadt zur Niederlassung emp- Abb. 238–240,
fohlen. Nahezu ein halbes Jahrhundert lang hatte Eppelein Ingolstadt gemalt und in gra- Seiten 226–227
fischen Blättern festgehalten. Vor allem die frühen Blätter und Skizzen sind von jugend-

Abb. 230   Johannes Eppelein: *Blick über die Dächer auf das Schloß, ca. 1930 (Kat. 291).*

Abb. 231   *Johannes Eppelein: Kavalier Elbracht, 1923 (Kat. 265).*

Abb. 232   *Johannes Eppelein: Blick vom Schloß auf die Stadt (Kat. 292).*

Abb. 233   *Johannes Eppelein: Festungsanlagen (Kat. 285).*

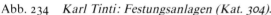

Abb. 234   *Karl Tinti: Festungsanlagen (Kat. 304).*   Abb. 235   *Johannes Eppelein: Blick von der Moritzstraße*
                                                                      auf das Hl.-Geist-Spital (Kat. 327).

licher Frische, nicht selten haben sie angesichts des Verlusts der Stadt an baulicher Substanz seit 1945 auch topographischen Wert. Eppelein ist der letzte der Ingolstädter Maler, der in diesem Rahmen vorgestellt sei, gleichzeitig mit ihm und nach ihm setzt das Werk der Lebenden ein.

Es wurde in diesem Buch immer wieder die Frage aufgeworfen, wie sich das Bild Ingolstadts, sei es in Ansichten, sei es in literarischen Zeugnissen, zur konkret vorzufindenden Stadt verhalte. Wir werden diese Frage auch angesichts des Werks Marieluise Fleißers, der einzigen Ingolstädter Dichterin von Rang, aufzuwerfen haben. Stehen die Ingolstadt-Bilder Tintis, Donaubauers und Eppeleins – nicht dem Range, sondern der Aussage nach – in Einklang mit dem Werke dieser Frau?

Das Ingolstadt der am 23. 11. 1901 in dieser Stadt Geborenen ist schwer auslotbar. In ihrem Werk wird die Stadt personal und dinghaft erlebt und erlitten. Selbst Rhythmus und Klang ihrer Sprache bilden eine Dimension eines Lebens aus und in dieser Stadt. Der Versuch der jungen Fleißer, aus dem Milieu dieser Stadt auszubrechen, ist charakteristisch, noch bezeichnender aber ihre Rückkehr, der der eigene Vater widerraten hatte.

Marieluise Fleißers Werke sind viel zu konkret, zu personhaft, als daß aus ihnen Allgemeinurteile über diese Stadt abstrahiert werden könnten. Marieluise Fleißer kam aus

Abb. 236   *Johannes Eppelein: Taschenturmstraße (Kat. 290).*   Abb. 237   *Johannes Eppelein:*
Blick aus der Schulstraße auf das Münster (Kat. 287).

einer Handwerkerfamilie, weder aus dem Proletariat eines Großbetriebs noch aus der
Welt der Offiziere oder der höheren Beamten und schon gar nicht aus der Welt der Stadtbauern. Sie erlebte die Welt aus einem konkreten unverwechselbaren Gesichtswinkel, in
ihrer Umwelt mag in der Tat mehr kleinbürgerlich-konventionelle Moral anzutreffen gewesen sein als in dem liberalen Milieu des Offizierscasinos. Es ist zweifelsohne ein au-
thentisches, selbsterlebtes, aber nicht das ganze Ingolstadt, das aus ihrem Werke spricht.
Wir kennen andere Darstellungen der Stadt von anderen ehemaligen Ingolstädtern, die
anderes Milieu spiegeln, ohne deshalb weniger glaubwürdig zu sein. Rudolf Hartmann
etwa, am 11. Okt. 1900 in Ingolstadt geboren und somit nur ein Jahr älter als Marieluise
Fleißer. Er widmet ein Kapitel seiner Memoiren »Das Geliebte Haus. Mein Leben mit
der Oper« der Kindheit in Ingolstadt[289]. Der Vater, königlich bayerischer Professor an
der Realschule, war ein hervorragender Kenner der Geschichte Ingolstadts gewesen. An
Festtagen, bei der Fronleichnamsprozession zumal, hatte er voll Stolz die dunkelblaue
Uniform mit Zweispitz und Degen getragen. Rudolf Hartmann erinnert sich: »Es
herrschte das Leben des vorigen Jahrhunderts, die Autoritätsbegriffe blieben unangeta-
stet... Die gewerbetreibenden Bürger und Handwerker konnten es mit Fleiß zu Wohlstand bringen, die Offiziere und Beamten lebten in der Sicherheit des Staates. Arbeiter   225

Abb. 238 *Johannes Eppelein: Bei der Alten Post (Kat. 266).*

Abb. 239 *Johannes Eppelein: Blick auf den Herzogskasten und die im Krieg zerstörte ehem. Augustinerkirche (Franziskanerkirche) (Kat. 293).*

werkten in den militärischen Betrieben, traten im öffentlichen Leben wenig in Erscheinung«[290]. Und: »Irgendwo war immer Marschmusik zu hören«[291].

Oder Georg Fischer, Jahrgang 1906: Er war als Kind 1911 aus einem niederbayerischen Dorf nach Ingolstadt gekommen, wo seine Eltern ein besseres Leben in der Festungsstadt zu ergattern gedachten. In seinen Erinnerungen klingt nach, was bedrückende Enge hieß, auch Not. Auch seine Memoiren sind prall ingolstädtischen Lebens, sein Erlebnisbereich aber ist von demjenigen Marieluise Fleißers, der Bürgertochter mit Vorzugsbildung, die bei allem Blick für Soziales nie zur sozialistischen Revolutionärin geworden war, deutlich verschieden[292].

Ingolstadt war um 1920 weder eine Idylle noch das Gegenbild einer Idylle schlechthin. Ingolstadt als »seelische Landschaft«, als »mystischer Leib«[293], dies mag stimmen, hier wird eine personale Tiefendimension bloßgelegt, kein konkretes Bild einer Stadt entworfen. Ingolstadt ist als Ganzes weder die »Gottesstadt«, die »himmlische Stadt«, noch das »Kehrbild des himmlischen Jerusalem«[294], sosehr Himmlisches und Höllisches in Situationen und Personen erlebt werden mochte. Das konkrete Ingolstadt läßt sich als Stadt weder dämonisieren (Lutz: »die dämonische, unerlöste Stadt«) noch trivialisieren.

Abb. 240 *Johannes Eppelein: Stadtmauer mit Taschentorturm, 1922 (Kat. 262).*

Nicht einmal die Etikette »provinzielle Kleinstadt« stimmt bei aller vorzufindenden kleinbürgerlichen Konventionalität, weil zur Kleinstadt das Überschaubare gehört, diese Stadt aber war Marieluise Fleißer nach eigenem Eingeständnis in wesentlichen Zügen fremd geblieben, erinnert sei an das Militär und die Bauern[296].

Der Schlüssel zum Verständnis des Fleißerschen Werks liegt nicht im konkreten Ingolstadt von damals, sondern in Tiefenschichten ihrer Person. In ihrem Erleben und Erleiden wächst Ingolstadt ins nahezu Symbolhafte, transzendiert trotz aller Verflochtenheit die konkrete, seinerzeit vorgefundene Stadt. Das konkrete Ingolstadt liegt im Fleißerschen Werke nicht plan zu Tage, das vordergründige Urteil eines schnellen Lesers müßte mit Sicherheit am Wesen dieser Stadt vorbeiführen.

Kehren wir zur aufgeworfenen Frage zurück: Das Ingolstadt, das uns in Tintis und anderer Ingolstädter Maler Bildern entgegentritt, ist mit dem Ingolstadtbild in den Werken Marieluise Fleißers nicht synchronisierbar, zu unterschiedlich sind die personalen Schichten, die aus dem Werk der Maler und der Dichterin sprechen. Zumindest aber im Oeuvre Tintis wie in demjenigen Marieluise Fleißers gewann das Ingolstadtbild den Anschluß an die Kunst und Literatur unseres Jahrhunderts.

Abb. 241   *Ernst Liebermann: Neues Schloß, ca. 1930 (Kat. 289).*

Abb. 242   *Gustav Schröpler: Harderstraße und Kaisheimer Haus, 1888 (Kat. 191).*

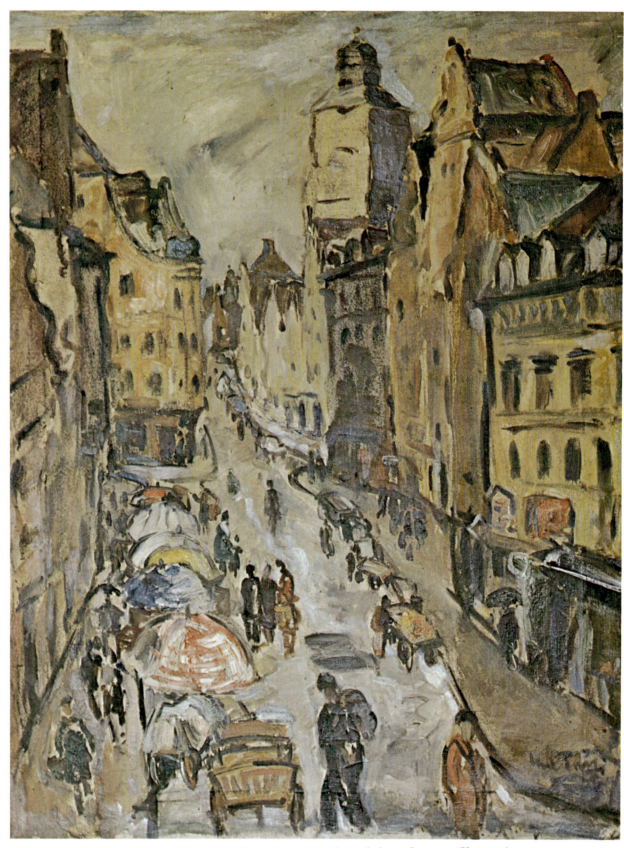

Abb. 243   *Karl Tinti: Blick auf den Schliffelmarkt und in die Ludwigstraße, 1931 (Kat. 323).*

230   Abb. 244   *Karl Tinti: Rathaus und Pfeifturm, 1931 (Kat. 322).*

Abb. 245   *[Gustav Schröpler:] Votivbild der Ingolstädter Baumannschaft in der Wallfahrtskirche Bettbrunn mit*
Donaudampfer und Eisenbahn (Kat. 177).

Katalog

Bildautor, Sujet – Entstehungsjahr – Beschriftung (B),
bei Beschriftung Interpunktion nach Vorlage – Technik
– Größe (Bildgröße; Breite vor Höhe) – Bei
Buchgraphik Hinweis auf das Werk – Lagerort –
Hinweis auf Sekundärliteratur – Verweis auf Abbildung
im Textteil – [ ] = erschlossener Bildautor – Bei
Abbildung im Katalogteil Bild vor zugehörigem Text.

Kat. 1
Ingolstadt von Süden – 1519 – B: [unten:] Ingolstadt
1519 – Federzeichnung – 3,3 × 28,7 cm – Germanisches
Nationalmuseum Nürnberg, Hz. 2339 – Kataloge des
Germanischen Nationalmuseums Nürnberg. Die
deutschen Handzeichnungen I: Die Handzeichnungen
bis zur Mitte des 16. Jahrhunderts, bearbeitet von
F. Zink, Nürnberg 1968, S. 197, Nr. 157; S. Hofmann,
Die älteste Ansicht Ingolstadts, in: Ingolstädter
Heimatblätter 1969, S. 22–24 – S. Abb. 5 Seite 26.

Kat. 2
Hans Mielich u. a.: Lager vor Ingolstadt im
Schmalkaldener Krieg, 1546 – 1546/1549 – B: [in
Mittelkartusche Bl. 4/5 der oberen Reihe:] APARATVS
VICTORIÆ FVNDATORIS QVIETIS CAROLI MAXIMI.
Mit Rōmischer Kayserlicher Maiestatt Freyhait inhalt
des Priuilegiums nit nachzudruckhen verbotten. 1549.;
[bei der Rückenfigur des Malers auf dem
Münsterturm:] . . . auch diss kaiserlich geleger alda
abconterfedt worden durch Hanss Mŭelich Maler von
Mŭnchen.; [Kopfteil:] Des Aller Großmãchtigisten
Römischen Kayser Karls / des Fünfften / Veldtleger
vor Ingolstat im Jahr / Tausenndt Fünfhundert vnnd
Sechsundviertzigisten / sambt der Feindt enntgegen
Legerung / vnnd des orths ergangen hanndlungen /
warhafftige Abcontrefetung.; [unter dem Bildteil
16spaltiger Text mit Impressum:] Gedruckt in der
Loblichen vnnd Fürstlichen Stat München durch
Christoff Zwikopff, vnnd Hanns Mŭelich Maler.; [im
Bildteil weitere Beschriftungen] – Holzschnitt auf 16
Stöcken, die obere Reihe etwa 53 cm hoch, die untere
etwa 33 cm, Gesamtmaß 303 × 86 cm – Germanisches
Nationalmuseum Nürnberg, Kapsel 1098 HB 270,
10 712 – 26 – Holzschnitt, koloriert und übermalt nach
Art eines Tafelbilds – 109,5 × 308 cm – Städt. Museum
Ingolstadt – A. Fauser, Repertorium älterer
Topographie. Druckgraphik von 1486 bis 1750, I,
Wiesbaden 1978, Nr. 6179; B. H. Röttger, Der Maler
Hans Mielich, München 1925, S. 24, Abb. 2. – S. Abb. 6
Seite 27.

Kat. 3
Lager vor Ingolstadt im Schmalkaldener Krieg, 1546 –
B: [oben rechts:] INGOLSTADIVM – Kupferstich – 23,5
× 10,3 cm – In: G. Braun und F. Hogenberg, Civitates
orbis Terrarum, I, Taf. 40 (41), in den späteren
Ausgaben an die Stelle Innsbrucks getreten – F.
Bachmann, Die alten Städtebilder. Ein Verzeichnis der

graphischen Ortsansichten von Schedel bis Merian,
Stuttgart 1965[2], S. 142, Nr. 1106; Fauser Nr. 6180, S.
XXXIV f. – S. Abb. 7 Seite 28.

Kat. 4
Lager vor Ingolstadt im Schmalkaldener Krieg, 1546 –
ca. 1550 – B: [oben links:] INGOLSTADIVM; [unten
links:] CASTRORVM. DISPOSIT. QVÆ CAROLVS. V.
CÆS. AVG. ET SMALCALDICI AD INGOLSTADIVM
HABVERE. AN. 1546; [unter dem Bild rechts:] Fol. 29 –
Holzschnitt – 24,7 × 13 cm – In: Clarissimi viri D.
LVDOVICI AB AVILA ET ZVNNIGA, MILITIAE
ALCANTArensis præfecti, Commentariorum de bello
Germanico à Carolo V. Cæsare Maximo gesto libri duo
à Gulielmo Malinæo Brugensi latinè redditi et iconibus
ad historiam accommodis illustrati, Antwerpen 1550. –
Stadtarchiv Ingolstadt – S. Abb. 8 Seite 29.

Kat. 5
Lager vor Ingolstadt im Schmalkaldener Krieg, 1546 –
ca. 1620 – B: [oben links:] INGOLSTADIVM; [unten
links:] CASTRORVM DISPOSIT. QVÆ. CAROLUS. V.
CÆS. AVG. ET. SMALCALDICI. AD INGOLSTADIV̄.
HABVERE. AN. 1546; [oben rechts:] pag. 54 et 55. –
Kupferstich – 24,3 × 13 cm – In: BELLVM
GERMANICVM. Hoc est: CLARISSIMI VIRI, Dn.
LUDOVICI AB AVILA ET ZVNNIGA, MILITIÆ
ALCANTARENSIS PRÆFECTI, COMMENtariorum de
bello Germanico à CAROLO V. Caes. Max. gesto libri
duo à GULIELMO MALINÆO Brugensi è lingua
Hispanica latinè redditi et iconibus ad historiam
accommodis illustrati: Vt et LAMBERTI HORTENSII
MONTFORTII, HISTORICI GRAVISSIMI DE EODEM
BELLO GERMANICO libri septem, ad Amplissimum
ordinem Senatorium Reipubl. Daventriensis olim
exarati: NVNC DENVO IN VSVM PRÆSENTEM
portatili hac forma recusi, præfixâ ad Lectorem huius
editionis ratione et additis indicibus. ARGENTINÆ,
Impensis CHRISTOPHORI AB HEYDEN Bibliopolæ.
M. DC. XX. – Stadtarchiv Ingolstadt.

Kat. 6
Lager vor Ingolstadt im Schmalkaldener Krieg, 1546 –
1645 – B: [links unten:] Ordnung des Lägers, Welches
Kajserliche Maj: und die Schmalkaltischen bey
Ingolstatt gegeneinander gehabt Anno 1546;

[Bezifferung A–P, 1–7, unter dem Bild: Legende A–P, 1–7:] A. Ingolstadt . . . – Kupferstich – 35,5 × 26,5 cm – Der Römischen Keyser- vnd Königlichen Maiesteten, Auch deß Heiligen Römischen Reichs Geistlicher vnd Weltlicher Stånde, Churfürsten, Fürsten, Graven, Herren, Reichs- vnd anderer Stådte zusampt der heiligen Schrifft, Geistlicher vnd Weltlicher Rechte Gelehrte Handlungen vnd Außschreiben, Rathschlåge, Bedencken, Send- vnd andere Brieffe, Bericht . . . Durch Herrn Friderich Hortledern, Fürstlichen Sächsischen Hoffrath zu Weimar, Gotha 1645 – Bay. Staatsbibliothek München; Stadtarchiv Ingolstadt – S. Abb. 9 Seite 30.

Kat. 7
Vedute Ingolstadts mit Andeutung des Heerlagers vor Ingolstadt im Schmalkaldener Krieg und entsprechendem Hinweis »Anno 1546«, Ausschnitt – 1568 – Holzschnitt – Detail aus den Tafeln 9 und 10 in: Philipp Apian, Bairische Landtaflen XXIIII, Ingolstadt 1568 – G. Stetter, Peter und Philipp Apian Leben und Wirken, in: Neuausgabe der Bairischen Landtaflen: Bavarica Reprint im Süddeutschen Verlag München, o. J., S. 3–13; A. Fauser, Philipp Apian Landmesser und Kartograph, ebenda, 14–26. – Stadtarchiv Ingolstadt – S. Abb. 10 Seite 31.

Kat. 8
Jakob Sandtner: Kleines Modell der Stadt Ingolstadt – 1571 – B: ANNO. DOMINI. 1571 IAR. HAT. HÖRCZOG. ALBRECHT. DIE. LÖBLICHE. STAT. DVRCH. IACOB. SANNDTNER. IN. GRVND. LEGEN. LASEN. MIT. ALLEM. WIE. ES. ZVE. DISSER. ZE. IT. GESTANDEN. IST. VND. HAT. DISE. STAT. 5000. SCHRIT. VM. SICH. WARDT BVRGENMAISTER HERR. VLRICH VISCHER.; [An der Westseite bei Flußeintritt:] DER. SVTER. FLVS.; [am linken unteren Eck:] DER. DONAV. FLVS. – Holzmodell – 37 × 33 cm – Stådt. Museum Ingolstadt – A. Freiherr von Reitzenstein, Die alte bairische Stadt in den Modellen des Drechslermeisters Jakob Sandtner, gefertigt in den Jahren 1568–1574 im Auftrag Herzogs Albrecht V. von Bayern, München 1967. – S. Abb. 12 Seite 33.

Kat. 9
Jakob Sandtner: Großes Modell der Stadt Ingolstadt von Jakob Sandtner – 1572/3 – Holzmodell – 165 × 165 cm – Bayerisches Nationalmuseum München – Reitzenstein [wie Kat. 8]. – S. Abb. 19–31.
Ansichten der Festungsanlagen aus der Vogelschau als Illustrationen nach Federzeichnungen nach dem Sandtnerschen Stadtmodell von 1572/73 (Kat. 9) – 1883 – In: O. Kleemann, Geschichte der Festung Ingolstadt bis zum Jahre 1815. München 1883. – Stadtarchiv Ingolstadt.
S. Müller: Ansichten der Festung nach dem Sandtnerschen Modell – B: [oben:] Ansichten der Festung Ingolstadt 1743 [Bleistiftzusatz: 1573]; [Blattmitte:] Nach dem im k. b. Nationalmuseum befindlichen Reliefplane ergänzt nach einer Originalaufnahme v. J. 1746; [unten rechts:] Dem historischen Verein in und für Ingolstadt zur freundlichen Erinnerung München im Februar 1895 S. Müller, Hauptmann des Ingenieurcorps, Lehrer d. Kriegsschule; a) Neues Schloß mit Bollwerk, ähnlich Kleemann neben S. 4; b) Kreuztor mit Bollwerk (ähnlich Kleemann zu S. 34); c) Stadtmauer vor dem neuen Zeughaus – [mit entsprechenden Bildtexten] – nach Federzeichnungen – 31,7 × 35,6 cm – Stadtarchiv Ingolstadt.
Hardertor und Bastei (nach Kleemann, zu S. 36) – ca. 1900 – B: [oben:] Festung Ingolstadt 1573.;

234

[unten:] Harder-Thor und Bastei – Federzeichnung – 38 × 26,5 cm – Stadtarchiv Ingolstadt.
Kreuztor und Bastei (nach Kleemann, zu S. 34) – ca. 1900 – B: [oben:] Festung Ingolstadt 1573.; [unten:] Rundel beim heiligen Kreuz und Kreuzthor – Federzeichnung – 42 × 29 cm – Stadtarchiv Ingolstadt.
Ziegelbastei (nach Kleemann, zu S. 32) – ca. 1900 – B: [oben:] Festung Ingolstadt 1573.; [unten:] Ziegl – Bastei. – Federzeichnung – 40 × 28,5 cm – Stadtarchiv Ingolstadt.
Schloß und Bollwerk (nach Kleemann, neben S. 4) – ca. 1900 – B: [oben:] Festung Ingolstadt 1573.; [unten:] Schloß mit Umgebung. – Federzeichnung – 37 × 28 cm – Stadtarchiv Ingolstadt.
Donautor und Rundel beim Münzbergtor (nach Kleemann, zu S. 40) – ca. 1900 – B: [oben:] Festung Ingolstadt 1573.; [unten:] Rundel am roten Turm bis zum Donau-Thor. – Federzeichnung – 41,5 × 28,5 cm – Stadtarchiv Ingolstadt.
Neues Schloß von Nordosten aus Vogelschau nach Kleemanns Zeichnung nach dem großen Stadtmodell von Jakob Sandtner – ca. 1900 – B: Das Schloß in Ingolstadt um 1573 (mit Umgebung); Nach dem Relief im K. b. National-Museum; nach Kleemann SM. – Aquarellierte Federzeichnung – 29,4 × 20,7 cm – Stadtarchiv Ingolstadt.
Donautor und Münzbergtorturm (nach dem Sandtnerschen Stadtmodell von 1572/73, ähnlich Kleemann zu S. 40) – ca. 1900 – B: [unten rechts:] SM – Aquarell – 13,9 × 7,7 cm – Stadtarchiv Ingolstadt.
Hardertor mit Bollwerk (nach dem Sandtnerschen Stadtmodell von 1572/73, ähnlich Kleemann zu S. 36) – B: getilgt – 13,6 × 7 cm – Stadtarchiv Ingolstadt.
Ingolstadt mit Hardertor und Hardertorbollwerk (nach dem Sandtnerschen Stadtmodell von 1572/73) – B: [unter dem Bild:] HARDERTHOR u. BASTEI INGOLSTADT um 1573; [im Bild unten rechts:] R. LISCHKA MUENCHEN. 03. – Federzeichnung – 56 × 27 cm – Stadtarchiv Ingolstadt.
Ingolstadt mit Neuem Schloß, Neuem Feldkirchner Tor und Bollwerk von Osten (nach dem Sandtnerschen Stadtmodell von 1572/73) – B: [unter dem Bild:] FELDKIRCHNER THOR mit BASTEI u. SCHLOSS INGOLSTADT um 1573; [im Bild unten rechts:] R. LISCHKA. 03.
– Federzeichnung – 56 × 27,2 cm – Stadtarchiv Ingolstadt.
Ingolstadt von Westen mit Kreuztor und Bollwerk (nach dem Sandtnerschen Stadtmodell von 1572/73) – B: [unter dem Bild:] KREUZTHOR INGOLSTADT um 1573: [im Bild unten rechts:] R. LISCHKA. 03. MUENCHEN. – Federzeichnung – 56,5 × 27 cm – Stadtarchiv Ingolstadt.
Ingolstadt mit Donautor und Münzbergtor von Süden (nach dem Sandtnerschen Stadtmodell von 1572/73) – 1903 – B: [unter dem Bild:] DONAUTHOR INGOLSTADT um 1573; [im Bild unten rechts:] R. LISCHKA. 03. – Federzeichnung – 56 × 27,2 cm – Stadtarchiv Ingolstadt.
Ingolstadt mit Stadtmauer, St. Moritz und Herzogskasten von Süden (nach dem Sandtnerschen Stadtmodell von 1572/73) – 1905 – B: [unter dem Bild:] TRÄNKTHOR u. ALTES SCHLOSS INGOLSTADT um 1573; [im Bild rechts unten:] R. LISCHKA 05. – Federzeichnung – 54,5 × 26,2 cm – Stadtarchiv Ingolstadt.

Kat. 10:
Friedrich Seefridt: Burgfrieden von Ingolstadt, Stadtbild aus Vogelschau – 1580 – B: [links oben:] Abriss

Der Statt Ingolstatt Burggeding wie dann solicher
unden genanten Jars in den Dörfern vnd Auen gegen
den Bayrisch vnd Pfalzischen ist gemarckt und
versteindt worden dessen Weitte Lång vnd Praitte
Turch hierunden gesezte Schalam dorauf der Cirkel
stett vnd jedes Spazium einhundert Schritt begreifft
kann abgemessen werden. Gestellt durch Friderichen
Seefridt mallern zu Nördlingen 1580 [Ortsnamen auf
Schildchen] – Öl auf Leinwand – 92 × 66 cm –
Stadtarchiv Ingolstadt – S. Abb. 16, 17 Seite 34, 35.

Kat. 11
[Friedrich Seefridt:] Plan der Donauwälder westlich
Ingolstadts mit Ansichten der Dörfer Hagau,
Weichering und der Schwaigen in Vogelschau – ca. 1580
– B: Orts- und Schwaigennamen auf Schildchen, das für
Beschriftung vorgesehene Feld mit Zirkel ist
freigeblieben – Öl auf Leinwand – 55,5 × 37 cm –
Stadtarchiv Ingolstadt – S. Abb. 18 Seite 36.

Kat. 12
Hans Thonauer (Donauer) d. Ä.: Ingolstadt mit Donau
von Süden nach Vorlage von Johann Pressel, im Krieg
zerstört, heute an dessen Stelle frei empfundene
Nachschöpfung – ca. 1590 – Secco – Residenz
München, Antiquarium –
H. Brunner, Die Kunstschätze der Münchner Residenz,
herausgegeben von A. Miller, München 1977, S. 81 f. –
S. Abb. 32 Seite 50.

Kat. 13
Hans van der Biest nach Peter Candid: Wandteppich
September, im Hintergrund Ansicht Ingolstadts mit
Donau von Süden, ausgeführt von mehreren Wirkern,
unter ihnen Joseph von der Altenkirchen – 1613 – B:
[links:] SEPTEMBER. – VENTIVOLANTE LEPVS
PEDIBVS SVPERATVR AB VMBRO, / GREX AGITVR
CAMPIS; POMA LEGVNTVR AGRIS.; [rechts:]
MENSIS. IX. – VILLICA PLEBEIÆ GRADITVR
NVTRICVLA TVRBÆ, / ET, QVÆ RVRIS ERANT,
EFFICIT VRBIS OPES.; [unten links neben
Monogramm:] HANS. VAN DER. BIEST. – Gewirkter
Wandteppich – 522 × 396 cm – Residenz München –
B. Volk-Knüttel, Wandteppiche für den Münchener
Hof nach Entwürfen von Peter Candid, München 1976,
S. 141 f., S. 65, Anm. 253; Wittelsbach und Bayern II/2.
Um Glauben und Reich Kurfürst Maximilian I.
Katalog der Ausstellung in der Residenz in München,
12. Juni bis 5. Oktober 1980. Herausgegeben von H.
Glaser, München – Zürich, 1980, Kat. 396, S. 263, S.
277, Tafel 10. – S. Abb. 35–37, Seiten 54–55.
Peter Candid, Werkstatt: Entwurfszeichnung für den
Wandteppich September mit Ansicht Ingolstadts mit
Donau von Süden, gegensinnig – vor 1613 – B:
SEPTEMBER – Federzeichnung, aquarelliert und mit
Gold gehöht, quadriert – 198 × 292 mm – Staatliche
Graphische Sammlung München – Volk-Knüttel, S. 175
und Abb. 65.

Kat. 14
Carl Gustav von Amling: Nachstich des Wandteppichs
September von 1613 [Kat. 13] – 1701 – Kupferstich –
33,6 × 23,3 cm [Bildgröße ohne Text] – Staatliche
Graphische Sammlung München; Stadtarchiv
Ingolstadt – Volk-Knüttel [wie Kat. 13], S. 175. – S. Abb.
33 Seite 51.

Kat. 15:
Hans Käppler nach Peter Candid: Academia, sitzende
Allegorie, seitlich (links:) Kirche zur Schönen Unserer
Lieben Frau, davor Hohe Schule, (rechts:) Neues

Schloß – 1615 – B: ACADEMIA – Fresko im
Wappengang (Theatinergang), Residenz München, im
Krieg zerstört – H. H. Stierhof, Zur Baugeschichte der
Maximilianischen Residenz, in: Wittelsbach und
Bayern. II/1. Um Glauben und Reich. Kurfürst
Maximilian I. Herausgegeben von H. Glaser, München
– Zürich, 1980, S. 269–278, hier S. 274; ferner II/2,
S. 257, 266 f. – S. Abb. 39 Seite 57.

Kat. 16
Ingolstadt von Norden, Vedute in Plan von Tobias
Volckhmer – September 1618 – Federzeichnung,
koloriert – Bayerisches Hauptstaatsarchiv München,
Plansammlung 3370 – E. Krausen, Die
handgezeichneten Karten im Bayerischen
Hauptstaatsarchiv sowie in den Staatsarchiven Amberg
und Neuburg an der Donau bis 1650 (Bayerische
Archivinventare Heft 37), Neustadt a. d. Aisch 1973,
Nr. 490. – S. Abb. 14 Seite 33.

Kat. 17
Ingolstadt von Norden, Vedute in Plan von Tobias
Volckhmer – September 1618 – Federzeichnung,
koloriert – Bayerisches Hauptstaatsarchiv München,
Plansammlung 3393 – E. Krausen (wie Kat. 16), Nr. 491.
– S. Abb. 13 Seite 33.

Kat. 18
Ingolstadt, stark vereinfachte Vedute in Plan – 1618 –
Federzeichnung, koloriert – Bayerisches
Hauptstaatsarchiv München, Plansammlung 3452 –
E. Krausen (wie Kat. 16), Nr. 492. – S. Abb. 15 Seite 33.

Kat. 19
Ingolstadt, stark vereinfachte Vedute in Plan –
1. Hälfte 17. Jahrh. – Federzeichnung, koloriert –
Bayerisches Hauptstaatsarchiv München,
Plansammlung 3454 – E. Krausen (wie Kat. 16),
Nr. 717.

Kat. 20
Ingolstadt, stark vereinfachte Vedute in Karte der
Donau – ca. 1600 – Federzeichnung – Staatsarchiv
Neuburg, Plansammlung A 8 – E. Krausen (wie Kat.
16), Nr. 337. – S. Abb. 11 Seite 32.

Kat. 21
Ingolstadt, stark schematisch, in Karte von Bayern mit
den Mautstätten für Salz aus Hallein und Reichenhall. –
1. H. 17. Jahrh. – Federzeichnung, koloriert –
Bayerisches Hauptstaatsarchiv München,
Plansammlung 7579 – E. Krausen (wie Kat. 16), Nr. 759.

Kat. 22
Wolfgang Kilian nach Matthias Kager, in Kartusche
Ingolstadt mit Donau von Süden, in seitlichen
Medaillons die Hohe Schule [links] und das
Jesuitenkolleg [rechts] – 1626 – B: [unter der
Stadtansicht:] INGOLSTADIVM; [unter der Hohen
Schule:] Academia; [unter dem Jesuitenkolleg:] Colleg.
Gym. et Con. Soc. JESV.; [auf Sockelleiste:] M. Kager
Inuent. [links], Wolf. Kilian sculp. [rechts] – Kupferstich
– Ganzes Titelbild: 19,1 × 30,8 cm – Titelblatt von:
Vniuersa THEOLOGIA SCHOLASTICA, Speculatiua,
Practica, Ad methodum S. Thomae quatuor tomis
comprehensa, AVTORE ADAMO TANNERO, E
Societate JESV, S. Theol. D. et in Academia Ingolstad.
Professore . . ., Ingolstadt 1626, bei allen vier
Bänden – Staatsbibliothek Dillingen – S. Abb. 40
Seite 59.

Kat. 23:
Johannes Ulrich Windberger: Belagerung Ingolstadts durch die Schweden mit Erlegung des Leibpferdes Gustav Adolfs, 1632–1637 (?) –
B: [oben links:] VRBS OBSIDIONE SVECICA LIBERATA IN FESTO S. CRVCIS M. DC. XXXII.; [oben rechts:] VRBS A PRODITIONE HOSTIVM LIBERATA IN FESTO PENTECO:
M. DC. XXIII.; [links Mitte:] MVNITIO INGOLSTADIAna [mit Nummern 1–20]; [rechts Mitte:] OBSIDIA SVECICA [mit Nummern A–R]; [unten rechts signiert:] Jo. Vlricus Windtberger pinxit 163(7). – Aquarell – 27 × 36 cm [Bildgröße] – Stadtarchiv Ingolstadt – S. Hofmann, Das Privilegienbuch der Stadt, in: Ingolstadt I, S. 425–452, hier S. 443; Wittelsbach und Bayern, II/2. Um Glauben und Reich. Kurfürst Maximilian I. Katalog der Ausstellung in der Residenz in München 12. Juni bis 5. Oktober 1980. Herausgegeben von H. Glaser, München – Zürich 1980, S. 418 f. – S. Abb. 41 Seite 61.

Kat. 24
Belagerung Ingolstadts durch die Schweden, 1632 – 1632 – B: [Kopftitel:] Kurtzer vnd Eygentlicher Abriß / Der Haupt-Vestung Ingolstatt im Herzogthumb Bayren / sampt deroselben gelegenheit / Historischerweiß / wie sie zu dieser Zeit gebauet ist / zum theil auß eygner erfahrung kůrtzlich Beschrieben / vnd ins Kupffer gebracht.; [im Bildteil oben:] Ingolstatt; [unter dem Bild 2 Spalten Text, nicht identisch mit Kat. 25]; [in der mittleren Leiste:] Ludwig Lochner – 26,5 × 13,7 cm [nur Bild] – Bild: Kupferstich in Einblattdruck – Germanisches Nationalmuseum Nürnberg H B 443.

Kat. 25
Belagerung Ingolstadts durch die Schweden, 1632 – 1632 – B: [Kopftitel:] Eygentlicher Abriß / Der Haupt-Vestung Ingolstatt sampt dersoselben gelegenheit / dahin sich der Hertzog in Bayrn anjetzo widerumb den 19. September diß 1632. Jahrs / begeben / vmbständlich beschrieben / wie sie zu dieser zeit gebauet ist / vnd woher sie seinen anfang genommen hat; [im Bildteil oben:] Ingolstatt; [unter dem Bild 2 Spalten Text, nicht identisch mit Text von Kat. 24]; [in 2. Spalte unten:] Verzeichnuß der vornehmsten Gebäuen zu Ingolstatt [mit 10 Nummern], [keine Mittelleiste] – 26,5 × 13,7 cm [nur Bild] – Bild: Kupferstich in

Einblattdruck – Wohl ebenfalls bei Ludwig Lochner verlegt wie Kat. 24 – Stadtarchiv Ingolstadt – S. Abb. 45 Seite 67.

Kat. 26
Matthaeus Merian: Belagerung Ingolstadts durch die Schweden, 1632, im Vordergrund Kirche von Unsernherrn – 1633 – B: [im ersten Zustand:] INGOLSTADT, [späterer Zustand:] INGOLSTADIUM; [über Objekte Einzelbeschriftung:] Iesuiter Colleg:; Vnser Frawen kirch.; Academia.; Spital.; S. Mauritz.; Thona thor.; Prediger Closter.; Das Schloß.; Bayerische Läger.; [in der Donau:] DANVBIUS FLUVIUS; [im Schlachtgeschehen:] Schwedische Läger – Kupferstich – 32 × 23 cm – Matthaeus Merian, Theatrum Europaeum II, nach S. 564 [erster Zustand]; Theatrum Europaeum II, Ausg. 1646 und ff. [späterer Zustand] – Bay. Staatsbibliothek München; Stadtarchiv Ingolstadt – Fauser Nr. 6181 und 6182. – S. Abb. 47 Seite 68.
Nachdruck von anderer Platte – B: INGOLSTADT; [über Objekte Einzelbeschriftung:] Jesuiter Colle.; Lievrouwen kerck; Academie; Spital; S. Maurits; Thona toren; Prediche Clost.; het slot; Bayersche leger; [in der Donau:] DANVBIUS FLUVIUS; [im Schlachtgeschehen:] Swesche leeger – Kupferstich – 31,7 × 23,2 cm – Stadtarchiv Ingolstadt.

Kat. 27
Ingolstadt mit Donau von Süden, Rückseite einer quadratischen Medaille – 1633 – [Legende:] * VRBIS. TVTELA. CIVIVM. PATRONA; [über der Stadt auf Schriftband:] 1632; die Vorderseite zeigt Maria vom Sieg zwischen 16–33, Legende: SANCTA. MARIA. DE. VICTORIA. INGOLSTA[T] – Medaille – Durchmesser: 2,4 cm – Stadtarchiv Ingolstadt, Staatliche Münzsammlung München – S. Hofmann, Maria de Victoria – Nachruf auf die einstige Kirche der Kongregation Maria vom Sieg, Teil I. Von den Anfängen bis etwa 1700, in: Sammelblatt des Historischen Vereins Ingolstadt, 85. Jg. (1976), S. 81–137, hier S. 99 f. – S. Abb. 50 Seite 71.

Kat. 28
Matthaeus Merian: Ingolstadt mit Donau und Hornwerk von Süden – 1644 – B: Ingolstatt; [im Fluß:] Danubius flu; [Bezifferung: 1–19]; [unten links auf Schriftrolle: Legende Nr. 1–19:] Vnser Frawen Kirch . . . – Kupferstich – 33,4 × 12 cm – Matthaeus Merian, Topographia Bavariae das ist Beschreib: vnd Aigentliche Abbildung der Vornembsten Stätt vnd Orth, in Ober vnd Nieder Beyern Der Obern Pfaltz . . . In Truck gegeben v: Verlegt durch Matthaeum Merian. M. DC XLIV. – Hier nach einem Exemplar des Stadtarchivs Ingolstadt – Fauser Nr. 6184. – Ein weiteres Exemplar wurde durch Heraustrennen des Namens »Ingolstatt« auf ein höheres Format (33 × 17,6) von der holländischen Malerin Anna Beck (1657–1717) für Wilhelm von Oranien koloriert und montiert und gehörte wohl zu einem der Ansichtenalben für Wilhelm von Oranien; Privatbesitz – S. Abb. 48 Seite 69.

Kat. 29
Wenzel Hollar: Ingolstadt mit Donau von Südosten – 1665 – B: Ingolstatt; [in der Donau:] die Donawe; [unter dem Bilde links:] WH [in Ligatur] ollar fecit 1665. – Kupferstich – 11,3 × 4,4 cm – Stadtarchiv Ingolstadt – G. Parthey, Wenzel Hollar. Beschreibendes Verzeichniss seiner Kupferstiche, Berlin 1853, S. 161, Nr. 760. – S. Abb. 49 Seite 70.

Kat. 30

Franz Joseph Geiger: Ingolstadt-Vedute als schmaler Hintergrund unter Marienbild mit Votanten – 1676 – B: [auf flatterndem Schriftband:] SVB TVVM PRAESIDIVM CONFVGIMVS; [Initialen auf Wappenmedaillons]; [unten rechts:] Fra: Jos. Geiger / Pinxit 1676 – Öl auf Leinwand – 415 × 326 cm – Städt. Museum Ingolstadt – S. Abb. 42 Seite 62.

Kat. 31

Michael Wening: Ingolstadt mit Donau von Süden – 1666/7 und später – B: [Kopftitel:] INGOLSTATT, die Vestung und Hohe Schul in Bayern; [Mitte auf Schriftband:] Ingollstatt; [im Fluß, links und rechts der Brücke:] Thonaufluß, Donauflus; [auf Schriftrolle unten links im Bild Nummern 1–19]; [unter dem Bild:] Ingel = oder Engelstatt, wo die Donauwasser fliessen, / Steht durch Keiser Ludwigs Hand nicht auf schwach gegründen Füßen, / Mancher Edler hat darfür in das fette Gras gebissen, / Seiner Vestung fästes schloß wird der Feind nicht leicht zerstören, / Mancher Hochgelehrter Mann hat daselbst sich laßen hören, / Daß der Hohen Schul allda ewig dienen wird zu Ehren. Paul Fürst Ex.; [im Bilde unten rechts:] M. W. fe. [In späterem Zustand statt »Paul Fürst Ex.«:] D Funck exc.; [noch später mit der Adresse:] Nürnb. zu finden bey Joh. And. vn Creuz Buch u. Kunst Händl. – Kupferstich – 36,5 × 22,3 cm [Bildgröße ohne Textteil] – Erster Zustand: Stadtarchiv Ingolstadt; Germanisches Nationalmuseum Nürnberg, SP. 7940; späterer Zustand [mit D Funck exc.:] Stadtarchiv Ingolstadt; Germanisches Museum Nürnberg, SP. 1417; letzter Zustand: Staatliche Graphische Sammlung München – G. Stetter: Michael Wening. Der Kupferstecher der Max-Emanuel-Zeit. Ausstellung im Münchner Stadtmuseum 1977/8 [= Schriften des Münchner Stadtmuseums 7], München 1977, S. 23 und S. 118 f., Nr. 112 und 112a; Fauser Nr. 6185. – S. Abb. 53 Seite 75.

Kat. 32

Melchior Haffner: Ingolstadt von Westen in astronomischem Titelbild – 1677 – B: [Sternbilder]; [in Kartusche:] Cometa anni 1677 Ingolstadii observatus et disquisitioni Academicæ subiectus; [signiert unten rechts:] Melchior Haffner sc. – Kupferstich – 18,4 × 11 cm – In: JUDICIUM MATHEMATICUM DE COMETA Anni 1677. QVOD IN ALMA ET ELECTORALI VNIVERSITATE INGOLSTADIANA Ex Prælectionibus Academicis P. ANDREÆ WAIBL, SOC. JESV, S. LINGVÆ AC MATHESEOS PROFESSORIS ORDINARII, Collegit et Exercitationi Academicæ proposuit R. D. F. AUGUSTINUS MAYR, Ord. S. Bened. Professus in Scheyrn, LL. AA. et Philosoph. Baccal. et Mathes. Stud., Ingolstadt (apud Joan. Philippum Zinck, Typographum). – Staatsbibliothek Dillingen – S. Abb. 51 Seite 73.

Kat. 33

Michael Wening: Augustinerkloster in Ingolstadt unter dem Gnadenbild der Schuttermutter – 1680 – B: Gnadenreiche Bildnus der Seligisten Jungfrau vnd Muetter Gottes Mariæ welche in dem Löbl. Closter R: R: P. P. Ord. Erem. S. Augustini zu Ingolstatt Andächtig besuchet, vnd verehret wird. – Kupferstich – Größe 12,7 × 16 cm – [In:] New vnd Alter Deß Uralt = berühmbten Chur-Hertzogthumbs Bayrn Heiliger Kirchen vnd Clöster Historien Calender . . ., Auff das Schalt-Jahr Christi vnsers Erlösers M. DC. LXXX. durch Philippum Casimirum Bawrn Helv. Phil. Math. München Getruckt durch Lucas Straub vnd verlegt

durch Michael Wening Kupferstecher. Hier nach einem Exemplar der Universitätsbibliothek München – G. Stetter (wie Kat. 31), S. 87. – S. Abb. 54 Seite 76.

Kat. 34

Oratorium der Bürgerkongregation Maria de Victoria in der Kreuzstraße – 17. Jahrh. – B: [in Lorbeerkranz:] CORONA TRIVMPHALIS MARIÆ DE VICTORIA; [auf Kranzschleifen:] VRBIS TVTELA; CIVIVM PATRONA; [unter Lorbeerkranz:] · 1 · 6 · 3 · 4 ·; [auf der Kirche:] ORATORIVM. CONGREGAT; [auf Portal:] M. DC. XIX.; [unter dem Bild:] IPSA CONTERET CAPVT TVVM – Kupferstich – 6,1 × 10,2 cm – Stadtarchiv Ingolstadt – S. Hofmann, Maria de Victoria-Nachruf auf die einstige Kirche der Kongregation Maria vom Sieg. Teil I. Von den Anfängen bis etwa 1700, in: Sammelblatt des Historischen Vereins Ingolstadt, 85. Jahrg. (1976), S. 81–137, hier S. 93; B. Rupprecht, Akzente im Bau- und Kunstwesen Ingolstadts von der Ankunft der Jesuiten bis zum hohen 18. Jahrhundert, in: Ingolstadt II, S. 217–298, hier S. 222.

Kat. 35

Ingolstadt von Süden mit Donau, im Vordergrund Unsernherrn – 1684 – B: [oben Mitte:] Ingolstatt; [im Fluß links und rechts der Brücke:] Donau fl.; Donau flus; [unter dem Bilde 7 Nummern]; [oben rechts:] 27 – Kupferstich – 11,5 × 6 cm [ohne Legende] – In: Der Vermehrte Donau-Strand Mit Allen seinen Ein- und Zuflüssen, angelegenen Königreichen, Provintzen, Herrschafften und Städten, auch dererselben Alten und Neuen Namen vom Ursprung bis zum Ausflusse: in Dreyfacher Land-Mappe vorgestellet, auch sampt kurtzer Verfassung einer Hungar- und Türkis. Chronik Und des Anno 1663. und 1664. geführten Türken-Krieges beschrieben durch Sigmund von Birken, C. Com. Pal. Anjetzo aber Mit einer kurtzen Continuation der merckwürdigsten Türkischen Kriegs-Handlungen in Candien, Polen und Hungarn wie auch die Beläger- und Entsetzung der Käis. Residentz-Stadt Wien, Eroberung Barkan und Gran betreffend, versehen und Neben XL Figuren der vornehmsten Städt und Vestungen an der Donau in Kupfer hervor gegeben und verlegt von Jacob Sandrart, Kupferstecher und Kunsthändler in Nürnberg. Im Jahr Christi 1684. – Stadtarchiv Ingolstadt.

Kat. 36

Wie Kat. 35, jedoch oben rechts »26« an Stelle von »27« eingestochen – Stadtarchiv Ingolstadt.

Kat. 37

Ansicht von Kirche und Kloster St. Johann im Gnadenthal in Kartusche unter dem Reliquienschrein des Ritters und Märtyrers Concordius – 1686 – B: [oben Mitte auf Schriftband:] Pretiosa est in Conspectu Domini Mors Sanctorum ejus; [auf dem

Reliquienschrein in Schrifttafel:] DEFVNCTVS
CONCORDIVS. DIE XI. RAL AVG. IN PACE
DECENTIO . ET PAVLO; [unter dem Bild:] Abriß der
Sarg / in welcher der Heilige Cörper deß Glorwürdigen
Römischen Ritters vnd Martyrers Concordii zu
Ingolstatt in dem würdigen Gottshauß bey Sanct
Johann im Gnaden-Thall deß Wollöblichen
Frawen-Closters der dritten Regul Sancti Francisci,
ruhent, mit höchster Andacht vndter dem Hoch-Altar
verehrt v̄ auffbehalten wird; J: B: Wagner, Ph: Stud:
Sculpsit Ingolstadii Anno 1686 – Kupferstich –
17,2 × 21,3 cm [ohne Textteil unter dem Bilde] – Kloster
St. Johann im Gnadenthal, Ingolstadt. – S. Abb. 52
Seite 74.

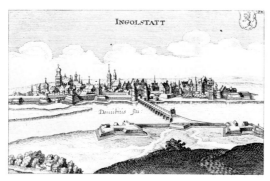

Kat. 38
Albrecht Schmidt: Ingolstadt mit Donau von Süden,
am Brückenkopf 2 Bastionen, im Vordergrund links
eine Mühle – undatiert – B: [im Fluß:] Donubius flu:;
[oben rechts:] »23.«; [unter dem Bilde rechts:] Albrecht
Schmidt exc. A. V. – Kupferstich – 16,5 × 10 cm –
Germanisches Nationalmuseum Nürnberg SP 7942 b –
Fauser Nr. 6191.

Kat. 39
Ingolstadt von Süden mit Donau und Hornwerk [nach
Merian] – 17. Jahrh. – B: [auf Schriftband oben Mitte:]
Die Vestung Ingollstatt; [Bezifferung 1–19]; [unter dem
Bild Legende Nr. 1–19:] Vnser Frauen Kirch . . . –
Kupferstich – 33 × 19,5 cm – Stadtarchiv Ingolstadt –
S. Abb. 46 Seite 68.

Kat. 40
Ingolstadt mit Donau von Süden – 1686 – B: [oben leicht
rechts:] INGOLSTATT; [Bezifferung 1–4, Legende über
dem Bilde mit 4 Nummern:]
1. Vnser Frauen Kirch . . . – Kupferstich –
11,2 × 5,8 cm – Der getreue Reiß-Gefert durch Ober-
und Nieder-Teutschland, Nürnberg. In Verlegung
Christoff Riegels. Gedruckt bey Andreas Knortzen seel.
Wittib 1686 – Bay. Staatsbibliothek München;
Stadtarchiv Ingolstadt – Fauser Nr. 6186, S. LXIV. –
S. Abb. 59 Seite 82.

Kat. 41
Ingolstadt mit Donau und Hornwerk von Süden
[vergröbernd nach Kat. 40] – undatiert – B:
INGOLSTATT; [rechts unten:] p. 158. – Kupferstich –
10,7 × 6 cm – Stadtarchiv Ingolstadt.

Kat. 42
Ingolstadt mit Donau von Süden, im Vordergrund
Unsernherrn [ähnlich Kat. 35] – undatiert – B: [oben
Mitte:] INGILSTATT.; [Bezifferung 1–7], [Legende unter
dem Bild, mit 7 Nummern in italienischer Sprache:] 1. Il
Collegio de P. P. Gesuti . . .; [oben rechts über dem
Bild:] 41 – Kupferstich – 11,3 × 5,9 cm [ohne Legende] –
Stadtarchiv Ingolstadt.

Kat. 43:
Anton Wilhelm Ertl: Ingolstadt mit Donau von Süden,
im Vordergrund Hornwerk am Brückenkopf – 1687 – B:
[oben Mitte auf Schriftband:] Ingolstatt; [bei Auflage
von 1705: im Fluß:] Donau fluß; [oben rechts über dem
Bild:] p. 78 – Kupferstich – 14,3 × 8 cm –
Chur-Bayerischer Atlas. Das ist: Eine grundrichtige
Historische und mit vielen schönen Kupfern und
Land-Karten gezierte Abbildung . . . Beschrieben und
verfasset Von ANTONIO GUILIELMO Ertl . . . In
Verlegung Peter Paul Bleul, Kunst- und Buchhändlern
in Nürnberg. Gedruckt bey Stephan Rolken, Fürstl.
Oetting. Hof-Buchdruckern. ANNO M D C L XXXVII.
– Bay. Staatsbibliothek München, Stadtarchiv
Ingolstadt – Fauser Nr. 6187, S. XLII f. – S. Abb. 58
Seite 82.

Kat. 44
Anton Wilhelm Ertl: Ingolstadt, Stadtgrundriß mit
Festungsanlagen, Donau und Schutter und
eingezeichneten Gebäuden in Vogelschau. – 1687 – B:
[oben leicht rechts auf Schriftband:] Ingolstadt.;
[Straßenbezeichnungen:] Weg auf Neuburg, Müncher
Straß, Weg auff Nürnberg; [links:] Eselwiesen Morast;
[in Donau:] Donau Fluß; [Bezifferung A–K, 2–13];
[Legende oben links: A–K:] A Das Schloß . . .; [Legende
unten rechts 2–13:] 2 Winckelthürle . . .; [oben rechts:]
p. 75 – Kupferstich – 17,5 × 14 cm – Anton Wilhelm
Ertl, Chur-Bayerischer Atlas (wie Kat. 43) – Fauser, S.
XLII – Stadtarchiv Ingolstadt – S. Abb. 61 Seite 84.

Kat. 45
Jesuitenkolleg von Osten aus Vogelschau – 17. Jahrh. –
B: [oben links in Medaillon:] Colleg. S. I. Ingolstadii –
91 × 73 cm – Bayer. Staatsgemäldesammlungen / Bay.
Nationalmuseum [derzeit im Städt. Museum Ingolstadt]
– S. Abb. 44 Seite 64.

Kat. 46
Michael Wening: Jesuitenkolleg von Osten aus
Vogelschau – 1701 – B: [auf Schriftband oben rechts:]
Kirch und Collegium der Societæt JESV in Ingolstatt –
Kupferstich – 35,4 × 25,9 cm – HISTORICO –
TOPOGRAPHICA DESCRIPTIO. Das ist: Beschreibung
Churfürsten- vnd Hertzogthumbs Ober- vnd Nidern
Bayrn . . . nicht allein außführlich beschrieben, sondern
auch durch beygefügte Kupffer der natürlichen
Situation nach entworffner vorgestellt werden. So Von
Michael Wening, Churfürstl. Portier vnd
Kupfferstecher –, in loco delinirter ins Kupffer gegeben
worden vnd allda zu finden ist . . . Erster Thail. Das
Renntambt München. Getruckt zu München bey
Johann Lucas Straub. Gem: Lobl. Landtschafft

Buchtruckern. ANNO M. DCCI. – Stadtarchiv
Ingolstadt – Fauser Nr. 6195 und S. XXX. – S. Abb. 55
Seite 77.

Kat. 47
Michael Wening: Ingolstadt von Süden mit Donau und
Hornwerk am Brückenkopf – 1701 – B: [oben Mitte auf
Schriftband:] Statt Ingolstadt.; [Bezifferung A–Z, 1–6;
Legende oben rechts A–Z, 1–6:] A Die Ober
Pfarrkirchen . . . – Kupferstich – 70,5 × 24,5 cm –
HISTORICO-TOPOGRAPHICA DESCRIPTIO . . . [wie
Kat. 46] – Stadtarchiv Ingolstadt – Fauser Nr. 6188 und
S. LXXX. – S. Abb. 56 Seite 79.

Kat. 48
Ingolstadt mit Donau von Süden, im Vordergrund
Unsernherrn – 1703 – B: [oben Mitte:] INGOLSTATT –
Kupferstich – 10,8 × 6 cm – CIRCULI BAVARICI
Succincta Descriptio. Das ist: Kurtz gefasste
Beschreibung Des Bajerischen Kreißes . . ., Nürnberg
in Verlegung Wolffgang Michahelles und Johann
Adolph, 1703. Gedruckt bey Christian Sigmund
Froberg. – Stadtarchiv Ingolstadt – Fauser Nr. 6190 und
S. XXXVII. – S. Abb. 60 Seite 83.

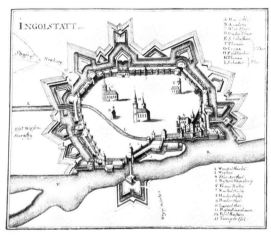

Kat. 49
Ingolstadt, Stadtgrundriß mit Festungsanlagen, Donau
und Schutter und einzelnen eingezeichneten Gebäuden
in Vogelschau [nach Kat. 44] – 1703 – B: [oben links:]
INGOLSTATT; [Straßenbezeichnungen:] Strass uf
Newburg, Weg uf München; [links:] Esel Wiesen.
Morastig.; [Bezifferung A–L, 2–13:] [Legende oben
rechts: A–L:] A. D.as Schloss . . ., [Legende unten
rechts: 2–13:] 2. Winckelthürlein . . . – Kupferstich –
18,5 × 15,2 cm – Chür-Bairen sowol nach dem Leben
dererjenigen, Die seither dem die Chur auf dieses Haus
gefallen, regiert, biß auf gegenwärtiges Monat April:
Als nach dessen Städten, Festungen,
Märkten, Dörfern und Clöstern beschrieben, auch mit
denen schönsten Prospecten und Grundrissen vieler
Festungen, Lust-Häuser und einer accuratesten
Land-Charte, als jemals eine davon heraus gewesen,
beleuchtet. Frankfurt und Leipzig, zu finden bey
Christoph Riegel. Anno 1703. –
Herzog-August-Bibliothek Wolfenbüttel; Stadtarchiv
Ingolstadt.

Kat. 50
[Michael Wening:] Beschießung Ingolstadts von Süden
mit Vedute der Stadt – ca. 1704 – B: [oben auf
Medaillon:] Eigentliche Vorstellung der
Churbeyerischen Vestung Ingollstat, wie solche von
Ihro Röm: Kayserl: Meyt: u: dero Hohen Alliirten
unter Direction Ihro Durchl: Princ Louÿs v. Baaden

belagert und Bombardiret worden.; [Bezifferung von
Gebäuden der Stadt A–Z und 1–6; Legende unter dem
Bild:] A. Die Ober Pfarrkirchen . . ., 1. Schießhütten . . .
– Kupferstich – 29,2 × 37 cm – Kunstsammlungen
Veste Coburg – Das Blatt dürfte zu den
Schlachtenkupfern von Michael Wening gehören, ist
aber unbezeichnet. Vgl. G. Stetter (wie Kat. 31), S.
97–104. – S. Abb. 57 Seite 80.

Kat. 51
Einzug der Österreicher in Ingolstadt, 1704, Ingolstadt
mit Donau und Hornwerk von Süden [Vedute ähnlich
Kat. 55] – ca. 1705 – B: [rechts beim Schloß:] Ingolstadt;
[links außerhalb des Bilds:] 1704 – Kupferstich –
8,4 × 5,9 cm – Stadtarchiv Ingolstadt – S. Abb. 84
Seite 107.

Kat. 52
Ingolstadt von Süden [wohl nach Ertl, s. Kat. 43] – 1705
– Ingolstadt mit Donau von Süden – B: [oben Mitte auf
Schriftband:] Ingolstatt; [in der Donau:] Donau Flus –
Kupferstich – 11,5 × 6,6 cm – Ausführliche Historie Des
jetzigen Bayrischen Kriegs. Worinnen Der Sachen
wahrer Verlauff von dem Churfürstlich. Einfall In das
Land ob der Ens Bis auff den Vergleich, so zwischen Sr.
Röm. Königl. Majest. und der Churfürstin in Bayern
geschlossen worden, getreulich erzehlet und mit den
nöthigen Documenten und Manifesten erläutert und
bewährt wird; Beschrieben durch Cæsarem Aquilinum.
Mit Kupffern. Dritter Theil. gedruckt zu Cölln bey Peter
Marceau. Anno M.DCCV. – Bay. Staatsbibliothek
München.

Kat. 53
Johann Ignaz Augustin: Labarum der
Bürgerkongregation »Maria de Victoria« in Ingolstadt
– Vorderseite: Maria vom Sieg über dem Oratorium der
Kongregation, zu beiden Seiten Kniende, Engel in den
Wolken halten Wappen – B: [in Kartusche über dem
Bild:] MARIAe Sig über die Hertzen; [in Kartusche
unter dem Bild:] Chur-Fürsten und Bischöff von
hochem Geblüth / Hat gfangen MARJA in Ihrem
gemüth / Das Sie sich denn diensten Derselben ergeben
/ Ihr gschenckhet geldt / gütter / und aigenes leben. /
Nun sagt mir: Zur Sonnen liebreitzenden schein / Ob
sich dan nit alles eröffnet gar fein?; [auf umlaufendem
Schriftband:] Zu meinen liebreitzenden Schein
Eröffnet sich alles gar fein; [bei den Wappen der Engel
Schriftbänder mit Initialen, s. S. 71–72] – Rückseite:
Krönung Mariens über Stadtvedute – 153 × 265 cm –
Städtisches Museum Ingolstadt – S. Hofmann, Maria de
Victoria. Nachruf auf die einstige Kirche der
Kongregation Maria vom Sieg, Teil II, in: Sammelblatt
des Historischen Vereins Ingolstadt, 86. Jahrgang
(1977), S. 174–213, hier S. 178 f.; Kurfürst Max
Emanuel, Bayern und Europa um 1700, II (Katalog der
Ausstellung im Alten und Neuen Schloß Schleißheim
2. Juli bis 3. Oktober 1976), München 1976, S. 389 f. –
S. Abb. 64, 65, Seiten 86, 87.

Kat. 54
Gabriel Bodenehr: Ingolstadt, Stadtgrundriß mit
Festungsanlagen, Donau und Schutter und einzelnen
eingezeichneten Gebäuden in Vogelschau [nach Kat.
44] – 1720 – B: [oben Mitte:] INGOLSTATT; [Bezifferung
1–12 Legende oben rechts: 1–12:] 1. Junger Esel . . . ;
[Beschriftungen im Bild:] Creutz Thor; Feldkürcher
Thor; Ober Pfarr; Under Pfarr; Academi; S. Sebastian;
Das Schloss; Donaw Thor; [Straßenbezeichnungen:]
Stras Neuburg; Stras auff München und Augspurg;
[Flußbezeichnungen:]

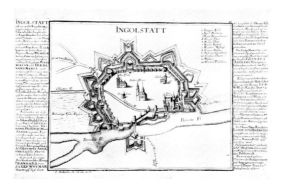

Kat. 56
Wie Kat. 55, aber mit B: [oben rechts über dem Bild:]
86; [unten links unter dem Bild:] Georg Chr. Kilian exc.
A. V.; [links des Stiches 1spaltiger Text] – Staatliche
Graphische Sammlung München; Stadtarchiv
Ingolstadt.

Schutter Fl.; Donaw Fl.; Morastige Esels Wiesen; [links
und rechts je eine Spalte Text über Ingolstadt]; [oben
rechts über dem Bild:] 83 – [unten links unter dem Bild:]
G. Bodenehr fec. et exc. A. V. – Kupferstich –
21 × 16,2 cm [Bildgröße, mit den beidseitigen
Textspalten: 21 × 28,2 cm] – FORCE D'EUROPE, oder
die Merckwürdigist- und Führnehmste, meistentheils
auch Ihrer Fortification wegen Berühmteste STÆTTE,
VESTUNGEN, SEEHAFEN, PÆSSE, CAMPS DE
BATAILLE, in EUROPA ... in 200 GRUNDRISSEN ...
Verlegt und heraus gegeben von Gabriel Bodenehr
Kupfferstecher in Augspurg [1720]. – Bay.
Staatsbibliothek München;
Stadtarchiv Ingolstadt – Fauser Nr. 6192, S. XXX–XXXII.
Wie Kat. 54, aber mit »6« oben rechts – Stadtarchiv
Ingolstadt. – Wie Kat. 54, aber ohne Angabe des
Stechers – Stadtarchiv Ingolstadt.

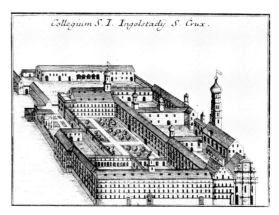

Kat. 57
Gabriel Bodenehr: Jesuitenkolleg von Osten aus
Vogelschau (ähnlich Wening, Kat. 46) – B: [oben
Mitte:] Collegium S.J. Ingolstadii. S. Crux. –
Kupferstich – 13,8 × 11,2 cm – In: SOCIETAS JESU
PROVINCIÆ GERMANIÆ SUPERIORIS in sua Collegia
distributæ Augusta Vindelic. Gabriel Bodenehr direxit
et excudit. C.P.S.C.M. Privatbesitz. Vorzeichnung dazu:
Federzeichnung – B: [unter dem Bild:] Collegium
Ingolstadiense.

Kat. 55
Gabriel Bodenehr: Belagerung Ingolstadts durch die
Schweden 1632, im Vordergrund Unsernherrn [nach
Merian, Theatrum Europaeum, s. Kat. 26] – 1721 – B:
[oben Mitte:] INGOLSTATT so Ao. 1632 von dem
Könige aus Schweden Vergeblich angegriffen worden;
[Beschriftungen im Bild:] Jesuiter Collegium; Unser
Frawen Kirch; Academia; Spital; S. Mauriz; Donaw
Thor; Prediger Closter; Das Schloss; Das Bayerische
Lager; Das Sewedische Lager; Donaw fl. [links und
rechts der Brücke]; [über dem Bild rechts:] 86; [unter
dem Bilde links:] G. Bodenehr fec. et exc. A. V.; [links
eine Spalte Text]. – Kupferstich – 31,5 × 16,1 cm –
EUROPENS Pracht und Macht in 200. Kupfer-Stücken
worinnen nicht nur allein die Berühmtest und
Ansehnlichste sondern auch anderer Stätte, Festungen,
Schlösser, Klöster, Pässe, Residentien, Palläste,
Wasserfälle, dises Volckreichen Welttheils vermittelst
anmuthiger und eigentlicher PROSPECTE, Sambt
kurzer geographischer Beschreibung ... Vorgestellet
werden. Verlegt und heraus gegeben von Gabriel
Bodenehr Burger und Kupferstecher in Augspurg
[1721]. – Bay. Staatsbibliothek München; Stadtarchiv
Ingolstadt – Fauser Nr. 6193, S. XXXI–XXXII. – Der
Stich kommt auch ohne »86« und ohne seitlichen Text
vor.
Wie Kat. 55, aber ohne Angabe des Stechers, der
seitliche Text kann auch fehlen. – Germanisches
Nationalmuseum Nürnberg SP 4687; Stadtarchiv
Ingolstadt – Fauser Nr. 6183.

Kat. 58
Michael Vogl: Burgfrieden von Ingolstadt mit
schematisierter Darstellung von Ingolstadt und
Dörfern aus Vogelschau – 1722 – B: [oben
rechts:] Grundtriß. Des Burgfridt der Churfrtl.
Haubtstatt vnd Vösstung Ingolstatt ... gestelt Durch
Michael Vogl Bürger vnd Maler zu Ingolstatt. Anno
1722; [eingetragene Ortsnamen] – Deckfarben auf
Papier – 86 × 117 cm – Stadtarchiv Ingolstadt – S. Abb.
38 Seite 56.

Kat. 59
Simon Thaddaeus Sondermeyr nach Melchior
Buechner: Anatomie mit Botanischem Garten von
Osten – [1723] – B: [oben Mitte auf Schriftband:]
HORTVS ACADEMICO-MEDICVS
INGOLSTADIENSIS.; [unter der Legende links:]
M Buechner delin.; [unter der Legende rechts:]
Sim. Thadd. Sondermeyr Sc. A. V.; [im Bild Bezifferung
1–12]; [unter dem Bild:] 1. Ein Saal, worin
die Demonstrationes Publicæ gehalten werden. 2. Das
Anatomisch und Chirurgische Zimmer. 3. Das
Collegium Experimentale Physicum. 4. Altana für die
Astronomische Exercitia, mit scherben-gewächs
besezet, und mit springendem wasser 11. versehen.
5. das Observatorium oder Specula Astronomica. 6. das
Laboratorium Chymicum. 7. das Hybernaculum oder

Winter Einsaz. 8. die Garttners Wohnung. 9.9. Galerie, oben mit scherben-gewächs besezet. 10. Ein Wasser-Bassin. 12.12. die Stiegen auf die Galerie. – Kupferstich – 40 × 27,4 cm – Stadtarchiv Ingolstadt; sehr schönes, koloriertes Exemplar im Staatsarchiv München; ferner in: Franciscus Anton Stebler: HISTORIA TRIUM SECULORUM MEDICÆ INGOLSTADIENSIS FACULTATIS..., Pars Prior. Impressit Joann. Ferd. Luzenberger, Universitatis Typograph. 1772. – S. Hofmann, Die Alte Anatomie in Ingolstadt. Ihr Schicksal als Institution und Gebäude (= Neue Münchner Beiträge zur Geschichte der Medizin und Naturwissenschaften, Medizinhistorische Reihe V), München 1974; Fauser Nr. 6196. Eine Bleistiftzeichnung nach diesem Stich (40 × 27,7) liegt ebenfalls im Stadtarchiv Ingolstadt. Bleistiftzeichnung nach dem Kupferstich: 40,2 × 27,5 cm – Stadtarchiv Ingolstadt.

Ähnlich: Anatomie mit Botanischem Garten [jedoch aus etwas flacherem Blickpunkt gesehen] – ca. 1730? – B: – Aquarellierte Federzeichnung – 30,5 × 16,7 cm – Stadtarchiv Ingolstadt.

Kat. 60

Johann August Corvinus nach Cosmas [Damian] Asam: Eine allegorische Figur präsentiert dem in einem fiktiven Reiterdenkmal vor der Münchner Residenz vergegenwärtigten Kurfürsten Max Emanuel eine Tafel mit den Ansichten der Jesuitenkollegien Amberg, Burghausen, Ingolstadt, Landshut, Landsberg, München, Mindelheim, Straubing, Altötting, Regensburg, Biburg, Ebersberg, in der Mitte »JHS«. Die Wiedergabe des Ingolstädter Kollegs ist stark schematisiert und unrichtig, der Wert liegt in der Präsentation des Ingolstädter Kollegs im Rahmen der Oberdeutschen Provinz. Die Allegorie trägt Rüstung, auf der Brust prangt »JHS« in der Rechten hält sie ein Blatt: »TIBI Devotissima SOC. JESU. per sup. Germ: Provincia« – 1725 – B: Beschriftung des Tableaus der Ansichten der Kollegien und des Sockels des Reitermonuments; [unter dem Bilde links:] Cosmas Asam delin. Monachij.; [unter dem Bilde rechts:] Joh. Aug. Corvinus Sculpsit Aug. Vind. – Kupferstich – 51 × 38 cm – In: FORTITUDO LEONINA IN VTRAQVE FORTVNA MAXIMILIANI EMANUELIS...REPRÆSENTATA FIDEMQUE Post Felicissimum Suum Suorumque in Patriam Reditum Demissime D. D. D. Ab Universa Societatis JESU per Superiorem Germaniam Provincia ANNO M. DCCXV. MONACHII, Apud MARIAM SUSANNAM JÆKLININ, Joannis Jæklini Electoralis Typographi et BibliopolæHæredem Per SEBASTIANUM Hauser (Blatt zu Beginn des 2. Teils). – Stadtarchiv Ingolstadt – Vgl. Kurfürst Max Emanuel. Bayern und Europa um 1700. Katalog der Ausstellung im Alten und Neuen Schloß Schleißheim, II, München 1976, S. 209 und 211. Im gleichen Werk, 2. Teil, S. 17 eine schematisierte Wiedergabe der Festung Ingolstadt – B: [unter dem Bilde rechts:] C. Remshart del. et Sc. A. V. – Kupferstich – 25 × 17 cm.

Kat. 61

Ingolstadt mit Donau von Süden [identisch mit Kat. 40] – 1725 – B: [oben, leicht rechts:] INGOLSTATT: [Bezifferung 1–4, Legende über dem Bilde mit 4 Nummern:] 1. Vnser Frauenkirch... – 11,2 × 5,8 cm – Der Curieuse Passagier, welcher in Compagnie getreuer Reiß-Gefehrten gantz Ober- und Nieder-Teutschland durchreiset..., Franckfurt und Leipzig, bey Christoph Riegel, An. 1725. – Bayer. Staatsbibliothek München.

Kat. 62

[Melchior Puchner:] Ingolstadt mit Donau von Süden – 1729 – B: [auf Schriftband rechts unten:] Ingolstat anno Domini M.D. [C.C.] IXXX; [im Fluß:] Donau Fluß – Öl auf Leinwand – 135 × 49 cm – Städt. Museum Ingolstadt – S. Abb. 62 Seite 85.

Kat. 63

[Melchior Puchner:] Ingolstadt von Nordwesten – 1729 – B: – Öl auf Leinwand – 135 × 49 cm – Städt. Museum Ingolstadt – S. Abb. 63 Seite 85.

Kat. 64

Ingolstadt von Süden mit Donau und Hornwerk am Brückenkopf nach Wening, s. Kat. 47 – B: [oben Mitte auf Schriftband:] INGOLSTADT; [Bezifferung A–Z, 1–6; Legende unter dem Bild A–Z:] A. Die ober Pfarrkirchen..., [1–6:] 1. Schiesshütten...; [unter dem Bild links:] Elias Bäck a. H: fecit.; [unter dem Bild rechts:] Hæred. Jer. Wolffy exc. Aug. Vind. – Kupferstich – 106,5 × 31 cm [Bildgröße ohne Legende] – Stadtarchiv Ingolstadt – Fauser Nr. 6194. – S. Abb. 68 Seite 89.

Kat. 65

Ingolstadt mit Donau und Hornwerk von Süden (vielleicht nach Wening) – ca. 1720 – B: [oben Mitte:] INGOLSTADT.; [Bezifferung 1–23; Legende Mitte unter dem Bild 1–23:] 1. ober Pfarrkirchen...; [unter dem Bilde links:] No. 39; [unten Mitte:] J. P. Wolffs Seel. Erben exc. – Kupferstich – 31 × 25,5 cm – Germanisches Nationalmuseum Nürnberg STN 10294 – S. Abb. 70 Seite 90.

Kat. 66

F. B. Werner Silesius: Ingolstadt mit Donau und Hornwerk am Brückenkopf von Süden – ca. 1730 – B: [über dem Bild:] Prospect der berühmten Bayrischen Hauptfestung Ingolstadt; [im Bild Bezifferung 1–12]; [im Fluß:] Donauflus; [unter dem Bild Legende mit Nr. 1–12:] N: 1 PP. Jesuit: 2. Academia... – Federzeichnung, laviert – 27,8 × 14,7 cm (Bildgröße ohne Textteile) – Stadtarchiv Ingolstadt – Vgl. Fauser, S. LXXXII – LXXXIII. – S. Abb. 72 Seite 93.

Kat. 67

Das »heilige Kreuz« Herzog Stephans des Kneißels mit Kreuzpartikel, das Herzog Ludwig der Gebartete 1429 der Kirche zur Schönen Unserer Lieben Frau in Ingolstadt vermachte, unten in Rokoko-Rahmen Vedute der Stadt – ca. 1730 [aus Zusammenhang mit Schriftwechsel im Ordinariatsarchiv Eichstätt] – B: [auf Schriftsockel:] Wahre Abbildung deß Wunderthätigen Heyl. Kreutzes in der Obern Pfarr- und Academischen Kirchen bey der Schönen U. L. Frauen zu Ingolstatt, so von Ludovico Barbato Herzogen in Bayrn Ao. 1429 aldahin verehret worden. – Kupferstich – 15,4 × 27,7 cm – Stadtmuseum München; Ordinariatsarchiv Eichstätt – S. Abb. 74 Seite 96.

Kat. 68

Blick auf das Neue Schloß von Südwesten von einem Schiff aus – B: [unter dem Bilde:] Arx Ingolstadiensis.; Schloss zu Ingolstatt.; [unter dem Bilde links:]

241

C.P.S.C.M.; [unter dem Bilde rechts:]
Hær. Jer. Wolffii exc: A. V.; [am rechten unteren Eck:]
5 – Kupferstich – 29 × 17,9 cm – In: Theatrum Danubii
exhibens Varios Prospectus amoenissimos ARCJUM,
TEMPLORUM, COENOBIORUM etc. quæ Danubio
adjacent ac Augusta iter faciendus Viennam oculis
usurpantur, a C. S. ad vivum delineatorum
AugustæVindelicorum Impensis Hæredes
JeremiæWolffii. Schauplatz des Donau-Stroms das ist
Unterschidliche angenehme Prospecte von
SCHLÖSSERN, KIRCHEN, CLÖSTERN, welche sich
auf der Reisse von Augspurg nach Wienn an der Donau
liegend præsentiren alles nach dem Leben gezeichnet
von C.S.D.M. Augspurg In Verlegung Jeremias Wolffs
Seel.: Erben. Cum Gratia et Privilegio Sacræ
Cæsar: Majestatis. – Stadtarchiv Ingolstadt – S. Abb. 69
Seite 90.

Kat. 69
Blick auf Donautor, Donaubrücke und Hornwerk am
Brückenkopf von einem Schiff aus – 1734 – B: [unter
dem Bild:] Pons Ingolstadiensis. Die Brucken zu
Ingolstadt; [unter dem Bilde links:] C.P.S.C.M.; [unter
dem Bilde rechts:] Hær: Jer: Wolffii exc: A. V.; [am
rechten unteren Eck:] 6 – Kupferstich – 29 × 17,9 cm –
Theatrum Danubii [wie Kat. 68] – Stadtarchiv
Ingolstadt – S. Abb. 71 Seite 91.

Kat. 70
Georg Salomon Weiss: Ingolstadt mit Donau und
Hornwerk von Süden [auf der Rückseite:
Wildschweinjagd] – ca. 1735 – B: [oben Mitte:]
INGOLSTADT – Federzeichnung – 22,7 × 17 cm –
Das Blatt stammt aus einem Manuskript: α u. ω.
MATHEMATISCH. HANDBUCH darinnen allerley
Tabellen, Zeichnungen, Berechnungen und Erweise der
meisten Mathemat. Wissenschaften und deren
Problematum befindlich für George Salomon Weiß,
Neustadt an der Aisch, 1735 den 25. Aug. mit Gott
angefangen... – Stadtarchiv Ingolstadt.

Kat. 71
Blick auf Donautor, Donaubrücke und Hornwerk
[nach Kat. 69, jedoch mit Abweichungen im Detail] –
B: [auf Schriftband oben Mitte:] Die Brücke zu

Ingolstadt; [oben rechts:] No. 47; [rechts unter dem
Bild:] J.W. Stör fecit. – Kupferstich – 29 × 16,8 cm –
C.Chr. Schramm: Historischer Schauplatz, in welchem
die merkwürdigsten Brücken aus allen vier Theilen der
Welt, insonderheit aber die . . . Dresdner Elb-Brücke,
. . . beschrieben werden, Leipzig 1735 – Stadtarchiv
Ingolstadt – Thieme-Becker XXXII, S. 91.

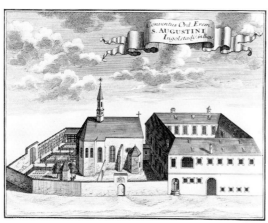

Kat. 72
Johann Matthias Steidlin [Steudlin:] Das
Augustinerkloster mit Schutterkirchlein von Norden
[nach Kat. 33] – 1740 – B: [auf Schriftband oben rechts:]
Conventus Ord. Erem. S. AUGUSTINI Ingolstadii. In
Bav.; [rechts unter dem Bilde:] Joh. Matth. Steidlin
sculp. Aug. Vind. – Kupferstich – 16,7 × 12,8 cm – In:
Monasteria Fr.Fr.Ord. Erem. S. Augustini per
provincias utriusque Germaniae et Hungariæ [ca. 1740].
– Thieme-Becker XXXII, S. 20.

Kat. 73
Schuttermutter über P. Johannes Nas und fliehendem
Luther, eine Vedute der Stadt im Hintergrund – B: [auf
Schrifttafel, von Putten gehalten:] 1574 – Kupferstich
17,5 × 23 cm – In: THESES PHILOSOPHICÆ Ad
Mentem Doctoris Mariano – Subtilis JOANNIS DVNS
SCOTI, PublicæDisputationi subjectæ, In Conventu et
Studio generali Ingolstadiensi FF.Min.S.P.N. Francisci
Reformat. PRÆSIDE P.F. Carolo Borromæo Länzi,
Lectore Philosophiæ Ordinario. DEFENDENTIBUS FF.
Colmanno Weigl, Viatore Hainpacher, Mariano
Bayrhueber et Tiberio Reinthaller ejusdem Ordinis ac
Studii. Mense Augusto, die 21 1742 ... Neoburgi, Typis
Joannis Christiani Sillmann, Elector. Camer. et Stat.
Provin. Typographi. – Universitätsbibliothek München
– S. Abb. 77 Seite 100.

Kat. 74
David Mehrer: Belagerung Ingolstadt 1743 – ca. 1743 –
B: [Kopftitel im Bild:] Representation der Belagerung
und Bombardirung der Stadt und
Festung Ingolstadt, als welche Ao. 1743. von den
Königlich Ungarischen Troupen unter Anführung Ihro
Excellenz Herrn General-Feld-Marschalls Baron von
Bernklau A. belagert, und den 31. Aug. der Anfang zu
denen Aproschen gemacht worden.; [im Text:
Donau-Flus], Neue Schanz [am Brückenkopf], Ziegel
B., Hader B., Frauen Bast.; [rechts unten im Bild:]
David Mehrer in Augspurg; [Bezifferung 1–18]; [unter
dem Bilde Legende Nr. 1–18:] 1. Unser Frauen
Kirch ... – Kupferstich – 29 × 19 cm [Bildgröße ohne
Legende] – Stadtarchiv Ingolstadt – Zu
David Mehrer: Thieme-Becker XXIV, S. 338. –
S. Abb. 85 Seite 108.

Kat. 75
Beschießung Ingolstadts 1743 – ca. 1743 – B: [auf
Schriftband oben Mitte:] Statt vnd Vöstung Ingolstatt.
Sambt dero gegendt / wie selbe von denen
Österreichern ploquiert / Bombardiert / vnd sodan von
denen Francosen pr̅. accord ÿbergeben den 31. August
Ao. 1743.; [im Bild eingetragene Ortsnamen und
Hinweise auf Festungsanlagen:] 1te Redoute … – Öl auf
Papier – 116 × 42 cm – Städt. Museum Ingolstadt –
S. Abb. 67 Seite 88.

Kat. 76
Johann Ev. Hölzl: Über dem Bild eines Feldlagers mit
Feldherrnzelt und Kanone fährt eine weiß und blau
gewandete, gekrönte Victoria, vielleicht Bavaria, in der
Rechten ein Schwert, in der Linken die Waage, auf einer
von zwei Schimmeln gezogenen Kutsche der Sonne
entgegen, im Hintergrund im Dunst die Vedute der
Stadt – B: [oben:] Continuata perennet.; [unten:] Nec
corrupta per hostes. M. DCC. XLVIIII.; [links unten:]
Ioan. Hölzl pinxit 1749. – Öl auf Pergament –
25,8 × 34 cm – Stadtarchiv Ingolstadt – S. Hofmann,
Das Privilegienbuch der Stadt, in: Ingolstadt I,
S. 425–452, hier S. 446. – S. Abb. 43 Seite 63.

Kat. 77
Ingolstadt mit Donau von Süden unter Medaillon mit
hl. Mauritius, das Bild ist von einem ornamentalen
Rahmen umgeben und fand in
Handwerkskundschaften Verwendung – vor 1750 – B:
[oben Mitte im Rahmen des Medaillons:]
S. MAURITIUS; [unten Mitte in Kartusche:] Ingolstadt;
[unten links im Eck:] F: X: Steinle von Herzog Max. sc.
Ingolstadt; [unten rechts im Eck:] Joh. Pao. Schleig ex. –
Kupferstich – 20,8 × 17,9 cm – Als Vorlage der Vedute
könnte Kat. 26 oder ein ähnliches Blatt gedient haben.
Der Stich dürfte aus der 1. Hälfte des 17. Jahrhunderts
(ca. 1634) stammen. In diese Zeit paßt F. X. Steinle als
Stecher (vgl. S. Hofmann, Maria de Victoria – Nachruf
auf die einstige Kirche der Kongregation Maria vom
Sieg, Teil I. Von den Anfängen bis etwa 1700, in:
Sammelblatt des Historischen Vereins Ingolstadt,
85. Jahrg. [1976], S. 81–137, hier S. 97). Die Platte wurde
aber allem Anschein nach um 1734 durch Johann Paul
Schleig überarbeitet, der 1733 in Ingolstadt eine
Druckerei errichtet hatte und am 6. Juli 1755 starb (vgl.
A. Euler, Die Geschichte der Buchdrucker und Verleger
Ingolstadts, 1957, S. 23). Korrekturen im Bild tragen
diesem späteren Zeitpunkt um 1730 Rechnung
(Bekrönung des städtischen Pfeifturm, Türmchen der
Augustinerkirche, deren Neubau von 1736/40 aber
noch fehlt). Ein Bezug des Blattes zur Jahrhundertfeier
der Einweihung der Kirche St. Moritz 1234 wäre
denkbar, dann ergäben sich als mögliche
Entstehungsjahre 1634 für den Erstzustand und 1734
für die Überarbeitung der Platte. – Stadtarchiv
Ingolstadt – S. Abb. 73 Seite 95.

Kat. 78
Klauber: Das Gnadenbild der Schuttermutter, von
Poseidon ans Land getragen, mit Andeutung des
gotischen Schutterkirchleins und der Stadt – ca. 1750 –
[über dem Bild:] S. MARIA Schutterana apud RR. PP.
Augustinianos in Ingolstadt; [unter dem Bild:] Da der
so Edle Mann Mariam freudig traget / Was Wunder?
wann die Flutt nit solchen Dienst abschlaget / Verberg
dann deine Schäz beglücktes Meer Gestatt / Die
Schutter schenckt uns den Abgrund aller Gnad; [unten
rechts:] Klauber Cath. Sc. Aug. Vind. – Kupferstich –
10,5 × 16 cm – Stadtmuseum München – S. Abb. 75
Seite 98.

Kat. 79
Ingolstadt auf einer Votivtafel der Ingolstädter
Baumannschaft für die Wallfahrtskirche Inchenhofen –
1755 – B: 17. EX VOTO 55. Von Einer Löblichen
Baumanschafft Der Churfirstl. Haubt Vöstung
Ingolstadt. – Ölbild im Rokokorahmen – Kirche
Inchenhofen – S. Abb. 86 Seite 110.

Kat. 80
Klauber nach Johann Peter Federhauser: Maria vom
Sieg in großer Kartusche über einem Steinsockel, der
mit einer Kartusche mit dem Bilde des Oratoriums und
des Bruderschaftshauses der Bürgerkongregation
Maria de Victoria belegt ist – 1756 – B: [oben im
Lorbeerkranz:] Marienmonogramm; [Kartusche links:]
Zerstörerin der Ketzereyen; [Kartusche rechts:]
Obsiegerin der Türcken; [Kartusche am Sockel:] Sancta
MARIA de Victoria das ist die Siegreiche Schutzfrau der
Löbl. Burger und Stadt Congregation beyderley
Geschlechts zu Ingolstatt 1612.; [unten links:] Ioan.
Petr. Federhauser delin. Ingolst.; [unten rechts:]
Klauber Cath. Sc. Aug. Vind. – Kupferstich – 21,5 × 33,5
cm (Plattengröße) – Stadtarchiv Ingolstadt – S.
Hofmann, Maria de Victoria – Nachruf auf die einstige
Kirche der Kongregation Maria vom Sieg. Teil II, in:
Sammelblatt des Historischen Vereins Ingolstadt,
86. Jahrg. (1977), S. 174–213, hier S. 201.

Kat. 81
Klauber nach Johann Peter Federhauser: Maria vom
Sieg in großer Kartusche über Kartuschen als Sockel, in
der oberen Kartusche Bild des Oratoriums und des
Bruderschaftshauses der Bürgerkongregation Maria de
Victoria, zusätzlich zur Darstellung in Kat. 80 links:
Luther auf brennendem Scheiterhaufen, rechts:
gefesselter Türke und Kanone – 1756 – B: [oben im
Lorbeerkranz:] Marienmonogramm: [Kartusche links:]   243

Zerstörerin der Ketzereyen;[Kartusche rechts:]
Obsiegerin der Türcken;[Sockelkartusche:]Sancta
MARIA de Victoria das ist die Siegreiche Schutzfrau der
Löbl. Burger und Stadt Congregation beyderley
Geschlechts zu Ingolstatt 1756.;[unten links:]Joan.
Petr. Federhauser delin. Ingolst.;[unten rechts:]
Klauber Cath. Sc. Aug. Vind. – Kupferstich –
21,5 × 33,5 cm (Plattengröße) – Stadtarchiv Ingolstadt –
S. Hofmann, a. a. O. (wie Kat. 80). – S. Abb. 79 Seite 103.

Kat. 82
Franziskanerkloster Ingolstadt von Norden – B: [auf
Schriftband:]CONVENTUS INGOLSTADIENSIS FF.
MINORUM. – Druck nach einem Original des 18.
Jahrhunderts, in: Sammelblatt des Historischen
Vereins Ingolstadt, 37. Jahrg. (1917), neben S. 60.

Kat. 83
Ingolstadt unter dem Salvator – Gnadenbild von
Bettbrunn auf Votivbild der Stadt Ingolstadt für die
Wallfahrtskirche Bettbrunn – 1778 – B: [auf Schriftband
unten:] Senat Vs pop VLVsqVe AngLI poLItanVs hanC
Deo / ponIt tesseraM / QVarto sæ CVLo aD
SaLVatoreM IVbILans peregrInatVs. [Das
Chronostichon ergibt zweimal 1778]. – Ölbild in
Rokokorahmen – Wallfahrtskirche Bettbrunn –
S. Abb. 90 Seite 113.

Kat. 84
Ingolstadt mit Donau und Hornwerk von Süden (wohl
nach Kat. 65 – Wolff) – 1799 – B: [im Rahmen oben
Mitte:]INGOLSTADT, [Bezifferung im Bild: 1–23;
Legende unter dem Bild: 1–23:] 1. Ober Pfarr
Kirche…; in der Mitte der Legende in einer Kartusche
Fürstenporträt – Kupferstich – 29,6 × 15,9 cm (ohne
Text) – In: Der Sâchsische Postillon überbringt die
neuesten Weltbegebenheiten. Funfzehnter Jahrgang.
Monat Januar, 1799. Lôbau, gedruckt und verlegt bey
Johann Christian Schlenker und zu finden bei Karl
Gottlieb Fiedler in Zittau. – Landesbibliothek Dresden;
Stadtarchiv Ingolstadt.

Kat. 85
Über einer Gartenanlage Vedute Ingolstadts mit Donau
von Süden (nach älterer Vorlage, wohl Kat. 26) – 1800 –
B: [auf Textband oben Mitte:] Ingolstadt.;[im Fluß:]

Donau Fl.;[auf verschlungenem Band über der
Gartenanlage:] Vere revertor.;[Legende des
siegelförmigen Wappenbilds:] Die von Kottulinski;
[unter dem Bild:] Nach langen Winterschlaf erweckt der
Frühling wieder / Die Blumen Laub und Gras aus Keim
und Knosp' hervor; / Nach langen Todesschlafe ruffet
unsre Glieder / Aus der Verwesung Grab, einst die
Posaun' empor. – Kupferstich – 13,3 × 14,6 cm
[ohne Text] – In: Privileg. Zittauisches
Historisch-Topographisch-Biographisches
Monatliches Tage-Buch der neuesten in- und
ausländischen Begebenheiten. Mit Kupfern.
Herausgegeben von Gotthelf Benjamin Flaschner
privatis. Gelehrten. Zittau. May 1800. Vgl. Text ebenda,
S. 68 f. – Christian Weise Bibliothek Zittau; Stadtarchiv
Ingolstadt – S. Abb. 82 Seite 106.

Kat. 86
J. M. Frey: Ingolstadt von Südwesten [?] – ca. 1800 –
B: [unter dem Bild:] Ein Theil von Ingolstadt.;[über
dem Bild:] No. 7;[unter dem Bild links:] A. C. Gignoux
delin.;[unter dem Bild rechts:] I. M. Frey Sculp. –
Radierung – 19,3 × 12 cm – Hundert Ansichten und
Gegenden an der Donau, von Anton Christoph
Gignoux auf seinen Reisen von Augsburg nach Wien
gezeichnet und von Johann Michael Frey, Maler, in
Kupfer radirt [ca. 1800]. – Stadtarchiv Ingolstadt –
Thieme-Becker XIV, S. 15 – S. Abb. 87 Seite 111.

Kat. 87
Laminit: Ingolstadt von Westen [nach Kat. 86] –
ca. 1800 – B: [unter dem Bild:] Ein Theil von Ingolstadt
an der Donau.;[unter dem Bild rechts:]J.G. Laminit sc.
– Kupferstich – 20,7 × 13 cm – Germanisches
Nationalmuseum Nürnberg SP 7941a –
Vgl. Thieme-Becker XXII, S. 265.

Kat. 88
Ingolstadt mit Donau von Südwesten (nach Kat. 86) –
ca. 1810 – B: [unter dem Bild:] Ingolstadt.;[rechts unter
dem Bilde:] Augsburg bei Herzberg – Radierung –
14 × 9,2 cm – Stadtarchiv Ingolstadt; Germanisches
Nationalmuseum Nürnberg SP 7943c.

Kat. 89
Ingolstadt von Süden mit angeschnittenem
Kirchenturm von Unsernherrn – 1801 – B: Ingolstadt –
Kupferstich, auf einer Platte mit einem Bild der
Besteigung des Splügen im Dezember 1800 –
25,7 × 16,8 cm [Gesamtbild ohne Text] – In:
Monatlicher Staats-Courier durch ganz Europa. Mit

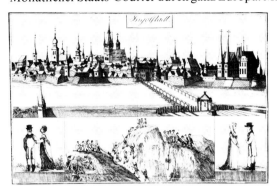

erforderlichen Kupfern. Zittau, Drittes Stück. 1801.
Zittau, gedruckt mit Frankischen Schriften; verlegt und
herausgegeben von Johann Gottfried Baumann und
Marie Elisabeth Lorenz. – Landesbibliothek Dresden;
Stadtarchiv Ingolstadt.

Kat. 90
Ingolstadt von Süden nach älterer Vorlage (vielleicht
Kat. 28) über Bild eines Trinkenden mit bandagierten
Beinen (trinkenden Studenten?) – 1807 – B: [über dem
Bilde:] Ingolstadt.; [links des Mittelbildes:] Sirach 31. v
30; [rechts des Mittelbildes:] von Portzig; [unter dem
Bilde:] Der Wein, wenn man ihn mäßig trinkt / Giebt
unserm Körper Kräfte / Das Uebermaaß uns Schaden
bringt, / Verdirbt die Lebens Säfte. – Kupferstich –
13,3 × 14,7 cm [ohne Text] – In: Privileg. Zittauisches
Historisch-Topographisch-Biographisches
Monatliches Tage-Buch der neuesten in- und
ausländischen Begebenheiten. Mit Kupfern.
Herausgegeben von Gotthelf Benjamin Flaschner
privatis. Gelehrten Zittau. August 1807. Vgl. ebenda,
S. 312 f. – Christian Weise Bibliothek Zittau;
Stadtarchiv Ingolstadt – S. Abb. 83 Seite 106.

Kat. 91
Ingolstadt mit Donau von Südosten – ca. 1810 –
Aquarell – 17,1 × 9,1 cm – Germanisches
Nationalmuseum Nürnberg SP 3990 – S. Abb. 91
Seite 114.

Kat. 92
Ingolstadt von Süden – ca. 1810 – Aquarell –
17,5 × 9,6 cm – Germanisches Nationalmuseum
Nürnberg SP 3991 – S. Abb. 92 Seite 115.

Kat. 93
Ingolstadt mit Schutter von Westen – ca. 1810 –
Aquarell – 17,4 × 9,8 cm – Germanisches
Nationalmuseum Nürnberg SP 3984 – S. Abb. 93
Seite 115.

Kat. 94
Laminit: Ingolstadt von Süden (ähnlich Kat. 92) –
Stahlstich – 1810 – B: [unter der Bildmitte:]
»Ingolstadt«; [unter dem Bild rechts:] Laminit fec: –
12,2 × 6,8 cm – Bürger-Militär Almanach für das

Königreich Baiern 1810 von Lipowsky, München
[1810], [Pl.] 6 – Stadtarchiv Ingolstadt.

Kat. 95
Ingolstadt von Südosten (nach Kat. 91) – ca. 1810 –
B: [unter dem Bild:] Ingolstadt. Augsburg bei
A. Klauber – Kupferstich – 14 × 9,4 cm – Germanisches
Nationalmuseum Nürnberg SP 4724 – S. Abb. 89
Seite 112.

Kat. 96
Ingolstadt von Westen (nach Kat. 93, jedoch im
Ausschnitt beschnitten) – ca. 1810 – B: [Mitte unter dem
Bild:] Ingolstadt; [rechts unter dem Bild:] Augsburg bei
Herzberg – Kupferstich – 14 × 9,1 cm – Stadtarchiv
Ingolstadt – S. Abb. 88 Seite 112.

Kat. 97
Ingolstadt von Westen – ca. 1820 – Öl auf Leinwand –
35 × 28 cm – Stadtarchiv Ingolstadt.
Photo nach ähnlicher Zeichnung von Carl Lebschée im
Stadtarchiv Ingolstadt.

Kat. 98
Ingolstadt mit Donau von Südosten – ca. 1820 – Öl auf
Karton – 20,4 × 15 cm – Stadtarchiv Ingolstadt –
S. Abb. 98 Seite 120.

Kat. 99
Ingolstadt mit Donau von Südosten – 1824 – B: [im
Bild:] Ingolstadt.; [rechts unten:] 1824 im September;
[rückseitiger moderner Bleistiftvermerk:] Jos. Scherfel
1810–69, Zuweisung aber nicht verifiziert –
Federzeichnung, anaquarelliert – 37,5 × 21 cm –
Stadtarchiv Ingolstadt – S. Abb. 95 Seite 116.

Kat. 100
Adolph Kunike: Ingolstadt von Westen, links im
Vordergrund die Schutter – 1826 – B: [unter dem Bilde:] 245

Bayern Stadt Ingolstadt; [unter dem Bilde links:]
Kunike lithogr. – Lithographie – 35 × 25,5 cm – In:
Zwey hundert vier und sechzig Donau-Ansichten nach
dem Laufe des Donaustromes von seinem Ursprunge
bis zu seinem Ausflusse in das schwarze Meer. Sammt
einer Donaukarte herausgegeben von Adolph Kunike,
Historienmaler und Inhaber eines lithographischen
Institutes. Begleitet mit einer
topographisch-historisch-ethnographisch-pittoresken
Beschreibung von Dr. Georg Carl Borromäus Kumy,
Wien 1826. – Bayer. Staatsbibliothek München; Stadt-
archiv Ingolstadt – S. Abb. 96 Seite 118. – Das Blatt gibt
es auch in einer Version, die sich sowohl in der
Stadtsilhouette (z. B. Türme des Münsters) als auch im
Vordergrund (z. B. Schutterlauf) unterscheidet. –
Privatbesitz – S. Abb. 97 Seite 119.

Kat. 101
Grundsteinlegung zur Festung (Reduit Tilly) am
24. Aug. 1828 – 1828 – B: [unter dem Bild:] Darstellung
der feyerlichen Grundsteinlegung zur Festung Tillys –
am 24ten August 1828; [links unter dem Bild:] Gez. von
A. H.; [auf dem mittleren Triumphbogen:] L.; Heil dir
dem Gerechten, dem Vater des Vaterlandes, dem
Beschützer, dem Beglücker seines Volkes; [auf dem
linken Triumphbogen:] Bayerns Bitte um Ludwigs
Schutz.; [auf dem rechten Triumphbogen:] Bayerns
Dank für Ludwigs Schutz – Lithographie – 34,5 × 31 cm
– Stadtarchiv Ingolstadt – S. Abb. 99 Seite 121.

Kat. 102
Ingolstadt mit Donaubrücke und der Kirche von
Unsernherrn im Vordergrund (wohl nach Kat. 26) –
ca. 1829 – B: [unter dem Bild:] 900. Ingolstadt. –
Lithographie – 16,7 × 12,9 cm – R. Weibezahl (?) –
Stadtarchiv Ingolstadt – Thieme-Becker XXXV, S. 260 f.

Kat. 103
Ingolstadt mit Donau von Südwesten – ca. 1830 –
B: [unter dem Bild, Mitte:] Ingolstadt.; [unter dem Bild
links:] Nach H. Adam auf Stein gezeichnet von Gustav
Kraus.; [unter dem Bild rechts:] Gedr. v. Jos. Selb –
Lithographie – 42,6 × 25,2 cm – Über G. Kraus:
Thieme-Becker, XXI, S. 451 f.; über J. A. Selb ebenda
XXX, S. 474. J. Selb starb 1832. – Stadtarchiv Ingolstadt
– S. Abb. 94 Seite 116. – Nach Kat. 103: Druck nach
Federzeichnung – B: unter dem Bild, Mitte:
INGOLSTADT. – 15,8 × 10 cm – Stadtarchiv Ingolstadt.

Kat. 104
Ingolstadt mit Donau von Südosten – ca. 1830 –
B: [unter dem Bild:] Ansicht von Ingolstadt.; Augsburg
bei F. Ebner; No. 17. – Kupferstich, koloriert –

11 × 6,3 cm – Ludwig und Ferdinand Ebner sind in
Augsburger Adreßbüchern zwischen 1813 und 1846
nachweisbar. – Stadtarchiv Ingolstadt.

Kat. 105
Donautor vom südlichen Ufer aus gesehen – ca. 1830 –
B: HD. – Aquarell – 23,4 × 17,8 cm – Stadtarchiv
Ingolstadt – S. Abb. 161 Seite 173.
Ähnliche undatierte Federzeichnung auf Papier –
28,3 × 12 cm – Stadtarchiv Ingolstadt.

Kat. 106
Neues Schloß mit Altem und Neuem Feldkirchner Tor
und Roßmühle – ca. 1830 – B: [unten links im Bild:] HD.
– Aquarell – 23,3 × 17,8 cm – Stadtarchiv Ingolstadt –
S. Abb. 189 Seite 198.

Kat. 107
Schloß mit Neuem Feldkirchner Tor – Aquarell –
13 × 7,6 cm – Stadtarchiv Ingolstadt – S. Abb. 162
Seite 174.

Kat. 108
Bau der Festungswerke am Brückenkopf – ca. 1830 –
B: [unter dem Bilde:] Brückenkopf der Festung
Ingolstadt – Kupferstich – 12,3 × 7,2 cm – Bayer.
Armeemuseum Ingolstadt – Zur Datierung: Die
Grundsteinlegung zu den Festungsbauwerken am
Brückenkopf fand 1828 statt. Die Wiedergabe der
Werke Reduit Tilly, Turm Bauer, Turm Triva und Turm
V (roter Turm) ist schematisch. – S. Abb. 103 Seite 125.

Kat. 109
Ingolstadt mit Donau und Kirche von Unsernherrn im
Vordergrund (wohl nach Kat. 102) – 1836 – B: [unter
dem Bild:] Ingolstadt – Lithographie – 16,1 × 12,4 cm –
Der Sächsische Trompeter. Eine Monatsschrift der
neuesten und merkwürdigsten Weltbegebenheiten.
Meißen, Februar 1876. – Landesbibliothek Dresden.

Kat. 110
J. B. Dilger: Münster von Südwesten, im Vordergrund
spätmittelalterliche Stadtmauer mit Graben – 1839 –
B: [unter dem Bilde:] DIE KIRCHE ZU U. L. FRAU IN

INGOLSTADT mit ihrer ehemaligen Umgebung; [rechts unter dem Bild:] Gez. u. lith. v. J. B. Dilger – Lithographie – 19,8 × 14,5 cm – In: Vaterländisches Magazin für Belehrung, Nutzen und Unterhaltung, insbesondere zur Beförderung der Vaterlandskunde, Kunst und Industrie, 1839. Redigiert von Dr. Friedrich Mayer. 3. Jahrg., neben S. 48. – Bayer. Staatsbibliothek München, Stadtarchiv Ingolstadt – S. Abb. 140 Seite 157.

Kat. 111
Bau der Festungsanlagen westlich der Stadt mit Vedute der Stadt im Hintergrund – B: [unter dem Bild:] Festungsbau Ingolstadt. – ca. 1840 – Holzstich – 12,4 × 7,1 cm – Bayer. Armeemuseum Ingolstadt – S. Abb. 104 Seite 126.

Kat. 112
Bau der Festungsanlagen westlich der Stadt mit Vedute der Stadt im Hintergrund – ca. 1840 – B: [unter dem Bild:] Ingolstadt, den … 184 … Stahlstich – 20,3 × 7,2 cm – Bayer. Armeemuseum Ingolstadt – S. Abb. 105 Seite 126.

Kat. 113
Bau der Festungsanlagen westlich der Stadt mit Vedute der Stadt im Hintergrund – ca. 1840 – B: –. Stahlstich – Foto nach Original im Stadtarchiv Ingolstadt – S. Abb. 106 Seite 126.

Kat. 114
Das Münster zur Schönen Unserer Lieben Frau von Südwesten – 1840 – B: [unter dem Bild:] DIE OBERE STADTPFARRKIRCHE ZU UNSERER SCHÖNEN LIEBEN FRAU IN INGOLSTADT.; [links unter dem Bild:] Haubenschmid, Ing.^eur Hauptm. pinxt.; [rechts unter dem Bild:] C. Schleich sc.; [unten:] Verlag der Manz'schen Buchhandlung. – Stahlstich – 10 × 13,2 cm – In: Die Stadtpfarrkirche zu Unserer lieben schönen Frau in Ingolstadt. Monographie von Ritter Gerstner, Königl. Bayer. Landrichter und Stadt-Kommissär, Ingolstadt, Druck und Verlag von Alois Attenkover. 1840. – Stadtarchiv Ingolstadt – S. Abb. 141 Seite 158.

Kat. 115
Conrad Wiessner (nach Jakob Alt): Stadtmauer mit Kreuztor, im Hintergrund das Münster – ca. 1840 – B: [unter dem Bild, Mitte:] INGOLSTADT; [links unter dem Bilde:] C. Wiessner sculp. – Stahlstich – 15,7 × 10,2 cm – E. Duller, Die Donau, in: Das malerische und romantische Deutschland, Leipzig 1840 bis 1860. – Stadtarchiv Ingolstadt – S. Abb. 118 Seite 138.

Kat. 116
Rück: Hardertor und Stadtmauer – 1843 – B: [in Feder:] [unten Mitte:] Harder-Thor [mit Zusatz:] ist halb nur wahr; Ingolstadt Rück fecit 1843 – nicht fertiggestellte

Federzeichnung mit Vorzeichnung in Bleistift – 20,7 × 13,9 cm – Stadtarchiv Ingolstadt.

Kat. 117
Kreuztor mit Stadtmauer und Graben – 1843 – B: [unter dem Bilde:] DAS KREUZTHOR ZU INGOLSTADT; [unten rechts:] WHIMPER [?] – Druck – 11,8 × 9 cm – Die Donau, beschrieben von Oscar Ludwig Bernhard Wolff, illustriert von W. Henry Bartlett, Leipzig, Verlag von J. J. Weber, 1843, S. 30. – Stadtarchiv Ingolstadt – S. Abb. 117 Seite 138.

Kat. 118
Baldehaus mit angeschnittenem Kaisheimer Haus, auf der Straße Brunnen – Öl auf Papier, aufgezogen auf Karton – vor 1843/4 – 44,5 × 31 cm – Stadtarchiv Ingolstadt.

Kat. 119
Baldehaus mit angeschnittenem Kaisheimer Haus – vor 1843 – 66 – B: [unter dem Bild, Mitte, mit Bleistift:] Wohnhaus des Dichters Jacob Balde – geb. 1603, gest. 1654 – GEZEICHNET VON JOS. DIETRICH † 21. März 1873; [unter dem linken Haus in Feder:] Hermansberger, Schneider; [unter dem Baldehaus, Mitte, in Feder:] in der Harderstraße N. 917.; [unter dem Kaisheimer Haus, rechts, in Feder:] Festungsingenieurdirektion; [rechts unten im Bild:] Monogramm ID 1866; [auf untergeklebtem Karton in Feder:] (Kirmaier Simon Bäckerhaus) gezeichnet Joseph Dietrich † 21. März 1873. – Aquarell – 35,4 × 23,2 cm [ohne Text] – Stadtarchiv Ingolstadt. Zur Datierung: Das Baldehaus war 1843/4 abgebrochen worden, das 1866 datierte Bild kann deshalb nur nach Vorlage gefertigt worden sein. – S. Abb. 152 Seite 166.

Kat. 120
Kreuztor mit Stadtmauer und Graben (wie Kat. 117) – 1844 – B: [unter dem Bilde:] THE KREUZ-THOR; [unten rechts:] WHIMPER [?] – Druck – 12,3 × 9 cm – The Danube by William Beattie, M. D. Illustrated in a Series of Views taken Expressly for THIS WORK, by W. Henry Bartlett, S. 29. – Stadtarchiv Ingolstadt – Wie Kat. 117.

Kat. 121
[Johann N. Haubenschmid:] Ingolstadt mit Donau von Südwesten als Bühnenbild des Stadttheaters Ingolstadt – B: Querdurchschnitt des gegenwärtigen Bestandes, 1846, mit punctirten Project – aquarellierte Federzeichnung – 30,3 × 37,5 cm – Beilage zur »Denkschrift über den gegenwärtigen Zustand des Theatergebäudes zu Ingolstadt und der in demselben möglichen Bauveränderung zur Abwendung von Feuersgefahr und der hierdurch unausweichbaren

Gefährdung der Einwohner und sonstigen Publikums«.
1846 von Joh. Nep. Haubenschmid – Stadtarchiv
Ingolstadt (III 3 g) – S. Abb. 107 Seite 128.

Kat. 122
[Johann N. Haubenschmid:] Rathausplatz als
Bühnenbild des Stadttheaters Ingolstadt – B: Quer-
durchschnitt des Projects – aquarellierte
Federzeichnung – 25 × 32,4 cm – Beilage zu einer
Denkschrift (s. Kat. 121) – Stadtarchiv Ingolstadt
(III 3 g) – S. Abb. 108 Seite 129.

Kat. 123
Johann N. Haubenschmid: Rathausplatz mit
Hauptwache und Salzstadel – ca. 1840 – B: [unter dem
Bild:] DIE DONAU-STRASSE ZU INGOLSTADT.; Nach
d. Nat. in aquarelle v. k. Ing. Hauptm. Haubenschmid –
Lithographie – 27 × 19,4 cm [ohne Text] – Stadtarchiv
Ingolstadt – S. Abb. 109 Seite 131.

Kat. 124
Johann N. Haubenschmid: Platz vor der
Franziskanerkirche mit Brunnen des hl. Johannes
Nepomuk, Schranne, Kaisheimer Haus und Blick in die
Harderstraße bis zum Hardertor – ca. 1846 – B: [unter
dem Bild:] DIE HARTER STRASSE ZU INGOLSTADT.;
Nach d. Nat. in aquarelle gez. v. k. Ing. Hauptm.
Haubenschmid. – Lithographie – 26,8 × 19,3 cm –
Stadtarchiv Ingolstadt – S. Abb. 110 Seite 131.

Kat. 125
Rathausplatz mit Hauptwache – ca. 1846 – Aquarell –
20 × 15,7 cm – Stadtarchiv Ingolstadt – S. Abb. 112
Seite 133.

Kat. 126
Johann N. Haubenschmid/C. Schleich: Kreuztor von
Nordwesten – ca. 1846 – B: [unten Mitte:] DAS
KREUTZ-THOR IN INGOLSTADT.; [unten links:]
Haubenschmid Ing. eur Hauptm. pinx.; [unten rechts:]
C. Schleich scpt. – Stahlstich – Germanisches
Nationalmuseum Nürnberg – S. Abb. 114 Seite 135.

Kat. 127
Johann N. Haubenschmid/C. Schleich: Hardertor mit
Stadtmauer – ca. 1846 – B: [unten Mitte:] DAS
HARTER-THOR IN INGOLSTADT. Erbauet im Jahr
1373; [unten links:] Haubenschmid Ing. eur Hauptm.
pinx.; [unten rechts:] C. Schleich jun.: sculp: –
Stahlstich – 15,7 × 10,9 cm – Stadtarchiv Ingolstadt –
S. Abb. 115 Seite 135.

Kat. 128
Evangelische Kirche – 1847 – B: [unter dem Bild:]
ANSICHT DER NEUEN EVANGELISCHEN KIRCHE
IN INGOLSTADT.; [rechts unter dem Bild:]
Gest. v. J. Poppel. München. – Stahlstich –
20,5 × 12,8 cm – In: Die neue Evangelische Kirche in
Ingolstadt, Nürnberg 1847. – Stadtarchiv Ingolstadt –
Zu J. Poppel; Thieme-Becker XXVII, S. 266 –
S. Abb. 145 Seite 161.

Kat. 129
Karl Konrad von Koepelle: Ingolstadt, Rathausplatz
mit Hauptwache (wie Kat. 125) – 15,7 × 11,7 cm – In:
Karl Konrad von Koepelle: Frankreich Preussen
Dänemark. Zur Erinnerung an die Feldzugsjahre 1849

1866 1870, f. 1 v – Bayerisches Armeemuseum
Ingolstadt. Eine Veröffentlichung über das Aquarell
durch Dr. E. Aichner ist in Vorbereitung.

Kat. 130
Rathausplatz, nördliche Hälfte, mit Moritzbrunnen
und angeschnittener Hauptwache – ca. 1850 –
Tuschzeichnung – 34,5 × 43,2 cm – Städtisches
Museum Ingolstadt – S. Abb. 113 Seite 134.

Kat. 131
H. Högner: Geburtshaus Schafhaeutls – ca. 1850 –
B: [am Haus:] Jos. Rummes [Glasermeister]; [am Eck:]
Wassereck; [unter dem Haus:] Mein Geburtshaus in
Ingolstadt. Schafhaeutl. [unter dem] Nachbarhaus:
Zum Weinheber; [darunter:] Schefbreugasse – Aquarell
– 27,6 × 22,4 cm – Stadtarchiv Ingolstadt – S. Abb. 120
Seite 141.

Kat. 132
[Michael Neher:] Kreuztor von Westen – aquarellierte
Bleistiftzeichnung – 26,4 × 31,4 cm – [Zuweisung an
Michael Neher auf Grund eines älteren
Bleistiftvermerks auf der Rückseite] – Stadtarchiv
Ingolstadt – S. Abb. 169 Seite 181.

Kat. 133
Belagerung Ingolstadts durch die Schweden 1632 (nach
Kat. 26) – Mitte 19. Jahrhundert –
B: INGOLSTADT'S BELAGERUNG DURCH DIE
SCHWEDEN 1632 – Lithographie –
21,4 × 15,5 cm – Stadtarchiv Ingolstadt.

Kat. 134
Ingolstadt von Westen, aus Vogelschau – 1852 –
B: [Mitte unter dem Bild:] INGOLSTADT in Bayern.;
[links unter dem Bild:] Aus der Kunstanstalt d. Bibl.
Inst. in Hildbh.; [rechts unter dem Bild:]
Eigenthum d. Verleger. – Stahlstich – 15,4 × 9,9 cm –
Stadtarchiv Ingolstadt – In: Meyer's Universum 15,

Hildburghausen, 1852, DCLXVI [in anderen Ausgaben auch mit: No. C. L. No. 1275] – Vgl. Angelika Marsch, Meyer's Universum. Ein Beitrag zur Geschichte des Stahlstiches und des Verlagswesens im 19. Jahrhundert (Schriftenreihe Nordost-Archiv), Lüneburg 1972, S. 65, 69. – S. Abb. 119 Seite 140.

Kat. 135
Ingolstadt von Westen, aus Vogelschau (nach Kat. 134) – nach 1852 – B: [unter dem Bild:] INGOLSTADT – Lithographie – 13,4 × 8,7 cm – Stadtarchiv Ingolstadt.

Kat. 136
Ingolstadtmotive auf Briefbogen – ca. 1853 – B: [unter dem Kopfbild:] Ingolstadt a/D. den . . . – Der Briefbogen enthält folgende Bilder: a) [im Kopfteil:] Ingolstadt mit Donau von Südwesten mit Andeutung der Brückenkopfbefestigung; b) [in linker Rahmenleiste in Medaillons:] Kreuztor, Münster, Hardertor; [in rechter Rahmenleiste in Medaillons:] Neues Feldkirchner Tor, evangelische Kirche, Donautor – Der Briefbogen fand z. B. im Jahr 1853 Verwendung. – Stahlstich – 21,4 × 21 cm – Stadtarchiv Ingolstadt – S. Abb. 194 Seite 200.

Kat. 137
Ingolstadt mit Donau von Süden (wohl nach Kat. 103) – 1853 – Abbildung (Druck) – 10 × 4 cm – In: Pleickhard Stumpf: Bayern. Ein geographisch – statistisch – historisches Handbuch des Königreiches, München 1853, S. 128.

Kat. 138
Franz von Lenbach: Stadtmauer in Ingolstadt – 1855 – B: [mit Bleistift, unten rechts:] Ingolstadt 1. Juli 55 Fr. Lenbach – Bleistiftzeichnung – 21,7 × 17,3 cm – Privatbesitz – S. Wichmann, Franz von Lenbach und seine Zeit, Köln 1973, S. 139, 350 (V/1). – S. Abb. 167 Seite 178.

Kat. 139
29 Tafeln Ingolstadt-Ansichten zur Geschichte der Universität Ingolstadt – lavierte Federzeichnungen – In: Topische Geschichte der Universitaet Ingolstadt in

Grundrissen, perspectivischen Aufnahmen der Gebäude, welche der Universitaet selbst gehoerten oder in naeherer oder fernerer Beziehung zu ihr standen, darstellend: 1. wie sich die Gebaeude, namentlich im Jahre 1573 befanden, 2. wie sie bei Versetzung der Universitaet, namentlich im Jahre 1800 beschaffen waren, 3. was noch gegenwaertig von denselben uebrig geblieben, auf 29 Tafeln in Folio, nebst einer historisch tabellarischen Erlaeuterung derselben verfaßt vom Oktober 1855 bis Mai 1856 von dem Kgl. Professor und Oberbibliothekar der Ludwigs-Maximilians-Universitaet Dr. Karl Schafhaeutl, welchem dazu durch Beschluß des Senates in der letzten Sitzung desselben am 13.ten Oktober 1855 eine Summe von 200 fl. votirt und durch Allerhoechste Entschließung vom 22ten Oktober 1855 genehmigt wurde. Diese Plaene wurden aufgenommen und gezeichnet von dem Ingenieur Hermann Hezner. – Universitätsbibliothek München – Der Band enthält folgende Ansichten: Tafel III; Hohe Schule aus Vogelschau von Norden, Bestand 1573 nach Kat. 9 (großes Stadtmodell von Jakob Sandtner); Tafel IV: Hohe Schule aus Vogelschau von Nordwesten, Bestand 1573 nach Kat. 9; Tafel VI: Ehem. Hohe Schule als städtische Feuerhalle von Norden, 1856; Tafel X: Hohe Schule und Georgianum aus Vogelschau von Osten, nach Kat. 9; Tafel XI: Hohe Schule und Georgianum aus Vogelschau von Südosten, Bestand 1580; Tafel XII: Ehem. Georgianum von Süden, 1856; Tafel XIII: Jesuitenkolleg (Collegium Albertinum) mit St. Hieronymus-Kirchlein aus Vogelschau von Nordosten, Bestand 1573 nach Kat. 9; Tafel XIV: Jesuitenkolleg aus Vogelschau von Westen, Bestand 1584–1720; Tafel XV: Jesuitenkolleg aus Vogelschau von Nordosten, Bestand 1720–1856; Tafel XVI: Anatomie mit Botanischem Garten nach Kat. 59; Tafel XVIIa: Ehem. Anatomie mit ehem. botanischem Garten, 1856; Tafel XVIII: Fassade der Kirche Maria de Victoria mit Mesnerhaus, 1856; Tafel XIX: Blick in die Bergbräustraße mit dem Wohnhaus Dr. Ecks und dem Jesuitenkolleg im Hintergrund aus Vogelschau von Süden, Bestand 1573 nach Kat. 9; Tafel XX: das ehem. Haus Dr. Johannes Ecks mit angrenzendem ehem. Colloquium externum, 1856; Tafel XXI: Blick in die Schäffbräustraße (ehem. alter Kornmarkt) mit dem Georgskirchlein aus Vogelschau von Westen nach Kat. 9; Tafel XXII: Ehem. Ursulerinnenkloster (einstmals Kaisheimer Kastenhaus) mit profaniertem Georgskirchlein 1856; Tafel XXIII: Herzogskasten mit Burghof aus Vogelschau von Norden, Bestand 1573 nach Kat. 9; Tafel XXIV: Herzogskasten aus Vogelschau von Süden, Bestand 1573 nach Kat. 9; XXV: Herzogskasten von Norden, 1856; Tafel XXVI: Neues Schloß aus Vogelschau von Südwesten, Bestand 1573 nach Kat. 9; Tafel XXVII: Neues Schloß mit Hof von Westen, 1856 – Lavierte Federzeichnungen – Götz Freiherr von Pölnitz, Denkmale und Dokumente zur Geschichte der Ludwig-Maximilians-Universität Ingolstadt – Landshut – München 1942, S. 73 und Tafel IV. – S. Abb. 121–139 Seite 143–155.

Kat. 140
Hardertor – ca. 1860 – lavierte Federzeichnung – 28,9 × 36,5 cm – Stadtarchiv Ingolstadt – S. Abb. 116 Seite 137.

Kat. 141
[J.] Dietrich: Altes Feldkirchner Tor von Osten – 1865 – B: [unten links im Bild:] 30 Nov 1865; Dietrich – Aquarell – 21,7 × 28,2 cm – Stadtarchiv Ingolstadt – S. Abb. 193 Seite 199.

Kat. 142
Kreuztor von Nordwesten – 1865 – B: Das Kreuzthor in
Ingolstadt. – Holzstich – 13 × 15 cm – In: Die
Stadtglocke. Illustriertes Unterhaltungsblatt zu Lust
und Lehre für alle Stände. Herausgegeben von einem
Vereine volksthümlicher deutscher Erzähler. Redigirt
von Ernst Trautmann. Zweiter Jahrgang 1865. Leipzig
und Stuttgart. Zugehöriger Text: S. 85. –
Staatsbibliothek München; Stadtarchiv Ingolstadt.

Kat. 143
Gustav Schröpler: Hardertor von Nordwesten –
ca. 1865 – B: [unten rechts im Bild:] Aufgenommen von
G. Schröp[ler] 186[–] – Aquarell – 27,1 × 35 cm –
Stadtarchiv Ingolstadt.

Kat. 144
Gustav Schröpler: Donautor von Süden – 186(5) –
B: [auf Brückengeländer:] Schröpler 186(5) – lavierte
Federzeichnung – 30,5 × 36,5 cm – Stadtarchiv
Ingolstadt – S. Abb. 192 Seite 199.

250

Kat. 145
IBK: Kreuztor – 1865 – B: [unten rechts:] IBK. 1865 – Öl
auf Leinwand – 29,5 × 35,5 cm – Privatbesitz.

Kat. 146
Kloster St. Johann im Gnadenthal von Westen aus
Vogelschau – 1866 – Holzstich – 11,1 × 8,6 cm – In:
Kalender für katholische Christen auf das Jahr 1866.
Sechsundzwanzigster Jahrgang, Sulzbach, S. 51. –
Bayer. Staatsbibliothek München – S. Abb. 142
Seite 159.

Kat. 147
Joseph Dietrich (?): Schloßtor – B: [monogrammiert
und datiert:] JD I 866; [modern in Bleistift:]
SCHLOSSTOR – 21,5 × 30 cm – Stadtarchiv Ingolstadt –
S. Abb. 188 Seite 198.

Kat. 148
Gustav Schröpler Altes Krankenhaus (Schlößl) mit
Stadtwaage – 1868 – B: [auf linkem Haus] Stadtwaage
Stadtzoll; [unten rechts:] G. Schröpler; nach der Natur
gez. 1868 – Aquarell – Privatbesitz – S. Abb. 184
Seite 195.

Kat. 149
G. Schröpler: Holzmarkt mit »Schlößl« von
Westen – ca. 1868 – B: – Aquarell, beschädigt
– 42 × 22,4 cm – Stadtarchiv Ingolstadt – S. Abb. 182
Seite 194.

Kat. 150
Neues Feldkirchner Tor von Osten – B: [unten links:]
Den 8. Aug. 1869; JD [Monogramm] –
Bleistiftzeichnung – 16 × 20,7 cm – Stadtarchiv
Ingolstadt – S. Abb. 190 Seite 199.

Kat. 151
Joseph Dietrich: Neues Feldkirchner Tor von Westen
(Stadtseite) – B: [unten links:] D. 8. August 69; JD
[Monogramm] – Bleistiftzeichnung –
16 × 20,6 cm – Stadtarchiv Ingolstadt – S. Abb. 191
Seite 199.

Kat. 152
[Gustav Schröpler:] Neues Krankenhaus mit
Stadtwaage und Sebastianskirche im Hintergrund –
1869 – Aquarell – 43,5 × 21,5 cm – Stadtarchiv
Ingolstadt – S. Abb. 183 Seite 195.

Kat. 153
Kloster St. Johann im Gnadenthal mit Kirche und Blick
in die Johannesstraße – undatiert – B:[modern:]
KLOSTER GNADENTHAL – Aquarell – 30,3 × 23 cm –
Stadtarchiv Ingolstadt – S. Abb. 154 Seite 167.

Kat. 154
Gustav Schröpler/Emminger: Ingolstadt mit Donau
und übenden Pionieren von Südwesten – ca. 1870 –
B:[unter dem Bilde Mitte:] INGOLSTADT.; Verlag der
Krüll'schen Buchhandlung;[unten links:] Gez. v.
G. Schröpler.;[unten rechts:] Lith. v. Emminger. –
Lithographie – 42,2 × 25,7 cm – Stadtarchiv Ingolstadt.
Dasselbe mit Ölfarben altkoloriert. – S. Abb. 172
Seite 185.
Gustav Schröpler: Ingolstadt mit Donau und
Donaudampfer von Süden (wohl Vorzeichnung zur
Lithographie) – 1865 – B:[im Wappenschild rechts
unten:] Ingolstadt. 1865. G. Schröpler gezeichnet –
Bleistift, laviert und quadriert – 66 × 28,5 cm –
Stadtarchiv Ingolstadt.

Kat. 155
Alfred Quesnay de Beaurepaire: Bilder aus der
Gefangenschaft 1870/1 in Ingolstadt – In: La France
Moderne. De Wissembourg à Ingolstadt (1870–1871).
Souvenirs d'un capitaine prisonnier de querre en
Bavière par Alfred Quesnay de Beaurepaire. Ouvrage
illustré de 26 dessins hors texte, d'après nature par
l'auteur. Paris 1891. – Aus diesem Werk in Auswahl:
a) die fahnengeschmückte Theresienstraße mit dem
Münster – B: Place de l'Église à Ingolstadt, un
lendemain de victoire. – 15,4 × 11 cm – P. 49. –
S. Abb. 155 Seite 169.
b) Gefangene beim Kegelspiel im Gefangenenlager am
Brückenkopf – B: Une partie de quilles chez les zouaves
– 15,8 × 11 cm – P. 129. – S. Abb. 157 Seite 170.
c) Kochende Turkos im Gefangenenlager am
Brückenkopf – B: Cuisines des Turcos. – 15,8 × 11 cm –
P. 187. – S. Abb. 159 Seite 171.
d) Rückkehr der Gefangenen nach der Arbeit auf dem
Weg durch die Schulstraße – B: Retour du travail. –
15,8 × 11 cm – P. 269. – S. Abb. 156 Seite 170.
e) Promenade der Gefangenen in der Straße Unterer
Graben, im Hintergrund der Turm der Sebastianskirche
– B: Promenades dans les rues. – 11,2 × 15,9 cm – P. 281.
– S. Abb. 160 Seite 172.
f) Bayerische Wachtposten bei der Eisenbahnbrücke –
B: Poste de Bavarois sur les bords du Danube. –
16 × 11 cm – P. 293. – S. Abb. 158 Seite 171.

Kat. 156
Gustav Schröpler: Einzug französischer
Kriegsgefangener durch das Neue Feldkirchner Tor –
1870 – B:[unter dem Bild mitte:] Ankunft französischer
Gefangener in Ingolstadt. 10. August 1870.;[unter dem

Bilde links:] Verlag der Krüll'schen Buchhandlung in
Ingolstadt.;[unter dem Bilde rechts:] Nach der Natur
gezeichnet v. G. Schröpler – Lithographie –
35,5 × 26,4 cm [ohne Text] – Stadtarchiv Ingolstadt –
S. Abb. 164 Seite 176.

Kat. 157
Gustav Schröpler: Einzug französischer
Kriegsgefangener durch das Neue Feldkirchner Tor
– 1870 – Öl auf Leinwand – B:[unten rechts:] Schröpler
gmlt. – 44 × 32 cm – Bayerisches Armeemuseum
Ingolstadt.

Kat. 158
[Gustav Schröpler:] Zug französischer
Kriegsgefangener durch das Kreuztor – Öl auf
Leinwand – 81 × 125 cm – Städtisches Museum
Ingolstadt.

Kat. 159
Eugen Adam (nach G. Schröpler): Zug der
französischen Gefangenen durch das Kreuztor (wohl
nach Kat. 158) – 1870 – B: Ein Transport
kriegsgefangener Turkos in die Festung Ingolstadt am
10. August. Nach einer Skizze von Eugen Adam – Druck
– 31,9 × 22,5 cm – Illustration in: Ueber Land und
Meer. Allgemeine Illustrierte Zeitung, 1870, N. 2, S. 8.
Text: S. 7. – Stadtarchiv Ingolstadt – S. Abb. 165
Seite 177.

Kat. 160
Gustav Schröpler: Französisches Gefangenenlager
beim Reduit Tilly am Brückenkopf – B: [auf
Schriftband über dem Bild:] TÊTE DE PONT
D'INGOLSTADT. Souvenir de captivité 1870/1871;
[unter dem Bild:] Lager gefangener Franzosen. Vom
Brückenkopf aus gesehen; [links unter dem Bild:]
Gezeichn. von G. Schröpler. [rechts unter dem Bild:]
Verlag der Krüll'schen Buchhandlung Ingolstadt. –
Druck – 21,4 × 13,9 cm – Stadtarchiv Ingolstadt –
S. Abb. 166 Seite 178.

Kat. 161
Französische Gefangene in Ingolstadt 1870/71 mit
Blick in die Theresienstraße – 1870/80 – B: [unter dem
Bild:] Vor zehn Jahren. Afrika in Bayern. Von
Hoffmann – Zeitz – Holzstich als Illustration in einer
Zeitschrift – 24,8 × 16,8 cm – Stadtarchiv Ingolstadt.

Kat. 162
Joseph Weiß: Im Vordergrund Zuaven-Waschhaus des
französischen Gefangenenlagers am südlichen
Donauufer, im Hintergrund Vedute der Stadt, auf der
Donau Dampfer – B: [oben links:] Ingolstadt
29/8 – 1870 I. W. – Aquarell – 19,8 × 13,1 cm – Staatl.
Graphische Sammlung München – S. Abb. 163
Seite 175.

Kat. 163
Französische Gefangene in Ingolstadt, 1870, zum Teil
mit Andeutung von Festungsanlagen und
Gefangenenlager – 1870 – Lithographien: a) B: Typen
französischer Gefangener zu Ingolstadt August 1870.
Verlag der Krüll'schen Buchhandlung in Ingolstadt;
Lith. J. F. Schreiber Essli[ngen] – 16,4 × 19,4 cm –
b) B: Typen französischer Gefangener zu Ingolstadt
August 1870. Verlag der Krüll'schen Buchhandlung zu
Ingolstadt. – 16,4 × 19,2 cm – c) B: [wie b] –
16,4 × 19,3 cm – d) B: [wie a] – 16,4 × 19,3 cm – e) B:
Französische Gefangene in Ingolstadt.; [mit Tinte:]
1870; [unten rechts:] Lithographische Anstalt –
31,1 × 21,4 cm (Blattgröße) – Stadtarchiv Ingolstadt.

Kat. 164
Tilly-Haus (Sterbehaus Tillys) – 1870 – Holzstich von
H. Weininger – Illustration einer Zeitschrift vom
14. Mai 1870 – 20 × 16,5 cm – Stadtarchiv Ingolstadt.

Kat. 165
Ingolstadt von Westen, auf der Donau Dampfer und
Segelschiffe – ca. 1870 – B: [unter dem Bild:] Nr. 4054.
Ingolstadt. – Druck – 14,9 × 8,3 cm – Die
Donaudampfschiffahrt wurde für den Bereich
Ingolstadt im Jahr 1874 wieder eingestellt. – Stadtarchiv
Ingolstadt.

Ähnlich:
Ingolstadt von Westen, auf der Donau mit Dampfern
und Segelschiffen, jedoch seitlich beschnitten. – Druck
– 10,7 × 8,7 cm – Stadtarchiv Ingolstadt.

Kat. 166
Ingolstadt von Südwesten mit Donau und
Donaudampfer – ca. 1870 – kolorierter Stahlstich, in
goldfarbener geprägter Umrahmung – 11,8 × 8,5 cm –
Stadtarchiv Ingolstadt.

Kat. 167
Ingolstadtblatt mit Detailbildern als Umrahmung und
Texten: in der Mitte Ingolstadt von Westen; [obere
Leiste:] Kreuz-Thor; K. Landgerichtsgebäude.;
Hospital. [Spital]; Magistrats-Gebäude. [Rathaus vor
dem Umbau von 1883]; Ehm. Universitaets Gebäude.;
K. Festungsbaudirections Gebäude [Kaisheimer Haus];
Donau-Thor; [linke Leiste:] Obere Pfarrkirche;
Gasthof z. goldn. Adler.; Kaserne. [heute
Canisiuskonvikt]; [rechte Leiste:] Protestantische
Kirche.; Wirtschaft zur Ziegelei.; Obere
Franziskanerkirch.; [unter Leiste:] Harder-Thor.;
Frauenkloster. [Gnadenthal]; Reduité Bau. [Reduit
Tilly]; Schloß.; Detaschirtes Forts; Unteres
Franziskanerkloster [ehem. Augustinerkirche];
Feldkirchner-Thor.; [in den Ecken des Mittelbilds:]
Festungsthor v. Kreuzthor m. d. St. Speckler [Speckle]
a. Strassburg u. d. Grafen Solms Münzenberg.; [in den
beiden zugehörigen Schilden:] + 1562; + 1589; –
Festungsthor v. Feldkirchnerthor m. d. St. d. G. u. F. Dir.
v. Becker u. v. Streiter; [in den beiden zugehörigen
Schilden:] Gerecht + ; Beharrlich; Schloß-Thor,
Festungsthor v. Harder-Thor. – [links unter dem
Mittelbild:] Lith. Anstalt v. F. Streng i. Ingolstadt;
[rechts unter dem Mittelbild:] Nach d. Nat. gez. v. Ig. V.
Dorfinger; Haupttitel: INGOLSTADT und dessen
Hauptgebäude; [auf den Schilden der seitlichen
Löwen:] KRAFT; UND MUTH – Lithographie –
44 × 34,7 cm – Stadtarchiv Ingolstadt – S. Abb. 197
Seite 203.

Kat. 168
Gustav Schröpler: Anatomie von Westen mit Blick in
die Anatomiestraße – B: [rechts unten:] Nach der Natur
von G. Schröpler. 1871; [von anderer Hand mit Tinte
unter dem Bild:] Die eh'malige Anatomie in Ingolstadt
– Bleistiftzeichnung – 32 × 20,9 cm – Stadtarchiv
Ingolstadt – S. Abb. 187 Seite 197.

Kat. 169
Carl August Lebschée: Ingolstadt, nach Hans Donauer
(s. Kat. 12) – B: [unten rechts:] Carl A. Lebschée f. 1871 –
aquarellierte Bleistiftzeichnung (auch Vorzeichnung
erhalten) – 27 × 17 cm – Historischer Verein von
Oberbayern (Stadtarchiv München) B 9/34 und
D 21/26 – L. Morenz, Eine bayerische Topographie aus
der Zeit um 1590 (Katalog einer Ausstellung des
Münchener Stadtarchivs) München, 1970, S. 12 –
S. Abb. 34 Seite 53.

Kat. 170
Gustav Schröpler: Ingolstadt von Westen, mit Schäfer –
1871 – B: [unten rechts:] Schröpler 1871 – aquarellierte
Bleistiftzeichnung – 26 × 18,5 cm – Privatbesitz.

Kat. 171
Gustav Schröpler: Münster und Poppenbräu von
Südosten – 1873 – B: [auf dem Poppenbräu:] Johann
Ruile.; [unten rechts:] Schröpler 1873 – Aquarell –
44,5 × 34,4 cm – Stadtarchiv Ingolstadt – S. Abb. 186
Seite 197.

Kat. 172
[Gustav Schröpler:] Ähnlich Kat. 171, jedoch nicht
vollendet und beschädigt – Aquarell – 44,5 × 32,5 cm –
Stadtarchiv Ingolstadt.

Kat. 173
Neues Feldkirchner Tor von Westen – 1874 – B: [oben:]
Ansicht des alten Feldkirchner Thores von Innen.;
[oben rechts:] 1874 [unten rechts Beilage II], alte
Inventarnummer: 34 323. – Stadtarchiv Ingolstadt.

Kat. 174
Gustav Schröpler: Alte Läden an der Moritzkirche –
1875 – B: Schröpler 1875; [modern in Bleistift:] ALTE
LÄDEN AN DER MORITZKIRCHE – 26,2 × 18,5 cm –
Stadtarchiv Ingolstadt – S. Abb. 181 Seite 193.
Ähnlich:
Alte Läden an der Moritzstraße – ca. 1875 – B: [modern
in Bleistift:] ALTE LÄDEN AN DER RVNDMAVER –
aquarellierte Bleistiftzeichnung – 32,7 × 30 cm –
Stadtarchiv Ingolstadt.

Kat. 175
Bilder aus Ingolstadt, oben von links: 1.
Theresienstraße, 2. Theater, 3. Ludwigstraße; unten von
links: 1. evangelische Kirche, 2. Stadt mit Donau und
Donaudampfer von Südwesten, 3. Garnisonskirche.
Stadtvedute nach Kat. 154 – ca. 1875; wenn die Vedute
mit Donaudampfer nicht nur der Vorlage folgt, da 1874
die Dampfschiffahrt auf der Donau im Raum
Ingolstadt wieder eingestellt wurde. –
B: THERESIENSTRASSE.; THEATER.;
LUDWIGSTRASSE.; PROTESTANTISCHE KIRCHE.;
INGOLSTADT.; GARNISONSKIRCHE; [unten:]
Stahlstich von C. Rorich & Sohn Nbg; Verlag von J. H.
Locher in Zürich. – Stahlstich – 16,2 × 12,3 cm –
Germanisches Nationalmuseum Nürnberg, SP
7943/1420a – S. Abb. 195 Seite 201.

Kat. 176
[G. Schröpler:] Bau der Notbrücke (Schiffsbrücke) über
die Donau während des Baus der Eisenbrücke – 1877 –
B: [unten Mitte:] Die Schiffbrücke während des Baues
der Eisenbrücke über die Donau 1877 – Öl auf Karton –
51, × 31 cm – Städtisches Museum Ingolstadt.

Kat. 177
[Gustav Schröpler:] Votivbild der Ingolstädter
Baumannschaft mit Salvator-Gnadenbild von
Bettbrunn, darunter Vedute Ingolstadt von Südwesten
mit Donaudampfer und Eisenbahn – 1878 –
B: Zur Erinnerung an die fünfhundertjährige Jubelfeier
der Wallfahrt nach St. Salvator, gewidmet von der
Baumannschaft Ingolstadt 1878 – 83,5 × 55 cm –
Wallfahrtskirche Bettbrunn – S. Abb. 245 Seite 232.

Kat. 178
Anton Doll: Stadtmauer mit Kreuztor – 1878 – B: [unten
Mitte:] Stadtmauer Ingolstadt; [unten links:] Doll;
[unten rechts:] 8/5.78 – Bleistiftzeichnung, weiß gehöht
– 47 × 31 cm – Stadtarchiv Ingolstadt – S. Abb. 168
Seite 180.
Farbige Druckausgabe: B: A. Doll, Landschaften Nr. 5;
Stadtmauer (Ingolstadt); Carlsruhe Druck & Verlag v.
J. Veith – ca. 31 × 20 cm – Stadtarchiv Ingolstadt.

Kat. 179
Münster von Südwesten (wohl nach Gerstner, Kat. 114)
– 1880 – Holzstich – 12 × 8,5 cm – In: Kalender für
katholische Christen auf das Schalt-Jahr 1880.
Vierzigster Jahrgang. Sulzbach, S. 41. – Stadtarchiv
Ingolstadt.

Kat. 180
Blick in die Theresienstraße mit Münster,
Schwabenbräu (»Schäferbräu«) und Poppenbräu –
ca. 1880 – B: [auf Poppenbräu:] . . . ppenbräu; [auf
Eckhaus:] Schäferbräu – Aquarell – 20,5 × 24,8 cm –
Nachfolger Schäfers war Zink ab 1886 – Stadtarchiv
Ingolstadt – S. Abb. 185 Seite 196.

Kat. 181
[Gustav Schröpler:] Ingolstadt-Blatt, die Stadt im
Hintergrund, im Vordergrund Eisenbahn und
Pferdebahn, beidseitig umrahmt von einer Weinlaube,
im Vordergrund links ein Soldat, Fahnen und Schild
mit der Beschriftung »1870 1871«, rechts eine Gruppe
von Landleuten mit Ähren und Früchten, im Geäst
hängen Wappen und Handwerksgeräte, in der Mitte
schwebend eine Allegorie, die in der Linken ein Schild
mit der Jahreszahl 1880 hält, in der Rechten eine Feder
– B: [oben Mitte:] Zum 25jährigen Dienstjubiläum des
rechtsk. Herrn Bürgermeisters Math. Doll; [unten
Mitte:] Ingolstadt [mit Stadtwappen]; auf Paket »G S« –
Öl auf Pergament – 27 × 34,3 cm – Einleitendes Blatt zu
den Portraits der Räte der Stadt im Ingolstädter
Privilegienbuch – Stadtarchiv Ingolstadt – S. Abb. 200
Seite 207.

Kat. 182
Schliffelmarkt mit Glockenturm von St. Moritz und
Café Ludwig von Norden – ca. 1880/1885 – Aquarell
(wohl Gegenstück zu Kat. 180) – 20,3 × 24,8 cm
– Stadtarchiv Ingolstadt – S. Abb. 180 Seite 192.

Kat. 183
Ingolstadt von Südosten – 1881 – B : [unter dem Bild :]
Ingolstadt. ; [monogrammiert in der Platte :]
I. I. K. – 10,8 × 8,6 cm – In : Alex. F. Heksch, Die Donau
von ihrem Ursprung bis an die Mündung. Eine
Schilderung von Land und Leuten des Donaugebiets,
Wien – Pest – Leipzig 1881, S. 112. – Stadtarchiv
Ingolstadt – Der gleiche Stich fand auch anderweitig
Verwendung.

Kat. 184
August Spieß : Kampf Parzivals mit dem roten Ritter
vor dem Ingolstädter Kreuztor – 1883/4 –
Wandgemälde im Sängersaal von Schloß
Neuschwanstein – S. Abb. 170 Seite 182.

Kat. 185
Franziskanerkirche – 1884 – Holzstich – 9,5 × 7,4 cm –
In : Kalender für katholische Christen auf das
Schalt-Jahr 1884. Vierundvierzigster Jahrgang,
Sulzbach, S. 41. – Bay. Staatsbibliothek München –
S. Abb. 143 Seite 160.

Kat. 186
Untere Franziskanerkirche (Augustinerkirche) – 1884 –
Holzstich – 9,7 × 7,3 cm – In : Kalender für Katholische
Christen auf das Schalt-Jahr 1884. Vierundvierzigster
Jahrgang, Sulzbach, S. 48. – Bay. Staatsbibliothek
München – S. Abb. 144 Seite 160.

Kat. 187
Luise Schröpler : Blick von Südwesten auf den
Herzogskasten – [1886] – B : L. Schröpler – Öl auf
Leinwand – 30 × 41 cm – Privatbesitz – S. Abb. 201
Seite 208.

Kat. 188
[Gustav Schröpler :] Blick in die Straße Am Stein und
auf den Schliffelmarkt – ca. 1886 – Öl auf Leinwand –
23,5 × 29 cm – B : [linkes Haus im Vordergrund :]
PASKOLINI ; [rechtes Haus im Vordergrund :] Leihhaus
– Zur Datierung : Das Eckhaus Am Stein/Ludwigstraße
erhielt im Jahr 1880 ein drittes Stockwerk (vgl. F. X.
Ostermair, Führer durch Ingolstadt, Ingolstadt 1896,
S. 41). Das Bild ist Gegenstück zu Kat. 189. –
Privatbesitz – S. Abb. 178 Seite 190.

Kat. 189
[Gustav Schröpler :] Blick auf Poppenbräu und Münster
– Öl auf Leinwand – 23,5 × 29 cm – B : [auf Poppenbräu :]
Bierbrauerei. J. Ruile. ; [auf Eckhaus Theresienstraße :]
Bierbrauerei A. Link – Zur Datierung : Link war von

1886–1888 Nachfolger Schäfers. Vgl. Häuserblatt im
Stadtarchiv. Das Bild ist Gegenstück zu Kat. 188. –
Privatbesitz – S. Abb. 179 Seite 191.

Kat. 190
[Gustav Schröpler :] Ingolstadt mit Vorsignal der
Eisenbahn und Dampfmaschine im Vordergrund,
rechts Handwerker mit Schriftrolle : Doch der Segen
kommt von Oben ; links Frau mit Lorbeerkranz und
Leier – B : [oben :] Bet' und arbeit, hilft Gott all'zeit. ;
Gott mit uns! ; Evangelischer Arbeiterverein
Ingolstadt., [unten :] Gegründet am 11. November 1888.
– Öl auf Leinwand – 81 × 63 cm – Stadtarchiv
Ingolstadt – S. Abb. 199 Seite 206.

Kat. 191
Gustav Schröpler : Blick in die Harderstraße mit
Kaisheimer-Haus – 1888 – B : [unten rechts :] Gustav
Schröpler Ingolstadt ; [auf Brauereiwagen :] 1888
Rappensberger Bierbrauerei – Öl auf Leinwand –
97 × 68 cm – Städtisches Museum Ingolstadt –
S. Abb. 242 Seite 229.

Kat. 192
[Gustav Schröpler] Wunderlkasematte – vor 1890 –
B : [unten rechts :] bis zum Jahre 1887 – Öl auf Leinwand
– 88 × 120,5 cm – Privatbesitz.
[Gustav Schröpler :] Wunderlkasematte – vor 1890 –
B : – Öl auf Leinwand – 26,5 × 47,2 cm – Städtisches
Museum Ingolstadt.

Kat. 193
[Gustav Schröpler :] Kreuztor mit Münsterturm –
ca. 1890 – Öl auf Holz – 34 × 46 cm – Städtisches
Museum Ingolstadt – S. Abb. 171 Seite 183.

Kat. 194
Gustav Schröpler : Kreuztor mit Münsterturm und
Jäger – ca. 1890 – B : [rechts unten :] Schröpler – Öl auf
Leinwand – 60 × 92 cm – Städtisches Museum
Ingolstadt.

Kat. 195
Gustav Schröpler: Kreuztor mit Graben – ca. 1890 –
B: [unten rechts:] Schröpler – Öl auf Leinwand –
19,5 × 29,5 cm – Privatbesitz.

Kat. 196
[Gustav Schröpler:] Kreuztor von Westen, im
Vordergrund Mann mit Hund, im Hintergrund
Münstertürme – ca. 1890 – B: – Öl auf Pappe –
256   28 × 37 cm – Privatbesitz.

Kat. 197
[Gustav Schröpler:] Kreuztor und Jäger – ca. 1890 –
B: – Öl auf Holz – 67,5 × 103 cm – Städtisches Museum
Ingolstadt.

Kat. 198
[Gustav Schröpler:] Anatomie mit Botanischem Garten
(nach Kat. 59) – B: [auf Schriftband:] HORTVS
ACADEMICO – MEDICVS INGOLSTADIENSIS.; [links
davon:] 1472; [rechts:] 1803 – Öl auf Holz – 98 × 56 cm –
Städtisches Museum Ingolstadt – S. Abb. 66 Seite 88.

Kat. 199
Gustav Schröpler: Unterer Graben mit
Margarethenturm – ca. 1890 – B: [unten rechts:]
Schröpler – Öl auf Leinwand – 20,4 × 33 cm –
Privatbesitz.

Kat. 200
Luise Schröpler (?): Blick vom Am Stein zum
Schliffelmarkt – undatiert, ca. 1890 – B: – Öl auf
Leinwand – 46,5 × 55 cm – Privatbesitz – S. Abb. 173
Seite 186.

Kat. 201
Luise Schröpler (?): Ludwigstraße mit Ickstatthaus –
undatiert, ca. 1890 – B: – Öl auf Leinwand –
46,7 × 55 cm – Privatbesitz – S. Abb. 174 Seite 187.

Kat. 202
[Gustav Schröpler:] Blick in die Ludwigstraße mit
ehem. Kastenamtsgebäude (zuletzt Landratsamt) und
Wunderlbräu, im Hintergrund der Glockenturm von
St. Moritz und die Obere Apotheke – ca. 1890 – B: – Öl
auf Leinwand – 30,5 × 24,8 cm – Privatbesitz – S. Abb.
177 Seite 189.

Kat. 203
Wilhelm Donaubauer: Kreuztor mit Graben – 1890 –
B: [links unten:] Kreuzthor in Ingolstadt.; [rechts
unten:] Wilh. Donaubauer. Kopie nach
einer Zeichnung vom J. 1884; [in Bleistift:] Kopie fec.
1890 – Federzeichnung nach älterer Vorlage –
35,5 × 24,5 cm – Stadtarchiv Ingolstadt.

Kat. 204
Wilhelm Donaubauer: Kreuztor mit Graben und
Stadtmauer (wohl nach älterer Vorlage) – undatiert –
B: [unten links:] W. Donaubauer – Öl auf Leinwand –
37,5 × 27,8 cm – Städtisches Museum Ingolstadt.

Kat. 205
Bilder aus Ingolstadt: 1. Tor zum Neuen Schloß, 2.
Neues Schloß von Südosten, 3. Tillyhaus, 4. ehemalige
Anatomie, 5. Hohe Schule, 6. Kreuztor, 7. Rathaus –
ca. 1890 – B: [unten Mitte:] Bilder aus Ingolstadt.
Originalzeichnung von C. Dietrich (S. 191); [Legende
mit 7 Nummern:] 1. Eingangstor des Neuen
Schlosses … – Druck – 21,2 × 31,3 cm – Aus:
»Illustrierte Welt« – Stadtarchiv Ingolstadt –
S. Abb. 196 Seite 202.

Kat. 206
Gustav Schröpler: Kreuztor – 1891 – B: Schröpler 1891
– Öl auf Leinwand – 25,2 × 65,3 cm – Privatbesitz –
S. Abb. 175 Seite 188.

Kat. 207
Gustav Schröpler: Schloßtor – 1891 – B: – Öl auf
Leinwand – 25,2 × 65,3 cm – Privatbesitz – S. Abb. 176
Seite 188.

Kat. 208
[Gustav Schröpler:] Schützenscheibe mit Kreuztor –
1892 – B: Gegeben von Frau von Helwig. 1892.
Gewonnen von Lt. Friedmann. [und weitere Namen] –
Öl auf Holz – Durchmesser: 39,8 cm – Städtisches
Museum Ingolstadt – S. Abb. 111 Seite 132.

Kat. 209
C. Dietrich: Ingolstadt mit Donau von Südwesten –
1893/5 – B: Ingolstadt; [links unten im Bild:]
C. Dietrich 93 – Druck nach Federzeichnung –
10,5 × 4,5 cm – In: W. Götz,
Geographisch-Historisches Handbuch von Bayern, I,
München 1895, S. 291.

Kat. 210
F. X. Weinzierl: Ingolstadt in der Beschießung von 1743
nach Kat. 75, in: Urkunde über die Verleihung des
Ehrenbürgerrechts an Gouverneur Karl von Sauer –
B: Ehrenbürgerrechts-Urkunde. Die vereinten
Gemeindekollegien der Stadt Ingolstadt haben in ihrer
außerordentlichen Sitzung vom 28. Februar 1895
einstimmig beschlossen: Seiner Exzellenz Herrn Karl
von Sauer Königl. Kämmerer, General der Artillerie,
Gouverneur der Festung Ingolstadt, Großkomtur des
Königl. Militärverdienst-Ordens, Inhaber des
Verdienstordens vom hl. Michael II. Klasse mit Stern,
des Großherzogl. Verdienstordens »Philipp des

Großmüthigen«, des Königl. preußischen rothen
Adlerordens I. Klasse usw., bei seinem Scheiden aus
Ingolstadt zum Zeichen besonderer Verehrung und in
dankbarer Anerkennung des von Hochdemselben eine
Reihe von Jahren hindurch der hiesigen Bürger- und
Gesammteinwohnerschaft gegönnten Wohlwollens,
der thatkräftigen Unterstützung bei Förderung des
gemeindlichen und öffentlichen Wohles, insbesondere
durch Herbeiführung der Aufhebung der
Rayonbeschränkung in der Hauptumfassung der
Festung, bei Durchführung der Wasserversorgung, der
Schlachthofanlage und der sanitären Verhältnisse der
Stadt überhaupt, sowie Seiner jederzeit geübten
Leutseligkeit das Ehrenbürgerrecht der Stadtgemeinde
Ingolstadt zu verleihen. Hierüber wurde gegenwärtige
Urkunde ausgefertigt. Ingolstadt, 1. Mai 1895.
Magistrat und Kollegium der
Gemeinde-Bevollmächtigten. Doll Bürgermeister.
L. Baumann I. Vorstand d. Collegiums der
Gemeindebevollmächtigten. [Unten rechts:]
F. X. Weinzierl München. – 37,4 × 56,7 cm; davon
Vedute: 27,8 × 9,5 cm – Stadtarchiv Ingolstadt –
S. Abb. 198 Seite 205.

Kat. 211
C. Dietrich: Ansichten von Ingolstadt: 1. Tor zum
Neuen Schloß, 2. Neues Schloß von Südosten, 3. Hohe
Schule, 4. Kreuztor, 5. Rathaus mit Pfeifturm und
St. Moritz – B: [unter den Bildern:] Ansichten von
Ingolstadt. (Nach C. Dietrich); Eingang zum Neuen
Schloß …, B auch in den einzelnen Bildern – In:
H. Reidelbach, Bayern in Wort und Bild, München
1899, S. 151.

Kat. 212
[Gustav Schröpler:] Schloßtor – 1899 – Öl auf Leinwand
– 33,5 × 46 cm – Städtisches Museum Ingolstadt.

Kat. 213
Gustav Schröpler: Blick in die Harderstraße mit
Kaisheimer-Haus und Kriegerdenkmal – 1899 –
B: [unten rechts:] Schröpler 1899; [auf Brauereiwagen:]
Rappensberger-Bräu – Öl auf Leinwand –
98,2 × 75,5 cm – Städtisches Museum
Ingolstadt.

Kat. 214
[Gustav Schröpler:] Margarethenturm – undatiert, vor
1900 – B: – Öl auf Leinwand – 21 × 58,5 cm –
Privatbesitz.

Kat. 215
[Gustav Schröpler:] Ingolstadt von Süden mit
Eisenbahnbrücke und Geschützgießerei – undatiert,
vor 1900 – B: – Öl auf Leinwand – 49,4 × 41,5 cm –
Städtisches Museum Ingolstadt.

Kat. 216
[Luise Schröpler?:] Bei der Alten Post – undatiert
– B:[unten links, getilgt, jedoch erkennbar:] . . .
Schröpler – Öl auf Pappe – 22,5 × 18,2 cm – Privatbesitz.

Kat. 218
Gustav Schröpler: Am Pfeifturm-Eck – undatiert –
B:[unten links mit Bleistift:] Schröpler, Pfeifturm
(Ingolstadt) – Aquarell – 12,8 × 18,5 cm – Privatbesitz.

Kat. 217
[Gustav Schröpler:] Stadtmauer mit Margarethenturm –
B:[unten links mit Bleistift:] Stadtmauer-Partie,
Ingolstadt – Aquarell – 11,5 × 18 cm – Privatbesitz.

Kat. 219
[Gustav Schröpler:] Portal des Hl.-Geist-Spitals an der
Joseph-Ponschab-Straße – B:[unten links mit Bleistift:]
Portal des hl.-Geist-Spitals (Ingolstadt) – Aquarell –
13,6 × 20,5 cm – Privatbesitz.

259

Kat. 220
Festungsbau (Kavalier) in Ingolstadt – undatiert –
B: [unter dem Bilde:] Forteresse d'Ingelstadt; [im
rechten Eck des Bilds:] NAVELLIER et MARES –
Stahlstich, koloriert – 14,1 × 10,9 cm – Privatbesitz.

Kat. 221
Kavalier Spreti – ca. 1900 – B: [in Bleistift:] Cavalier
Spreti – undatierte, nicht fertiggestellte, ankolorierte
Bleistiftskizze – 23,4 × 17,3 cm – Stadtarchiv
Ingolstadt.

Kat. 222
Wilhelm Donaubauer: An der Stadtmauer beim
Hardertor – ca. 1900 [wohl nach älterer Vorlage] –
B: W. Donaubauer – Aquarell – 26 × 18,1 cm –
Stadtarchiv Ingolstadt.

Kat. 223
Plakat auf die Bahnlinie Ingolstadt–Riedenburg mit
Donautor und Stadtvedute im Mittelpunkt sowie
Motiven aus Riedenburg, Sandersdorf, Altmannstein
und Schamhaupten – B: Ausführlicher Text – Photo im
Stadtarchiv Ingolstadt – Die Eisenbahnlinie wurde
1903 bis Dolling und 1904 bis Riedenburg eröffnet.

Kat. 224
Hausgruppe an der Stelle des späteren Amtsgerichts –
1908 – B: [unter dem Bild:] Ansicht der Häuser, welche
i. J. 1902 (aus Anlaß der Herstellung des neuen
Amtsgerichtsgebäudes) abgebrochen wurden; [unten
rechts im Bilde:] 5. III. 1908 Inauser [?] – Aquarell –
16,7 × 12,3 cm [ohne Text] – Stadtarchiv Ingolstadt.

Kat. 225
Wilhelm Donaubauer: Ingolstadt vom Auwald im
Süden aus gesehen – B: [unten links:] Donaubauer –
undatiert – Öl auf Pappe – 43 × 27,3 cm – Städtisches
Museum Ingolstadt – Zur Datierung dieses und der
folgenden Bilder Donaubauers: Wilhelm Donaubauer,
geb. am 25. 3. 1866 in Ingolstadt, gest. am 13. 9. 1949 in
Fürstenfeldbruck, zog nach seinem Studium 1905 nach
Ingolstadt, von dort 1918 nach Starnberg und wurde
1920 in Fürstenfeldbruck ansässig. – S. Abb. 205
Seite 211.

Kat. 226
[Wilhelm Donaubauer:] Ingolstadt mit Donau von
Südosten – undatiert – Öl auf Leinwand – 167 × 115 cm
– Städtisches Museum Ingolstadt.
Kat. 227
Wilhelm Donaubauer: Blick auf Ingolstadt – undatiert
– B: [unten rechts:] W. Donaubauer – Öl – 28,5 × 23 cm
– Städtisches Museum Ingolstadt.
Kat. 228
Wilhelm Donaubauer: Ingolstadt von Südosten –
undatiert – B: [unten links:] W. Donaubauer – Aquarell
– 36,5 × 18,8 cm – Stadtarchiv Ingolstadt.
Kat. 229
Wilhelm Donaubauer: Pfarrgaßl mit St. Moritz –
undatiert – B: [unten rechts:] W. Donaubauer –
Aquarell – 18 × 27 cm – Privatbesitz – S. Abb. 202
Seite 209.
Kat. 230
Wilhelm Donaubauer: Schliffelmarkt mit Pferdebahn –
undatiert – B: [unten links:] W. Donaubauer – Aquarell
– 18 × 27 cm – Privatbesitz – S. Abb. 203 Seite 209.

Kat. 232
Wilhelm Donaubauer: Stadtmauer am Unteren Graben
mit Margarethenturm – undatiert – B: [unten rechts:]
W. Donaubauer – Aquarell – 14,7 × 21,4 cm –
Stadtarchiv Ingolstadt.

Kat. 231
Wilhelm Donaubauer: Stadtmauerpartie, stadtseitig,
am Unteren Graben mit Margarethenturm – undatiert –
B: [unten links:] W. Donaubauer – Aquarell –
21,5 × 33,4 cm – Stadtarchiv Ingolstadt.

Kat. 233
Wilhelm Donaubauer: Stadtmauer mit
Margarethenturm und Turm der Sebastianskirche von
Osten, im Vordergrund die »Betzwiese« – undatiert –
B: [unten rechts:] W. Donaubauer – Aquarell –
17 × 21 cm – Stadtarchiv Ingolstadt.

Kat. 234
Wilhelm Donaubauer: Stadtmauer mit Turm der
Sebastianskirche, im Vordergrund die »Betzwiese« –
undatiert – Aquarell – 22 × 18,5 cm – Privatbesitz.

Kat. 235
Wilhelm Donaubauer: Haus in der Theresienstraße –
undatiert – B: W. Donaubauer – Aquarell –
18,3 × 22 cm – Stadtarchiv Ingolstadt.

Kat. 236
Wilhelm Donaubauer: Ingolstadt von Nordwesten –
undatiert – Aquarell – 36,5 × 26,8 cm – B: [unten
rechts:] W. Donaubauer – Stadtarchiv Ingolstadt.

Kat. 237
[Wilhelm Donaubauer:] Ingolstadt von Westen –
undatiert – B: [unten links:] W. Donaubauer – Öl auf
Holz – 24 × 31,5 cm – Privatbesitz – S. Abb. 204
Seite 210.

Kat. 238
Wilhelm Donaubauer: Kreuztor von Westen –
undatiert – Aquarell – 33 × 25,8 cm – B: [links unten:]
W. Donaubauer – Privatbesitz.

Kat. 239
[Wilhelm Donaubauer:] Schliffelmarkt mit Pferdebahn
bei Nacht – undatiert – B: – Aquarell – 19,5 × 22,6 cm –
Stadtarchiv Ingolstadt.

Kat. 240
Wilhelm Donaubauer – Pfarrgaßl mit Glockenturm von
St. Moritz und Pfeifturm – B: [unten links:]
W. Donaubauer – Öl auf Pappe – 15 × 23 cm –
Stadtarchiv Ingolstadt.

Kat. 241

[Wilhelm Donaubauer:] Blick auf Kreuztor und
Schutterturm – undatiert – B: – Aquarell –
13,5 × 24,4 cm – Stadtarchiv Ingolstadt.

Kat. 242:

[Wilhelm Donaubauer:] Stadtmauer mit
Taschentorturm, im Hintergrund das Münster –
undatiert – B: – Aquarell – 32,5 × 24,5 cm – Stadtarchiv
Ingolstadt.

Kat. 243

Wilhelm Donaubauer: Altwasser mit Blick auf die Stadt
– undatiert – B: [unten rechts:] W. Donaubauer – Kreide
auf Karton – 30 × 23,7 cm – Stadtarchiv Ingolstadt.

Kat. 244

Andachtsbildchen der Schuttermutter, oben links:
Schuttermutter, oben rechts: Text, unten: Bild der
Unteren Franziskanerkirche (ehem. Augustinerkirche)
(nach Kat. 186) – B: Gnadenbild U. L. Frau genannt
Schuttermutter in der Franziskaner-Klosterkirche zu
Ingolstadt – 7 × 10,7 cm – Druck: Carl Poellath,
Schrobenhausen.

263

Kat. 245
Elsbeth Werkmann: Blick auf Schloßtor und Graben –
B: Ingolstadt 1910 – Deckfarben – 35 × 44 cm –
Städtisches Museum Ingolstadt.

Kat. 246
Elsbeth Werkmann: Stadtmauerpartie mit
Margarethenturm, stadtseits – 1910 – B: [unten rechts:]
Ingolstadt 1910 – Deckfarben – 26,5 × 38 cm –
Stadtarchiv Ingolstadt – S. Abb. 217 Seite 215.

Kat. 247
Elsbeth Werkmann: Taschentorturm von Südwesten –
ca. 1910 – B: Ingolstadt – Deckfarben – 22,5 × 31,5 cm –
Stadtarchiv Ingolstadt.

Kat. 248
Elsbeth Werkmann: Blick in die Moritzstraße – ca. 1910
– Öl auf Leinwand – 39,4 × 62,2 cm – Stadtarchiv
Ingolstadt – S. Abb. 218 Seite 216.

Kat. 249
Anthoni (französischer Kriegsgefangener): Schuttertor
– 1914/18 – Öl – achteckig, Durchmesser: 91 cm –
Städtisches Museum Ingolstadt –
S. Abb. 206 Seite 212.

Kat. 250
Anthoni (französischer Kriegsgefangener):
Münzbergtor – 1914/18 – Öl – achteckig, Durchmesser:
91 cm – Städtisches Museum Ingolstadt – S. Abb. 207
Seite 212.

Kat. 251
Anthoni (französischer Kriegsgefangener): Donautor –
1914/8 – Öl – achteckig, Durchmesser: 91 cm –
Städtisches Museum Ingolstadt – S. Abb. 208 Seite 212.

Kat. 252
Anthoni (französischer Kriegsgefangener): Schloßtor –
1914/18 – Öl – achteckig Durchmesser: 91 cm –
Städtisches Museum Ingolstadt – S. Abb. 209 Seite 212.

Kat. 253
Anthoni (französischer Kriegsgefangener): Rathaus
mit St. Moritz – 1914/18 – Öl – achteckig, Durchmesser:
91 cm – Städtisches Museum Ingolstadt – S. Abb. 210
Seite 212.

Kat. 254
Anthoni (französischer Kriegsgefangener): Kreuztor
im Sommer – 1914/18 – Öl – achteckig, Durchmesser:
91 cm – Städtisches Museum Ingolstadt – S. Abb. 211
Seite 212.

Kat. 255
Anthoni (französischer Kriegsgefangener):
Münstertürme im Winter – 1914/18 – Öl – achteckig,
Durchmesser: 91 cm – Städtisches Museum Ingolstadt –
S. Abb. 212 Seite 213.

Kat. 256
Anthoni (französischer Kriegsgefangener): Kreuztor
im Winter – 1914/18 – Öl – achteckig, Durchmesser:
91 cm – Städtisches Museum Ingolstadt – S. Abb. 213
Seite 213.

Kat. 257
Konrad Schneider: Militärische Pferdemusterung vor
Remise 38a – 1917 – B: [Schriftsockel unter dem Bild:]
In großer Zeit zu Ingolstadt 1917: Militärische
Pferdemusterung – Ankauf – vor Remise 38a. Wo
Männer fehlen, bringen Frauen die Gäule; [unten rechts
im Bild:] Konrad Schneider 17 – Öl auf Holz –
54 × 21,4 cm – Stadtarchiv Ingolstadt.

Kat. 258
Skizzenbuch 1917/18 des Unteroffiziers Hans Pöllner,
bayr. 25. Inf.-Regt., 7. Komp. – Bleistift- und
Federzeichnungen – 18,8 × 12,6 cm (Blattgröße) –
Bayer. Armeemuseum Ingolstadt – Bayerisches
Armeemuseum Ingolstadt. Sonderausstellung Der
Erste Weltkrieg. Zeitgenössische Gemälde und Graphik
(Veröffentlichungen des Bayerischen Armeemuseums
Band 1), Ingolstadt 1980, S. 64 f. – S. Abb. 215, 216
Seite 214.

Kat. 259
Kirche und Pfarrhof St. Anton – ca. 1917 –
62,4 × 34,3 cm – Stadtarchiv Ingolstadt – Die Weihe der
Kirche St. Anton fand am 16. Dez. 1917 statt. –
S. Abb. 214 Seite 213.

Kat. 260
F. X. Proebst: Evangelische Kirche mit Holzmarkt –
1920 – B:[unten links:] F. X. PROEBST – 1920 –
Kolorierte Bleistiftzeichnung – 48,8 × 41,7 cm –
Stadtarchiv Ingolstadt.

Kat. 261
Johannes Eppelein: Wache am Reduit Tilly – 1921 –
B:[unten links:] J. EPPELEIN – Öl auf Pappe –
36,8 × 25,5 cm – Stadtarchiv Ingolstadt.

Kat. 262
Johannes Eppelein: Stadtmauer mit Taschentorturm –
1922 – B:[unten links:] J. EPPELEIN 22 – Ölskizze auf
Pappe – 36,5 × 25,5 cm – Stadtarchiv Ingolstadt – S.
Abb. 240 Seite 227.

Kat. 263
Johannes Eppelein: Blick auf Altstadt und Münster von
Südwesten – 1923 – B: EPPELEIN 23 – Öl auf Pappe –
25 × 36 cm – Privatbesitz.

Kat. 264
Buchert: Reduit Tilly mit Pionier-Denkmal – 1923 –
B:[rechts unten:] INGENIEVRCORPS. DENKMAL
INGOLSTADT. Prof. Buchert 23; Prof. Buchert Febr.
1923 – Kohle und Farbe auf Papier – 132 × 58,5 cm –
Städtisches Museum Ingolstadt.

Kat. 265
Johannes Eppelein: Kavalier Elbracht – 1923 (?) –
B:[unten rechts:] EPPELEIN 23 (?) – Ölskizze auf Pappe
– 36,7 × 26,7 cm – Stadtarchiv Ingolstadt – S. Abb. 231
Seite 222.

Kat. 266
Johannes Eppelein: Blick auf die Alte Post von
Südosten – 1923 (?) – B: [unten rechts:] EPPELEIN (23?)
– Öl auf Pappe – 26,5 × 36,5 cm – Städtisches Museum
Ingolstadt – S. Abb. 238 Seite 226.

Kat. 267
Johannes Eppelein: Tränktor und ehem.
Augustinerkirche (Untere Franziskanerkirche) – 1924 –
B: [in Bleistift:] »Tränktor« (Handdruck) Johannes
Eppelein [in der Platte monogrammiert und datiert mit
1924] – Linolschnitt – 15,6 × 18,5 cm – Stadtarchiv
Ingolstadt (auch in einem Abzug von 1931).

Kat. 268
Johannes Eppelein: Blick auf die Altstadt mit Pfeifturm
und Glockenturm von St. Moritz von Südwesten –
B: [unten rechts:] Joh. Eppelein 1924 –
Bleistiftzeichnung – Druck im Stadtarchiv Ingolstadt,
Verbleib des Originals nicht bekannt.

Kat. 269
Franz Goss: Kreuztor – ca. 1930 (?) – B: [unten rechts:]
Fr. Goss – Öl auf Leinwand – 37 × 48 cm – Privatbesitz.

Kat. 270
Karl Tinti: Blick von der Straße Am Stein auf
Schliffelmarkt und Pfeifturm – 1923 (?) – B: Karl Tinti
(23?) – Öl auf Leinwand – 61 × 106 cm – Stadt
Ingolstadt – S. Abb. 219 Seite 217.

Kat. 271
Johannes Eppelein: Blick auf die Altstadt mit Pfeifturm
und Glockenturm von St. Moritz von Südwesten – 1924
– B: [in Bleistift:] »Jahnstraße« Joh. Eppelein [in der
Platte monogrammiert und datiert:] J. E. 24 –
Linolschnitt – 19,9 × 16,8 cm – Stadtarchiv Ingolstadt.

Kat. 272
G. Werkmeister: Blick auf Pfeifturm und Glockenturm
von St. Moritz aus der Preysinggasse – ca. 1924 –
B: [unten links:] G. Werkmeister – Öl auf Pappe –
ca. 30 × 24,5 cm – Städtisches Museum Ingolstadt.

Kat. 273
Johannes Eppelein: Bei der Schleifmühle, im
Hintergrund das Münster – 1924/32 – B: [in Bleistift:]
»An der Schleifmühle« (Handdruck) Johannes
Eppelein 1932; [in der Platte monogrammiert und
datiert] 24. – Linolschnitt – 20,2 × 16 cm – Stadtarchiv
Ingolstadt.

Kat. 274
Karl Tinti: Lesende am Donauufer, jenseits des Flusses
das Neue Schloß, Entwurf für ein »Exlibris« – 1925 – B:

[unten links:] »Exlibris Luise Käss«; [unten rechts:]
Carl Tinti 25 – Bleistiftskizze – 28,3 × 34,5 cm –
Stadtarchiv Ingolstadt.

Kat. 275
W. Krauß: Bei Kavalier Hepp – 1925 – B: [unten links
mit Bleistift:] Orig. Radierung; [unten rechts:]
W. Krauß – Radierung – 19,3 × 12 cm – Jahresgabe des
Kunstvereins Ingolstadt 1925 – Stadtarchiv Ingolstadt.

Kat. 276
Johannes Eppelein: Kreuztor mit Graben, Kanone und
Soldaten von Nordwesten – ca. 1925 (?) – B: [in der
Platte:] J. E; [unten links mit Bleistift:] »Altes
Kreuztor«; [unten rechts mit Bleistift:] Johannes
Eppelein – Linolschnitt – 20 × 16 cm – Stadtarchiv
Ingolstadt.

Kat. 277
Johannes Eppelein: Gasse bei der ehem.
Augustinerkirche (Unteren Franziskanerkirche) –
1926 – B: [in Bleistift:] »Franziskanergasse«
(Handdruck) F. Johannes Eppelein 26 [auch in der
Platte monogrammiert] – Linolschnitt – 16,5 × 19,8 cm
– Stadtarchiv Ingolstadt.

267

Kat. 278
Johannes Eppelein: Schloß mit Donau – 1927 – B: [in
Bleistift:] »Neues Schloß« (Handdruck) Joh. Eppelein
31; [in der Platte monogrammiert und datiert:] 27 –
Linolschnitt – 16,9 × 20,1 cm – Stadtarchiv Ingolstadt.

Kat. 279
Karl Tinti: Blick auf Stadtmauer, Taschentorturm und
Münster – 1927 – B: [unten links:] Karl Tinti 1927 – Öl
auf Holz – 107,5 × 88,5 cm – Privatbesitz.

Kat. 280
Karl Tinti: Blick auf Koboldblock, Pfeifturm und
Glockenturm von St. Moritz – 1927 – B: [unten links:]
Karl Tinti – 1927 – Öl auf Holz – 100,5 × 89,5 cm –
Privatbesitz. – S. Abb. Seite 289.

Kat. 281
Johannes Eppelein: Brigadedenkmal vor Kavalier
Spreti – 1928 – B: [auf Schriftband:] Das
Brigade-Denkmal; [links:] DAS KB. 10. INF. REGT.
»KÖNIG« SEINEN IM WELTKRIEG 1914/18
GEFALLENEN HELDEN; [rechts:] DAS K. B. 13. INF.
REGT. KAISER FRANZ JOSEPH SEINEN IM
WELTKRIEG 14/18 GEF. HELDEN; [rechts unten:]
J. EPPELEIN 28 – Druck nach Federzeichnung – In: Der
10er. Monatsschrift für alle ehemaligen Zehner,
7. Jahrg., Nummer 7 (25. Juli 1928), Titelseite.

Kat. 282
Karl Tinti: Blick auf Tränktor, Augustinerkirche,
Pfeifturm, Glockenturm von St. Moritz und Münster –
1929 – B: [unten rechts:] Karl Tinti 1929 – Öl auf Holz –
135 × 79 cm – Privatbesitz. – S. Abb. Seite 281.

Kat. 283
Johannes Eppelein: Blick von der Preysinggasse auf die
Altstadt mit Pfeifturm und Glockenturm von St. Moritz
– 1929 – B: [unten rechts:] J. EPPELEIN 29 – Öl auf Holz
– 122 × 108 cm – Städtisches Museum Ingolstadt.

Kat. 284
Johannes Eppelein: Münster von Südwesten, im
Vordergrund Häuser – 1929 – B: [in Bleistift:]
Frauenkirche Handdruck Johannes Eppelein 31 [auch
in der Platte monogrammiert und datiert mit 29] –
Linolschnitt – 19,7 × 26 cm – Stadtarchiv Ingolstadt.

Kat. 285
Johannes Eppelein: Festungsanlagen – undatiert –
Ölskizze auf Holz – 36,6 × 26,7 cm – Stadtarchiv
Ingolstadt – S. Abb. 233 Seite 223.

Kat. 286
Karcher: Gartengasse – 1929 – B: [unten:] Karcher 29 –
Öl auf Pappe – 31,5 × 41 cm – Privatbesitz.

Kat. 287
Johannes Eppelein: Blick von der Schulstraße auf das
Münster – 1930 – B: [unten rechts:] J. EPPELEIN – Öl
auf Holz – 26,5 × 36,5 cm – Privatbesitz – S. Abb. 237
Seite 225.

Kat. 288
Johannes Eppelein: Blick von Am Stein auf den
Schliffelmarkt und Pfeifturm – 1930 – B: [in Bleistift:]
»Am Stein« Johannes Eppelein 30 [auch in der Platte
monogrammiert] – Linolschnitt – 23,6 × 32,2 cm –
Stadtarchiv Ingolstadt.

Kat. 289
Ernst Liebermann: Neues Schloß von Südosten –
ca. 1930 – B: [unten links:] Alte Herzogsburg an der
Donau. (Sog. Neues Schloß in Ingolstadt); [unten
rechts:] Ernst Liebermann Mchn. – Federzeichnung –
50 × 59 cm – Stadtarchiv Ingolstadt – S. Abb. 241
Seite 228.

Kat. 290
Johannes Eppelein: Taschenturmstraße mit
Taschentorturm – ca. 1930 – B: [unten rechts:]
J. EPPELEIN – Öl auf Holz – 26,5 × 36,5 cm –
Privatbesitz – S. Abb. 236 Seite 225.

Kat. 291
Johannes Eppelein: Blick über die Dächer von
Ingolstadt auf das Schloß – ca. 1930 – Ölskizze –
36,8 × 26,5 cm – Städtisches Museum Ingolstadt –
S. Abb. 230 S. 222.

Kat. 292
Johannes Eppelein: Blick vom Schloß auf die Dächer
von Ingolstadt – ca. 1930 – Ölskizze – 36,8 × 26,5 cm –
Städtisches Museum Ingolstadt – S. Abb. 232 Seite 223.

Kat. 293
Johannes Eppelein: Blick auf Herzogskasten und die im
Krieg zerstörte Augustinerkirche – ca. 1930 –
B: [unten rechts:] J. EPPELEIN – Aquarell –
35,5 × 46,5 cm – Sparkasse Ingolstadt –
S. Abb. 239 Seite 226.

Kat. 294
Johannes Eppelein: Blick über die Häuser auf das
Münster von Südosten – ca. 1930 (?) – B: [unten
links:] INGOLSTADT – AM KAISERWALL; [unten
rechts:] Joh. EPPELEIN – Kohlezeichnung –
40,5 × 34 cm – Stadtarchiv Ingolstadt.

Kat. 295
Johannes Eppelein: Kreuztor mit Münster – ca. 1930 –
B: [in Bleistift:] Kreuztor mit Münster.
Doppelhanddruck Johannes Eppelein [auch in der
Platte monogrammiert] – zweifarbiger Linolschnitt –
22,4 × 29 cm – Stadtarchiv Ingolstadt.

Kat. 296
Johannes Eppelein: Schloß mit Donau – ca. 1930 – B:
[in Bleistift:] » Neues Schloss« (Handdruck) Johannes
Eppelein [auch in der Platte monogrammiert] –
Linolschnitt – 27,5 × 20,3 cm – Stadtarchiv Ingolstadt.

Kat. 297
Anton Kraus: Stadtmauer mit Kreuztor und
Taschenturm – ca. 1930 – B: [unten links:] Ingolstadt

a. d. Donau; [unten rechts:] Nach einem
Bleistiftvermerk wurde dieser Holzschnitt am
22. X. 1933 beim Festzug der Handwerkswoche vom
Druckereiwagen aus verteilt. Ant. Kraus –
34,7 × 30,5 cm – Stadtarchiv Ingolstadt.

Kat. 298
Johannes Eppelein: Blick von der Moritzstraße auf das
Hl.-Geist-Spital – ca. 1930 (?) – in der Platte
monogrammiert – Linolschnitt –
13,3 × 16,5 cm – Stadtarchiv Ingolstadt.

Kat. 299
Johannes Eppelein: Ecke Am Stein/Schrannenstraße
mit dem Verlagsgebäude der »Ingolstädter Zeitung« –
undatiert – B: [unten rechts:] EPPELEIN; [auf dem
Gebäude:] »INGOLSTÄDTER ZEITUNG«;
»J. K. NEUMAYER'S NACHF.« – Öl auf Leinwand –
66 × 50 cm – Privatbesitz.

Kat. 300
[Karl Tinti:] Pfarrgasse mit Pfeifturm und Glockenturm
von St. Moritz – undatiert –
B: – Öl auf Holz – 31 × 38 cm – Privatbesitz.

Kat. 301
[Karl Tinti:] Am Schutterturm – undatiert – B: – Öl auf
Leinwand – 38 × 48 cm – Privatbesitz – S. Abb. 229
Seite 221.

Kat. 302
Karl Tinti: Blick von der Gymnasiumstraße über die
Dächer auf das Münster – undatiert – B: [unten rechts:]
Carl Tinti – Öl auf Leinwand – 73 × 82,5 cm –
Privatbesitz – S. Abb. 228 Seite 220.

Kat. 303
Karl Tinti: Bürgerhäuser in der Harderstraße –
undatiert – B: [unten rechts:] Tinti – Öl auf Holz –
39 × 29 cm – Privatbesitz – S. Abb. 227 Seite 220.

Kat. 304
Karl Tinti: Festungsanlagen in Ingolstadt – undatiert –
B: [unten links:] Karl Aug. Tinti; [unten rechts:] Mauern
in Ingolstadt – Aquarell – 23,5 × 29 cm – Privatbesitz –
S. Abb. 234 Seite 224.

Kat. 305
Karl Tinti: Blick in die Dollstraße – undatiert –
B: [unten rechts:] Karl Aug. Tinti – Öl auf Leinwand –
60 × 77 cm – Städtisches Museum Ingolstadt.

Kat. 306
[Karl Tinti:] Dollstraße und Pfeifturm
– undatiert – B: – Bleistiftskizze – 22,8 × 30,5 cm –
Stadtarchiv Ingolstadt – S. Abb. 224 Seite 219.

Kat. 307
[Karl Tinti:] Münster von Westen mit Häusergruppe –
undatiert – B: Kreuzstraße in Ingolstadt –
Bleistiftzeichnung – 21,3 × 27,1 cm – Stadtarchiv
Ingolstadt – S. Abb. 223 Seite 218.

Kat. 308
[Karl Tinti:] Blick in die Theresienstraße – undatiert –
B: – Bleistiftskizze – 24,5 × 19,4 cm – Stadtarchiv
Ingolstadt.

Kat. 309
[Karl Tinti:] Schloß von Südosten – undatiert – B: –
Bleistiftskizze – 16 × 24,7 cm – Stadtarchiv Ingolstadt.

Kat. 310
[Karl Tinti:] An der Schutter – undatiert – B: –
Bleistiftskizze – 20 × 30 cm – Stadtarchiv Ingolstadt.

Kat. 311
[Karl Tinti:] Blick auf Stadtmauer, Pfeifturm und
Glockenturm von St. Moritz – undatiert –
B: – Bleistiftskizze – 22 × 16 cm – Stadtarchiv
Ingolstadt.

Kat. 312
[Karl Tinti:] Blick aus der Schulgasse auf das Münster –
undatiert – B: – Bleistiftskizze – 22,5 × 31 cm –
Stadtarchiv Ingolstadt.

Kat. 313
[Karl Tinti:] Blick aus der Höllbräugasse nach dem
Gouvernementsplatz Ingolstadt – undatiert –
B: – Bleistiftskizze – 11,3 × 18,5 cm – Stadtarchiv
Ingolstadt – S. Abb. 220 Seite 218.

Kat. 314
[Karl Tinti:] Blick in die Poppenstraße und auf das
Münster von Süden mit schlittenfahrenden Kindern –
undatiert – B: – Bleistiftskizze – 31 × 47 cm – Stadtarchiv
Ingolstadt – S. Abb. 222 Seite 218.

Kat. 315
[Karl Tinti:] Blick in die Theresienstraße mit
Schwabenbräu – undatiert – B: – Bleistiftskizze –
22,2 × 14 cm – Stadtarchiv Ingolstadt – S. Abb. 226
Seite 219.

Kat. 316
[Karl Tinti:] Stadel an der Kanalstraße, im Hintergrund
Hohe Schule – undatiert – B: – Bleistiftskizze –
20 × 29,3 cm – Stadtarchiv Ingolstadt – S. Abb. 225
Seite 219.

Kat. 317
[Karl Tinti:] Am Neuen Schloß – undatiert –
B: – Bleistiftskizze – 20 × 26,8 cm – Stadtarchiv
Ingolstadt.

Kat. 318
[Karl Tinti:] Bei der Alten Post – undatiert –
B: Ingolstadt Alte Post – Bleistiftskizze – 24 × 36,5 cm –
Stadtarchiv Ingolstadt – S. Abb. 221 Seite 218.

Kat. 320
[Karl Tinti:] Blick in die Harderstraße
– undatiert – B: – Bleistiftskizze – 29,5 × 20,4 cm –
Stadtarchiv Ingolstadt.

Kat. 321
F. Braun: Kreuztor – 1930 – B: [in Bleistift:]
Holzschnitt; Ingolstadt Kreuztor; F. Braun 1930
– 15,5 × 22,7 cm – Stadtarchiv Ingolstadt.

Kat. 322
Karl Tinti: Pfeifturm mit Rathaus – 1931 –
B: [unten rechts:] Karl Tinti 31 – Öl auf Leinwand –
53,5 × 83 cm – Privatbesitz – S. Abb. 244 Seite 231.

Kat. 323
Karl Tinti: Blick in die Ludwigstraße und auf den
Schliffelmarkt – 1931 – B: [unten rechts:] Karl Tinti 31 –
Öl auf Leinwand – 59 × 76 cm – Privatbesitz –
S. Abb. 243 Seite 230.

Kat. 319
[Karl Tinti:] Bei der Alten Post – undatiert – B: –
Bleistiftskizze – 24,5 × 38,7 cm – Stadtarchiv Ingolstadt.

Kat. 324
Johannes Eppelein: Kreuztor von Westen
– 1931 – B: [in Bleistift:] Kreuztor (Handdruck)
Johannes Eppelein 31 [auch in der Platte
monogrammiert] – Linolschnitt – 18 × 21,5 cm –
Stadtarchiv Ingolstadt.

Kat. 325
Johannes Eppelein: Blick aus der Moritzstraße auf das
Hl.-Geist-Spital – 1931 – B: [in Bleistift:]
»Moritzstraße« (Handdruck) Johannes Eppelein 31
[auch in der Platte monogrammiert]
– Linolschnitt – 21,5 × 31,2 cm – Stadtarchiv Ingolstadt
(mehrere Exemplare auch in Abzügen von 1931, 1933).

Kat. 326
Johannes Eppelein: Tor von Kavalier Hepp – ca. 1931 –
B: in der Platte monogrammiert; [unten links mit
Beistift:] Hepp/Handdruck, [auch:]
»Kavalier-Hepp«/Handdruck; [unten rechts mit
Bleistift:] Eppelein 31, [auch:] Johannes Eppelein 32 –
Linolschnitt – 20 × 16,5 cm – Stadtarchiv Ingolstadt
(mehrere Exemplare).

Kat. 327
Johannes Eppelein: Blick aus der Moritzstraße auf das
Hl.-Geist-Spital – ca. 1931 (?) – B: [unten links:]
J. EPPELEIN – Aquarell – 47,5 × 35,5 cm – Sparkasse
Ingolstadt – S. Abb. 235 Seite 224.

Kat. 328
Johannes Eppelein: Kreuztor mit Münster
– 1932 – B: [in Bleistift:] »Kreuztor u. Kirche«
(Handdruck) Johannes Eppelein 32 [auch in der Platte
monogrammiert] – Linolschnitt – 22,8 × 28,6 cm –
Stadtarchiv Ingolstadt.

Herangezogene Pläne:

Pl. 1
Die Hohe Schule, Ansicht von Norden und Osten, 17.
Jahrh., Stadtarchiv Ingolstadt. – S. Abb. 146, Seite 162.

Pl. 2
Enrico Zuccalli: Ansicht des geplanten
Universitätsgebäudes von Westen, 1694, Bayer.
Hauptstaatsarchiv München. – Abbildungen bei
B. Rupprecht, in Ingolstadt II, S. 232, und bei
S. Hofmann in Ingolstädter Heimatblätter 1962, S. 42 f.

Pl. 3
Entwurf einer Orangerie für einen Botanischen Garten,
vor 1723, Staatsarchiv München. – S. Abb. 80, Seite 104.

Pl. 4
Andreas Fischer: Meisterplan, 1732, Stadtarchiv
Ingolstadt. – S. Abb. 148, Seite 163.

Pl. 5
Johann Schellhorn: Münster von Süden, 1816,
Stadtarchiv Ingolstadt. – S. Abb. 153, Seite 166.

Pl. 6
Johann Schellhorn: Fassadenabwicklung der Ost- und
Südseite des Jesuitenkollegs, 1822, Stadtarchiv
Ingolstadt. – S. Abb. 151, Seite 165.

Pl. 7
J. Daunn: Aufriß des Donautors, 1823, Stadtarchiv
Ingolstadt. – S. Abb. 147, Seite 162.

Pl. 8
Johann Schellhorn: Hl.-Geist-Spital,
Fassadenabwicklung, 1824, Stadtarchiv Ingolstadt. –
S. Abb. 150, Seite 165.

Pl. 9
Johann Schellhorn: Hl.-Kreuz-Kirche, ca. 1825,
Kriegsarchiv München, Ingolstadt C 44 Pl. Nr. 12. –
S. Abb. 149, Seite 164.

Pl. 10
Leo von Klenze: Torprojekt aus einem Brief Klenzes
vom 24. Mai 1836. Nach E. Lacroix, Klenzes Tätigkeit
an der Festung zu Ingolstadt, Karlsruhe 1931, Abb. 12. –
S. Abb. 100, Seite 122.

Pl. 11
Leo von Klenze: Torprojekt, ebenda, Abb. 13. –
S. Abb. 101, Seite 122.

Pl. 12
Leo von Klenze: Tor für Kavalier Hepp, Aufriß, 29.
August 1837, Kriegsarchiv München, Lacroix, a. a. O.,
Abb. 10. – S. Abb. 102, Seite 123.

Anmerkungen

Grundsätzlich wird im folgenden vorausgesetzt, ohne daß im einzelnen darauf verwiesen wird:
Ingolstadt. Die Herzogsstadt. Die Universitätsstadt. Die Festung. Herausgegeben von Th. Müller und W. Reissmüller in Zusammenarbeit mit S. Hofmann, I und II, Ingolstadt 1974.

Die Stadt als Bild

1 Vgl. hierzu: S. Hofmann, Die liturgischen Stiftungen Herzog Ludwigs des Gebarteten für die Kirche zur Schönen Unserer Lieben Frau in Ingolstadt. Ein Beitrag zum Verhältnis von Liturgie und Hallenkirche, in: Sammelblatt des Historischen Vereins Ingolstadt, 87. Jahrg. (1978), S. 145–266, hier S. 218 f.

2 Auf diese Frage wird der Verf. in einem Beitrag über Herzogsgut an der Donau bei Ingolstadt im Sammelblatt des Historischen Vereins, 91. Jahrg. (1982) eingehen. Vgl. auch: S. Hofmann, Die Anfänge Ingolstadts als Stadt, in: Zeitschrift für bayerische Landesgeschichte, Bd. 32, S. 38–55, hier S. 39 f., und H. Freilinger, Historische Lagebeziehungen – Präurbane Strukturen – Ausprägung der Urbanität, in: Ingolstadt I, S. 69–119.

3 Hofmann (s. Anm. 2), S. 38 f., und Freilinger, a. a. O.

4 Hofmann (s. Anm. 2), S. 39 f.

5 S. Hofmann, Die Lage der herzoglichen Höfe und ihr Bezug zum ersten Mauerring Ingolstadts, in: Ingolstädter Heimatblätter (1968), S. 37 ff., 43 f., 46 ff.

6 Mit dieser Frage wird sich der Verfasser in dem angekündigten Beitrag im Sammelblatt des Historischen Vereins Ingolstadt, 91. Jahrg. (1982) auseinandersetzen.

7 Hofmann, Die Anfänge Ingolstadts als Stadt, S. 40, 55.

8 Hofmann, ebenda, S. 47.

9 Hofmann, ebenda.

10 Ebenda.

11 Hierauf hat erstmals P. Jaeckel mit Nachdruck hingewiesen: P. Jaeckel, Herzogskasten und Neues Schloß, in: Ingolstadt I, S. 221–260, hier S. 222–225.

12 Vgl. A. Freiherr von Reitzenstein, Die alte bairische Stadt des Drechslermeisters Jakob Sandtner . . ., München 1967, Ingolstadt, S. 29–51.

13 S. Hofmann, Pfarrkirche St. Mauritius (Moritz) Ingolstadt, Schnell und Steiner-Kirchenführer, München – Zürich 1977. – S. Hofmann, St. Moritz: Die Baumaßnahmen des 14. Jahrhunderts, in: Ingolstädter Heimatblätter 1977, S. 15 f., 19 f., 22 f.

14 Peter Jaeckel (s. Anm. 11), S. 227; Hofmann (s. Anm. 13), S. 22 f.

15 Im Sandtnermodell ist die Georgskirche an der Schäffbräustraße noch erkennbar. Siehe Abb. S. 152.

16 S. Hofmann, Zur Stadterhebung Ingolstadts, in: Ingolstädter Heimatblätter 1961, S. 17–19, 21 f., 25 f.,

29–31, hier bes. S. 25. – Die im folgenden genannte Urkunde Herzog Meinhards vom 25. August 1362 liegt im Stadtarchiv Ingolstadt (B 802).

17 S. Hofmann, Franziskanerkirche Ingolstadt, Schnell und Steiner-Kirchenführer, München – Zürich 1977. – S. Hofmann, Die Ingolstädter Franziskanerkirche, in: Ingolstädter Heimatblätter 1975, S. 25–32.

18 S. Hofmann, Aus der Geschichte des Ingolstädter Heilig-Geist-Spitals, in: Das neue Altenheim Heilig-Geist-Spital Ingolstadt (Ingolstadt 1977), S. 8–39.

19 Ebenda, S. 12 f.

20 Siehe Anm. 13.

21 P. B. Lins O. F. M., Geschichte des ehemaligen Augustiner- und jetzigen (unteren) Franziskanerklosters in Ingolstadt, in: Sammelblatt des Historischen Vereins Ingolstadt, 39. Jahrg. (1919), S. 1–183, hier S. 1 f.

22 Siehe Anm. 14.

23 Hofmann, in: Ingolstädter Heimatblätter 1977, S. 22 f.

24 Ebenda.

25 R. Fuchs, Die Befestigung Ingolstadts bis zum 30jährigen Krieg, Würzburg-Aumühle 1939, S. 8–31.

26 Fuchs, S. 8.

27 Fuchs, S. 12.

28 Fuchs, S. 14.

29 Fuchs, S. 16.

30 Fuchs, S. 22.

31 Fuchs, S. 12.

32 Vgl. Grundriß S. 13 und Abb. S. 41, 44, 45.

33 Vgl. die Stadtgrundrisse S. 19, 20, 24.

34 Vgl. die Abbildungen S. 38, 41, 42.

35 Vgl. Reitzenstein, Die alte bairische Stadt, Abschnitt Ingolstadt, S. 1–52.

36 J. Maß – S. Benker, Freising in alten Ansichten, Freising 1976, S. 3–6.

37 Vgl. »Gegenstand« in: Historisches Wörterbuch der Philosophie, herausgegeben von J. Ritter, III (1974), Sp. 130–134.

38 R. Obermeier, Conradus Celtis Protucius Oratio . . ., in: Sammelblatt des Historischen Vereins Ingolstadt, 62. Jahrg. (1953), S. 3–17. – Die Entstehung dieser »Antrittsrede« datiert Hans Rupprich in den Herbst 1491 (in: Neue Deutsche Biographie III, S. 182). Gehalten hat Celtis die Rede am 31. August 1492 (C. Prantl, Geschichte der Ludwig-Maximilians-Universität in Ingolstadt, Landshut, München, München 1872, I, S. 91).

39 Obermeier, a. a. O., S. 10.

40 Ebenda, S. 11.

41 Neuerdings: Ludwig-Maximilians-Universität. Ingolstadt. Landshut. München 1472–1972, im Auftrag von Rektor und Senat, herausgegeben von L. Boehm und J. Spörl, Berlin 1972. – Noch immer unverzichtbar: C. Prantl, Geschichte der Ludwig-Maximilians-Universität in Ingolstadt, Landshut, München, I und II, München 1872.

42 Prantl, I, S. 134 f.

43 Ph. Apian, Bairische Landtaflen, Ingolstadt 1568.

44 Vgl. Neue Deutsche Biographie V, S. 303.

45 S. Hofmann, Das Privilegienbuch der Stadt, in: Ingolstadt I, S. 425–452, hier S. 431 f.

46 Ebenda, S. 429 f. – Abb. in: Die Stadt Ingolstadt an der Donau. Ein Heimatbuch. München 1963, S. 35.

47 Gerade unter diesem Aspekt sind die harten Verwerfungen in Ingolstadts Geschichte, die samt und sonders von landesherrlichen Entscheidungen herrühren, zu verstehen.

48 Siehe Anm. 43. Neuere Nachdrucke sind in den vergangenen Jahrzehnten mehrmals erschienen. Vgl. G. Stetter, Peter und Philipp Apian Leben und Wirken, in der Neuausgabe der »Bairischen Landtaflen«, München 1966, S. 5–14.

49 Vgl. Reitzenstein, Die alte bairische Stadt (s. Anm. 12).

50 Ebenda, S. 8.

51 Vgl. H. Bleibrunner, Anton Wilhelm Ertl: Kur-Bayerischer Atlas, Passau 1968, S. 21–32.

52 Vgl. G. Stetter, Michael Wening. Der Kupferstecher der Max-Emanuel-Zeit (Kat. Münchner Stadtmuseum), München 1977.

53 S. Hofmann, Grundsteinlegung und Baubeginn des Ingolstädter Münsters, in: Ingolstädter Heimatblätter 1975, S. 41–47. – Derselbe, Das »Westwerk« des Ingolstädter Münsters, in: Ingolstädter Heimatblätter 1976, S. 37–39, 41–43.

54 Über die sog. Donauverlegung: Fuchs, S. 12.

55 S. Hofmann, Ingolstadt in der Zeit des Dreißigjährigen Krieges, in: Ingolstadt II, S. 179–216, hier S. 207 f.

56 Antiquarius des Donau-Stroms oder Ausführliche Beschreibung dieses berühmten Stroms von seinem Ursprung und Fortlauf, bis er sich endlich in das schwarze Meer ergießet; nebst allen daran liegenden Festungen, Städten, Marktflecken, Dörfern, Klöstern und hineinfallenden Flüssen bis ins verflossene 1784. Jahr accurat beschrieben. Zum Nutzen der Reisenden und andern Liebhabern zusammen getragen und ans Licht gestellet von J. H. D. Mit zwey Landcharten, Frankfurt am Mayn, 1785, S. 179 f.

57 Staats-Geschichte des Durchl. Chur-Hauses Bayern, in welcher nicht allein eine Lebens-Beschreibung des Allerdurchlauchtigsten, Großmächtigsten und Unüberwindlichsten Kaysers Caroli VII., sondern auch die ehemaligen Einwohner des Bayernlandes, deren Könige und Hertzoge aus dem Agilolfingischen und andern Stämmen, desgleichen die Religion, Wapen, Vorzüge, Rechts-Ansprüche und Geschicht-Schreiber, nicht weniger eine Beschreibung der Städte, Schlösser, Klöster und Märckte des Churfürstenthums Bayern zu finden. Welchen auch noch eine richtige Stamm-Tafel des hohen Bayeris. Hauses beygefüget ist. Alles und jedes aus Urkunden und andern glaubwürdigen Nachrichten zusammen gezogen und in Druck gegeben. Franckfurt und Leipzig 1743, I, S. 396.

58 J. A. Schultes, Donau-Fahrten. Ein Handbuch für Reisende auf der Donau, I, Wien 1819, S. 204 f.

59 Vgl. S. 75.

60 R. A. Müller, Ingolstadt 1592 – Skizzierung von Stadt und Universität durch einen böhmischen Adelsstudenten (Friedrich von Dohna), in: Sammelblatt des Historischen Vereins Ingolstadt, 83. Jahrg. (1974), S. 179–186, hier S. 184.

61 Staatsgeschichte (1743, s. Anm. 57), S. 421.

62 Antiquarius (1785, s. Anm. 56), S. 168.

63 Schultes (1819, s. Anm. 58), I, S. 196.

64 Freilinger, in: Ingolstadt I, S. 74.

65 Fuchs (s. Anm. 25), S. II (Anhang).

66 Vgl. E. Lacroix, Klenzes Tägigkeit an der Festung zu Ingolstadt, Karlsruhe 1931, S. 10 f.

67 Fuchs (s. Anm. 25), S. 27: »schöner . . . als selbst das berühmte Carcassonne«.

68 A. Freiherr von Reitzenstein, Die Festung Ingolstadt, in: Ingolstadt I, S. 261–294, bes. S. 274–291.

69 Reitzenstein, Die alte bairische Stadt (s. Anm. 12).

70 O. Kleemann, Geschichte der Festung Ingolstadt bis zum Jahre 1815, München 1883, S. 111 f. – E. Lacroix (s. Anm. 66) S. 10.

71 Staatsgeschichte (1743, s. Anm. 57), S. 421.

72 Antiquarius (1785, s. Anm. 56), S. 170.

73 [J. Pezzl:] Reise durch den Baierschen Kreis, Salzburg und Leipzig 1784, S. 94–103.

74 Siehe Anm. 70.

75 »Baierns Universität kann nicht nach Ingolstadt versetzt werden«, Frankfurt und Leipzig, 1801, S. 11–13.

76 Ebenda, S. 12 f.

77 Z. B. in den Legenden von Kupferstichen und in den Ingolstadt betreffenden Artikeln der Reisebeschreibungen.

78 »Meine Reise nach Wien«, in: Deutschlands achtzehntes Jahrhundert, IIII. Heft, 1784, S. 17.

79 Ebenda.

80 Pezzl, a. a. O. (s. Anm. 73), S. 94.

81 H. Kuhn, Die Schweden vor Ingolstadt, in: Sammelblatt des Historischen Vereins Ingolstadt, 50. Jahrg. (1931), S. 79–143.

82 Chür-Bairen sowol nach dem Leben dererjenigen die seither dem die Chur auf dieses Haus gefallen regiert biß auf gegenwärtiges Monat April: Als nach dessen Städten, Festungen, Märkten, Dörfern und Clöstern beschrieben, auch mit denen schönsten Prospecten und Grund-Rissen vieler Festungen Lust-Häuser und einer accuratesten Land-Charte als jemals eine davon heraus gewesen beleuchtet. Frankfurt und Leipzig. Zu finden bey Christoph Riegel. Anno 1703 – Herzog-August-Bibliothek Wolfenbüttel, S. 184 f.

83 Neuerdings zur Frage der Erbauung des Ingolstädter Schlosses: S. Hofmann, Die Baugeschichte des Ingolstädter Schlosses im Spiegel der erhaltenen Baurechnungen, Teil I, in: Sammelblatt des Historischen Vereins Ingolstadt, 88. Jahrg. (1979), S. 78–109.

84 Vgl. Anm. 53.

85 A. W. Ertl, hier nach Bleibrunner (s. Anm. 51), S. 75.

86 Reise durch Deutschland, Dänemark, Schweden, Norwegen und einen Theil von Italien in den Jahren 1797, 1798, 1799. Vierter Theil, Leipzig bey Georg Joachim Göschen 1801, S. 473.

87 Antiquarius (1785, s. Anm. 56), S. 171.

88 B. Rupprecht, Akzente im Bau- und Kunstwesen Ingolstadts von der Ankunft der Jesuiten bis zum hohen 18. Jahrhundert, in: Ingolstadt II, S. 217–298, hier S. 223–233. – S. Hofmann, Zuccallis Pläne eines Neubaus der Ingolstädter Universität, in: Ingolstädter Heimatblätter 1962, S. 41–44, 46 f.

89 Pölnitz, Denkmale und Dokumente, Tafel VIII, S. 11, 51, 75–77.

90 S. Hofmann, Die Alte Anatomie in Ingolstadt, München 1974, S. 11 f. – Vgl. hierzu auch: S. Hofmann, Die Ingolstädter Universitätspläne Veit Haltmayrs vom Jahre 1774, in: Ingolstädter Heimatblätter 1973, S. 33–35.

91 Siehe Anm. 90.

92 Schultes, Donau-Fahrten (1819, s. Anm. 58), S. 200.

93 Ebenda, S. 201.

94 Vgl. S. 141–155.

95 Grundlegend: B. Duhr SJ, Geschichte der Jesuiten in den Ländern deutscher Zunge im 16. Jahrhundert, Freiburg i. Br., 1907.

96 Neuerdings: S. Hofmann, Ingolstadt. Maria de Victoria, Schnell und Steiner-Kirchenführer, München – Zürich 1977. – Ders., Zur Ikonographie des Deckenfreskos in der Kirche Maria de Victoria – Bild gewordene Theologie der Inkarnation, in: Sammelblatt des Historischen Vereins Ingolstadt, 86. Jahrg. (1977), S. 65–83.

97 Reise durch Deutschland . . . (s. Anm. 86), S. 473.

98 Antiquarius (1785, s. Anm. 56), S. 178.

99 Staatsgeschichte (1743, s. Anm. 57), S. 421 f.

100 Chür-Bairen (1703, s. Anm. 82), S. 180.

101 So hatte z. B. ein Reisender die Ingolstädter bedauert: »Durch alles das (die Rede ist von der Festung und den Quartierlasten) müssen denn die armen Einwohner dieses Ortes entsetzlich leiden; allein das ist jetzt das unglückliche Loos so vieler anderer Bewohner von Süddeutschland.« (In: Reise durch Deutschland, s. Anm. 86, S. 471).

102 Vgl. S. 123.

103 A. Freiherr von Reitzenstein, Die Festung Ingolstadt König Ludwigs I., in: Ingolstadt II, S. 359–395.

104 M. Spindler, Briefwechsel zwischen Ludwig I. von Bayern und Eduard von Schenk, 1823–1841, München 1930, S. 224.

105 Siehe S. 130.

106 Siehe S. 184.

107 Fuchs (s. Anm. 25), S. 15.

108 Fuchs (s. Anm. 25), S. 12 f.

109 Siehe S. 182.

Die Bilder der Stadt

1 Kataloge des Germanischen Nationalmuseums Nürnberg. Die deutschen Handzeichnungen, Band 1: Die Handzeichnungen bis zur Mitte des 16. Jahrhunderts, bearb. von Fritz Zink, Nürnberg 1968, S. 197, Nr. 157 (Hz. 2339). – S. Hofmann, Die älteste Ansicht Ingolstadts, in: Ingolstädter Heimatblätter 1969, S. 22–24.

2 Ebenda.

3 B. Röttger, Der Maler Hans Mielich, München 1925, S. 24, Abb. 2.

4 Röttger, in: Thieme-Becker, XXV, S. 212 f.

5 H. Lutz, in: M. Spindler, Handbuch der bayerischen Geschichte, II (1969), S. 330.

6 Ebenda, S. 331.

7 Röttger, in: Thieme-Becker, XXV, S. 212.

8 Vgl. S. Hofmann, Das Privilegienbuch der Stadt, in: Ingolstadt I, S. 425–452, hier S. 437.

9 F. Bachmann, Die alten Städtebilder. Ein Verzeichnis der graphischen Ortsansichten von Schedel bis Merian, Stuttgart 1965², S. 142.

10 Historia belli smalcaldici imprimis Lvdovici ab Avila commentariis de bello germanico opposita a dvce qvodam bellico forte ipso Sebastiano Scherttlino a Bvrtembach, qvia a parte protestantivm bello illi interfvit locis ex Avila in notis addvctis illustrata, accessit ejusdem Scherttlini commentarivs de rebus a se bello gestis, in: Scriptores rervm Germanicarvm, praecipve Saxonicarvm . . ., maximam partem collegit J0. Bvrchardvs Menckenivs, Tomvs III, Leipzig 1730, Sp. 1426 f.

11 K. Brandi, Kaiser Karl V. Werden und Schicksal einer Persönlichkeit und eines Weltreiches, Frankfurt 1979⁷, S. 462.

12 Burtembach (s. Anm. 10), Sp. 1429 f.

13 Reitzenstein, Die alte bairische Stadt des Drechslermeisters Jakob Sandtner, München 1967.

14 Siehe G. Stetters Einleitung in der Neuausgabe der Bairischen Landtaflen Philipp Apians: Peter und Philipp Apian, Leben und Wirken, München 1966, S. 5–23.

15 Hierfür steht das Werk Joh. Aventins: vgl. Neue Deutsche Biographie I, S. 469 f.

16 Z. B.: Peter Apian und Bartholomaeus Amantius, Inscriptiones sacrosanctae vetvstatis non illae qvidem Romanae sed totivs fere orbis svmmo studio ac maximis impensis terra marique conquisitae feliciter incipiunt, Ingolstadt 1534.

17 Vgl. die Abbildungen in der in Anm. 14 gen. Einleitung zur Neuausgabe der Bairischen Landtaflen Philipp Apians, S. 6–31.

18 Vgl. Reitzenstein, Die alte bairische Stadt, S. 8.

19 D. Hartig, Münchner Künstler und Kunstsachen, Nr. 773 in: Münchner Jahrbuch der bildenden Kunst, N. F. VIII, 1931. – Reitzenstein, Die alte bairische Stadt, S. 7.

20 Stadtarchiv Ingolstadt, I 3 a, 106.

21 Ebenda.

22 Hartig, Nr. 784; Reitzenstein, Die alte bairische Stadt, S. 7.

23 Reitzenstein, Die alte bairische Stadt, S. 8.

24 Vgl. Reitzenstein, Die alte bairische Stadt, Abschnitt Ingolstadt, S. 29–52.

25 Vgl. Abb. S. 38, 39.

26 Ebenda.

27 S. Hofmann, Eine im Ingolstadt des 16. Jahrhunderts außergewöhnliche Fassadenform, in: Ingolstädter Heimatblätter 1962, S. 47 f.

28 Vgl. hierzu: S. Hofmann, Die Ingolstädter Franziskanerkirche, in: Ingolstädter Heimatblätter 1975, S. 25–32.

29 Vgl. S. Hofmann, St. Moritz. Die Baumaßnahmen des 14. Jahrhunderts, in: Ingolstädter Heimatblätter 1977, S. 15 f., 19 f., 22 f.

30 Vgl. S. Hofmann, Franziskanische Tradition und Barock. Das Ingolstädter Franziskanerkloster im Spannungsfeld von franziskanischer Idee und Zeitgeist, in: Studia Historico-Ecclesiastica. Festgabe für Prof. Luchesius G. Spätling O. F. M., herausgegeben von I. Vázquez, O. F. M. (= Bibliotheca Pontificii Athenaei Antoniani), Rom 1977, S. 705–758, hier besonders S. 709–715.

31 Vgl. Abb. S. 45.

32 P. Jaeckel, Herzogskasten und Neues Schloß, in: Ingolstadt I, S. 221–260; S. Hofmann, Die Baugeschichte des Ingolstädter Schlosses im Spiegel der erhaltenen Baurechnungen Teil I, in: Sammelblatt des Historischen Vereins Ingolstadt, 88. Jahrg. (1979), S. 78–109, hier S. 86.

33 Jaeckel, ebenda, Hofmann, ebenda; Th. Straub, Herzog Ludwig der Bärtige und das Neue Schloß in Ingolstadt, in: Sammelblatt des Historischen Vereins Ingolstadt, 81. Jahrg. (1972), S. 45–57.

34 R. Fuchs, Die Befestigung Ingolstadts bis zum 30jährigen Krieg, Würzburg–Aumühle, 1939, S. 12 f.

35 Vgl. Abb. S. 48, 49.

36 H. Brunner: Die Kunstschätze der Münchner Residenz, herausgegeben von A. Miller, München 1977, S. 81 f.

37 Ebenda.

38 B. Volk-Knüttel, Wandteppiche für den Münchener Hof nach Entwürfen von Peter Candid, München 1976.

39 Ebenda, S. 140–142.

40 Ebenda, S. 140.

41 Wittelsbach und Bayern. Um Glauben und Reich. Kurfürst Maximilian I. Band II/2, Katalog der Ausstellung 12. Juni–5. Oktober 1980. Herausgegeben von H. Glaser, München–Zürich 1980, S. 257, 266 f.

42 A. Euler, Die Geschichte der Buchdrucker und Verleger Ingolstadts, Ingolstadt 1957. – G. Stalla, Bibliographie der Ingolstädter Drucker des 16. Jahrhunderts, Baden-Baden 1971 ff.

43 S. Hofmann, Das Privilegienbuch der Stadt, in: Ingolstadt I, S. 425–452.

44 Vgl. H. Kuhn, Die Schweden vor Ingolstadt, in: Sammelblatt des Historischen Vereins Ingolstadt, 50. Jahrg. (1931), S. 79–142; ders., Obrist Graf von Fahrensbach, ebenda, S. 35–68 – O. Kleemann, Geschichte der Festung Ingolstadt bis zum Jahre 1815, München 1883, S. 68–75.

45 Kuhn, Die Schweden vor Ingolstadt, S. 113, 129. – S. Hofmann, Das Privilegienbuch der Stadt, in: Ingolstadt I, S. 425–452, hier 443. – H. Kuhn, Die Alt-Ingolstädter Maler, in: Sammelblatt des Historischen Vereins Ingolstadt, 56. Jahrg. (1938), S. 1–58, hier S. 25.

46 J. Benzing, Die Buchdrucker des 16. und 17. Jahrhunderts im deutschen Sprachgebiet, Wiesbaden 1963, S. 343.

47 G. Pfeiffer, Nürnberg – Geschichte einer europäischen Stadt, München 1971, S. 275.

48 Thieme-Becker XVII, S. 376–379.

49 Johann Bapt. Götz, Beiträge zur ältesten Geschichte Ingolstadts, in: Sammelblatt des Historischen Vereins Ingolstadt, 41. Jahrg. (1922), S. 1–82, hier S. 30.

50 Th. Straub, Die Hausstiftung der Wittelsbacher in Ingolstadt, in: Sammelblatt des Historischen Vereins Ingolstadt, 87. Jahrg. (1978), S. 20–144. – S. Hofmann, Die liturgischen Stiftungen Herzog Ludwigs des Gebarteten für die Kirche zur Schönen Unserer Lieben Frau in Ingolstadt. Ein Beitrag zum Verhältnis von Liturgie und Hallenkirche, in: Sammelblatt des Historischen Vereins Ingolstadt, 87. Jahrg. (1978), S. 145–266.

51 Hofmann, ebenda, S. 228 f.

52 Hofmann, Maria de Victoria – Nachruf auf die einstige Kirche der Kongregation Maria vom Sieg, in: Sammelblatt des Historischen Vereins Ingolstadt, 85. Jahrg. (1976), S. 81–137, hier S. 92–95.

53 Kuhn, Die Schweden vor Ingolstadt, S. 129. – Hofmann, a. a. O., S. 100.

54 Vgl. hierzu, I. Wittek, Die Statthalter der Wittelsbacher in Ingolstadt von 1549 bis 1626 nach den Ratsprotokollen im Stadtarchiv Ingolstadt und den Gerichtsliteralien im Staatsarchiv für Oberbayern (Abgrenzung ihrer Kompetenzen gegenüber den städtischen Freiheiten), Zulassungsarbeit 1968, Pädagogische Hochschule München (ein Exemplar im Stadtarchiv Ingolstadt).

55 F. X. Ostermair in: Sammelblatt des Historischen Vereins Ingolstadt, 2. Jahrg. (1877), S. 4.

56 Ebenda, S. 75.

57 Vgl. J. B. Götz, St. Moritz in Ingolstadt. Kirche und Pfarrei, in: Sammelblatt des Historischen Vereins Ingolstadt, 47. Jahrg. (1928), S. 1–112, hier S. 45.

58 Vgl. Porträtstiche im Stadtarchiv Ingolstadt (I, 66; I, 143).

59 Ostermair, a. a. O. (wie Anm. 55), S. 10.

60 C. Prantl, Geschichte der Ludwig-Maximilians-Universität in Ingolstadt, Landshut, München, I und II, München 1872, hier II, S. 503.

61 Prantl, II, S. 504.

62 Prantl, II, S. 499.

63 Ostermaier (s. Anm. 55), S. 118.

64 Prantl, I, S. 502.

65 S. Hofmann, Das Hochaltarbild Franz Geigers in Maria de Victoria und ein Altarbild von Gerhard Seghers, in: Sammelblatt des Historischen Vereins Ingolstadt, 86. Jahrg. (1977), S. 84 f.; S. Hofmann, Miscellanea zur Geschichte der Ausstattung des Ingolstädter Münsters, in: Sammelblatt des Historischen Vereins Ingolstadt, 85. Jahrg. (1976), S. 32–48, hier 42 f.

66 F. X. Ostermair, Führer durch Ingolstadt, Ingolstadt 1896, S. 47.

67 Thieme-Becker, XV, S. 449.

68 Zur Geschichte des Klosters Gnadenthal: M. J. Hufnagel, Das Franziskanerinnenkloster in Ingolstadt zum Gnadenthal, in: Bavaria Franciscana Antiqua V, München, 1961, S. 225–340. – A. Schickel, Festschrift zum 700jährigen Jubiläum des Klosters St. Johannes im Gnadenthal zu Ingolstadt an der Donau 1276–1976, Ingolstadt 1976.

69 im Text des Kupferstichs.

70 G. Stetter, Michael Wening. Der Kupferstecher der Max-Emanuel-Zeit (Kat. Münchner Stadtmuseum), München 1977, S. 22 f., 118 f.

71 B. Lins, Geschichte des ehemaligen Augustiner- und jetzigen (unteren) Franziskaner-Klosters in Ingolstadt, in: Sammelblatt des Historischen Vereins Ingolstadt, 39. Jahrg. (1939), S. 1–183.

72 Vgl. S. 148, 149, 165.

73 Vgl. S. 148, 149.

74 Antiquarius des Donau-Stroms oder Ausführliche Beschreibung dieses berühmten Stroms von seinem Ursprung und Fortlauf, bis er sich endlich in das schwarze Meer ergießet; nebst allen daran liegenden Festungen, Städten, Marktflecken, Dörfern, Klöstern und hineinfallenden Flüssen bis ins verflossene 1784. Jahr accurat beschrieben. Zum Nutzen der Reisenden und andern Liebhabern zusammen getragen und ans Licht gestellet von J. H. D. Mit zwey Landcharten, Frankfurt am Mayn, 1785, S. 174 f.

75 Stetter (s. Anm. 70), S. 127.

76 Stadtarchiv Ingolstadt, Kammerrechnung 1698, S. 48.

77 Stetter (s. Anm. 70), S. 53.

78 Stadtarchiv Ingolstadt, Ratsprotokoll.

79 Trotz späteren Erscheinens des Werks.

80 S. Hofmann, Schicksale zweier Professorenhäuser während des 18. Jahrhunderts. Die Häuser Johann Adam Ickstatts und Heinrich Palmaz Levelings, in: Ingolstädter Heimatblätter 1974, S. 25–28, 31 f.

81 Vgl. hierzu den Baubestand, den das große Stadtmodell von J. Sandtner von 1572/3 zeigt. Siehe S. 46.

82 E. Lang, Ballhaus und Reitschule, zwei Bauten im Umkreis der Universität Ingolstadt, Zulassungsarbeit an der Pädagogischen Hochschule München, Masch. Sch. 1971 (ein Exemplar im Stadtarchiv Ingolstadt).

83 Ebenda.

84 Stetter (s. Anm. 70), S. 97.

85 S. Hofmann, Prinz Eugens Einzug in Ingolstadt. Ereignisse in der Stadt während des Spanischen Erbfolgekrieges, in: Ingolstädter Heimatblätter 1976, S. 9–12, 15–16.

86 H. Bleibrunner, Anton Wilhelm Ertl: Kur-Bayerischer Atlas, Passau 1968, S. 21.

87 Ebenda, S. 21.

88 Ebenda, S. 25.

89 Ebenda, S. 31.

90 Ebenda.

91 Über Friedrich Bernhard Werner vgl. J. Maß – S. Benker, Freising in alten Ansichten, Freising 1976, S. 73 f.

92 Ebenda.

93 S. Hofmann, Maria de Victoria: Nachruf auf die einstige Kirche der Kongregation Maria vom Sieg, Teil II, in: Sammelblatt des Historischen Vereins Ingolstadt, 86. Jahrg. (1977), S. 174–213, hier S. 178 f.

94 Hofmann, ebenda, S. 179.

95 Ebenda, S. 179, Vgl. auch S. Hofmann, Maria de Victoria: Nachruf auf die einstige Kirche der Kongregation Maria vom Sieg, Teil I, in: Sammelblatt des Historischen Vereins Ingolstadt, 85. Jahrg. (1976), S. 81–137, hier S. 85 f.

96 S. Hofmann (wie Anm. 93), Teil II, S. 177.

97 Ebenda, S. 179.

98 S. Hofmann, in: Die Stadt Ingolstadt an der Donau. Ein Heimatbuch, München 1563, S. 14 f. – H. Freilinger, Historische Lagebeziehungen – Präurbane Strukturen – Ausprägung der Urbanität, in: Ingolstadt I, S. 69–119, hier S. 86.

99 S. Hofmann, Die Bekrönung des Ingolstädter Pfeifturms, in: Ingolstädter Heimatblätter 1976, S. 21 f.

100 Hofmann (wie Anm. 95), Teil I, S. 97.

101 Ebenda, S. 93, 99.

102 Euler (wie Anm. 42), S. 21 f.

103 [J. N. Mederer,] Geschichte des uralten königlichen Maierhofes Ingoldestat, itzt der königl. baierischen Hauptstadt Ingolstadt, Ingolstadt 1807, S. 281.

104 F. X. Buchner, Archivinventare der katholischen Pfarreien in der Diözese Eichstätt, München und Leipzig 1918, S. 675.

105 Th. Straub, Herzog Ludwig der Bärtige von Bayern-Ingolstadt und seine Beziehungen zu Frankreich in der Zeit von 1391 bis 1415, Kallmünz 1965; S. Hofmann, Templum academicum – Die Kirche zur Schönen Unserer Lieben Frau. Materialien zur Geschichte der Ausstattung des Ingolstädter Münsters, in: Sammelblatt des Historischen Vereins Ingolstadt, 81. Jahrg. (1972), S. 140–195, hier S. 186.

106 Vgl. F. X. Buchner (wie Anm. 104), S. 675 u. a.

107 Buchner (wie Anm. 104), S. 291.

108 F. X. Buchner, Das Bistum Eichstätt, Historisch-statistische Beschreibung auf Grund der Literatur, der Registratur des Beschöflichen Ordinariats Eichstätt sowie der pfarramtlichen Berichte, I, Eichstätt 1937, S. 664.

109 Ebenda.

110 S. Hofmann, Aus Glanzzeiten Franz Stickls, in: Donau Kurier 5. Okt. 1978, Nr. 225, S. 9. Cornelia Stötzle, Der bayerische Kirchenmusiker Franz Stickl. Sein Leben und seine Meßkompositionen, Zulassungsarbeit für Musikerziehung an Gymnasien, Hochschule für Musik, München, Maschinenschr. 1980 (ein Exemplar im Stadtarchiv Ingolstadt).

111 Hofmann, ebenda.

112 Der entsprechende Aktenvorgang liegt im Diözesanarchiv Eichstätt.

113 Lins (s. Anm. 71), S. 1.

114 B. Rupprecht, Akzente im Bau- und Kunstwesen Ingolstadts von der Ankunft der Jesuiten bis zum hohen 18. Jahrhundert, in: Ingolstadt, II, S. 217–298, hier S. 288–295. – S. Hofmann, Wie man mit nichts baut: Zur Baugeschichte der im Krieg zerstörten Ingolstädter Augustinerkirche, in: Ingolstädter Heimatblätter 1965, S. 9–11, 13–15. – Photos der zerstörten Kirche und ihrer Fresken im Stadtarchiv Ingolstadt.

115 B. Lins, Geschichte des früheren (oberen) Franziskaner-Klosters in Ingolstadt, in: Sammelblatt des Historischen Vereins Ingolstadt, 37. Jahrg. (1918), S. 1–122, hier S. 34.

116 Universitätsbibliothek München. Vgl. Lins, ebenda, Anm. 2. Siehe Kat. 73.

117 Lins, ebenda, S. 41.

118 Melchior Puchner war damals der führende Maler in Ingolstadt. Über seinen Stil sind wir einigermaßen gut unterrichtet. Vgl. Rupprecht (wie Anm. 114), S. 240–247. – S. Hofmann, Zum Werk Ingolstädter Freskenmaler des 18. Jahrhunderts, in: Sammelblatt des Historischen Vereins Ingolstadt, 82. Jahrg. (1973), S. 156–184, hier S. 156–175.

119 Vgl. Lins, (wie Anm. 115), S. 34, Anm. 2.

120 Hofmann, Maria de Victoria, Teil II (s. Anm. 93), S. 201.

121 Hofmann, Maria de Victoria, Teil I (s. Anm. 95), S. 89–92, 237, 100.

122 Hofmann, Maria de Victoria, Teil I (s. Anm. 95), S. 174–177, 183.

123 Hofmann, Maria de Victoria, Teil I (wie Anm. 95), S. 100–102.

124 Hofmann, ebenda, S. 81 f.

125 Ebenda, S. 92–100.

126 Lins (wie Anm. 115), neben S. 60.

127 Rupprecht (wie Anm. 114), hier S. 223–232. – S. Hofmann, Zuccallis Pläne eines Neubaues der Ingolstädter Universität, in: Ingolstädter Heimatblätter 1962, S. 41–44, 46 f. – S. Hofmann, Die Alte Anatomie in Ingolstadt. Ihr Schicksal als Institution und Gebäude (= Neue Münchner Beiträge zur Geschichte der Medizin und Naturwissenschaften, Medizinhistorische Reihe V), München 1974, S. 10–13. – Kat. Pl. Nr. 2.

128 S. Hofmann, ebenda.

129 Hofmann, ebenda, S. 25–51.

130 Hofmann, ebenda, S. 13–24 und Abb. 6.

131 Hofmann, ebenda, S. 52. Vgl. Parnassus Boicus, Oder Neueröffneter Musen – Berg, Sibende Unterredung, München 1723, S. 247–257.

132 Z. B. G. Freiherr von Pölnitz, Die Matrikel der Ludwig-Maximilians-Universität Ingolstadt-Landshut-München, II/1, München 1939, Sp. 687; II/2, München 1940, Sp. 1044. Über die Familie Kottulinski vgl. auch: Zittauer Tagebuch Mai 1800 (S. 68 f.)

133 Hofmann (wie Anm. 85).

134 Thieme-Becker, XXIV, S. 338.

135 Kleemann (wie Anm. 44), S. 105.

136 S. Hofmann, Blattern-, Brech- und Siechenhäuser in Ingolstadt, in: Ingolstädter Heimatblätter 1965, S. 1 f., 5 ff., 12, 15 f., 19, 23 f., 27 f., 31 f., 35.

137 Kleemann (s. Anm. 44), S. 105 f.

138 Kleemann, ebenda, S. 106; Hofmann (wie Anm. 85).

139 Ebenda.

140 S. Hofmann, Ingolstädter Bauern und Baumannschaft vor 1800, in: 600 Jahre Wallfahrt Bettbrunn 1378–1978, S. 9–20, hier S. 19 f.

141 J. A. Schultes, Donau-Fahrten. Ein Handbuch für Reisende auf der Donau, I, Wien 1819.

142 J. Hofmiller, Ingolstadt, in: Bayerischer Hauskalender, Jahrgang 1928, S. 115–122, hier S. 116.

143 Antiquarius (s. Anm. 74), S. 179.

144 Baierns Universität kann nicht nach Ingolstadt versetzt werden, Frankfurt und Leipzig 1801, S. 14.

145 Schultes (s. Anm. 141), S. 196.

146 Lipowsky, Bürger-Militär Almanach für das Königreich Baiern 1810, München 1810, S. 84–97; hier S. 97; zu den 4291 Bewohnern der Stadt kamen noch 969 Bewohner des Burgfriedens.

147 E. Lacroix, Klenzes Tätigkeit an der Festung zu Ingolstadt, Karlsruhe 1931, S. 11; J. C. Riedl, Der Festungsbau von Ingolstadt unter Ludwig I., in: Sammelblatt des Historischen Vereins Ingolstadt, 48. Jahrg. (1929), S. 25–52, hier S. 30; Allgemeine

Militärgeschichte der Festung Ingolstadt, II. Teil (1826–1855), Masch.Schr. (Stadtarchiv Ingolstadt).

148 Allgemeine Militärgeschichte der Festung Ingolstadt, II, S. 1.

149 Lacroix, (s. Anm. 147), S. 11.

150 Allgemeine Militärgeschichte der Festung Ingolstadt, II, S. 12.

151 Vgl. Riedl (s. Anm. 147).

152 Vgl. hierzu: Die Festung Tilly-Ingolstadt unter Ludwig I., König von Bayern, Ingolstadt 1829. – Programm für die Feierlichkeiten der Grundsteinlegung zum Festungsbau auf dem rechten Donauufer Ingolstadt, Ingolstadt 1828. – Ein Sammelband des Stadtarchivs Ingolstadt (in Milit. 5) enthält weitere Beilagen wie die Ansprache des Eichstätter Bischofs Johann Friedrich Oesterreicher bei der Feldmesse, die Rede des Festungsbau-Direktors, des Ingenieur-Oberst von Streiter (»Wer Frieden will, muß zum Kriege gerüstet seyn. Der Friede, den Bayern wünschen kann, ist aber nicht sein Friede, sondern Teutschlands Friede«), das »National-Lied« »Gott erhalte unsern König Ludwig« des Pfarrers von St. Moritz, H. Scheifele, sowie die »Dank-Adresse an Seine Königliche Majestät« der Stadtgemeinde Ingolstadt.

153 Programm (s. Anm. 152), S. 16.

154 Lacroix (s. Anm. 147), S. 17 f.

155 Riedl (s. Anm. 147), S. 37.

156 Einzelbelege bei Lacroix (wie Anm. 147).

157 Lacroix (s. Anm. 147), Abb. 12–15.

158 Unterlagen im Stadtarchiv Ingolstadt.

159 Allgemeine Militärgeschichte der Festung Ingolstadt (wie Anm. 147), II, S. 64.

160 Ebenda, S. 45 f.

161 Ebenda, S. 46.

162 Ebenda, S. 47.

163 Stadtarchiv Ingolstadt III 7.

164 Allgemeine Militärgeschichte der Festung Ingolstadt (s. Anm. 147), II, S. 66.

165 Einzeluntersuchungen liegen bis jetzt nur für einzelne Jahre vor. Vgl. P. Maschek, Die Ingolstädter Festung im 19. Jahrhundert unter besonderer Berücksichtigung der geographischen Herkunft der Festungsarbeiter in den Jahren 1859–1877. Ein Beitrag zur Fluktuation der Arbeiterschaft im 19. Jahrhundert. Masch. Zulassungsarbeit an der Pädagogischen Hochschule Eichstätt, 1968 (ein Exemplar im Stadtarchiv Ingolstadt).

166 Stadtarchiv Ingolstadt.

167 [F. Koislmeier,] Dem Donautor zur letzten Ehre, in: Ingolstädter Heimatblätter 1949, S. 9 f.

168 Die Musik in Geschichte und Gegenwart, XII, Sp. 1476.

169 Eine Untersuchung über diese Tondichtung durch B. Gellermann ist in Druck (Sammelblatt 1981).

170 P. E. Rattelmüller, Adolf Scherzer, in: P. Leuschner, anno domini, Mainburg 1976, S. 69–76.

171 Maximilian Schmidt, Meine Wanderung durch 70 Jahre. Autobiographie, in: Gesammelte Werke XXI, S. 171–193, S. 176.

172 Ebenda, S. 177.

173 Ebenda, S. 182–185.

174 Maximilian Schmidt, Die Bärenritter, in: Gesammelte Werke XXIX, S. 98–135, hier S. 106.

175 Schmidt, Meine Wanderung (s. Anm. 171), S. 174.

176 Schmidt, Die Bärenritter (s. Anm. 174).

177 Schmidt, ebenda, S. 99.

178 Personalakt im Kriegsarchiv München.

179 F. X. Ostermair, Führer durch Ingolstadt, Ingolstadt, 1896, S. 51.

180 Stadtarchiv Ingolstadt, III 3 g.

181 Ostermair (s. Anm. 179), S. 50.

182 Ostermair, a. a. O., (s. Anm. 179), S. 50.

183 S. Hofmann, August Graf von Platens Schmähung Ingolstadts, in: Ingolstädter Heimatblätter 1969, S. 41–43.

184 Thieme-Becker XXX, S. 100.

185 L. Bechstein, Die Donau-Reise und ihre schönsten Ansichten. Mit mehr als 100 Stahlstichen der berühmtesten Künstler. Herausgegeben und bevorwortet von J. Meyer, I, Bibliographisches Institut in Hildburghausen, Amsterdam, Paris, Philadelphia [Vorwort von 1838], S. 20.

186 E. Duller, Die Donau, in: Das malerische und romantische Deutschland, Leipzig 1840 bis 1860, S. 179.

187 O. L. B. Wolff: Die Donau, beschrieben von Oscar Ludwig Bernhard Wolff, illustriert von W. Henry Bartlett, Leipzig 1843, S. 28–30.

188 W. Beattie, The Danube by William Beattie, M. D. Illustrated in a Series of Views taken Expressly for THIS WORK by W. Henry Bartlett, London 1844, S. 27–29.

189 H. Durand, Le Danube Allemand et l'Allemagne du Sud, Tours 1863, S. 111.

190 L. Bechstein (wie Anm. 185), S. 190.

191 Meyer's Universum oder Abbildung und Beschreibung des Sehenswerthesten und Merkwürdigsten der Natur und Kunst auf der ganzen Erde, XV, Hildburghausen und New York, 1852, Tafel DCLXVI.

192 Ebenda, S. 18.

193 G. Freiherr von Pölnitz, Denkmale und Dokumente zur Geschichte der Ludwig-Maximilians-Universität Ingolstadt, Landshut, München; München 1942, S. 73. – Zur ersten Orientierung: Allgemeine Deutsche Biographie, L III, 1907, S. 729–731. – Eine Monographie über Schafhaeutl bereitet Wilhelm Ernst, Ingolstadt, vor.

194 Sammelblatt des Historischen Vereins Ingolstadt, 15. Jahrg. (1890), S. 59.

195 K. E. Schafhaeutl, Topische Geschichte (Kat. 139), Tafel III und IV.

196 Ebenda, Tafel IV.

197 Ebenda, Tafel VI.

198 Ebenda, Tafel X.

199 Über das Georgianum und seine Erweiterungsbauten vgl. außer den Angaben in Schafhaeutls Topischer Geschichte: A. Schmid, Geschichte des Georgianums in München, Regensburg 1894. In Abb. 125 (Tafel XI) ist das Georgianum mit »d« bezeichnet.

200 In Abb. 124 (Tafel X) mit »d«, in Abb. 125 (Tafel XI) mit »e« ausgewiesen.

201 In Abb. 124 (Tafel X) mit »e« bezeichnet.

202 Tafel XI.

203 Tafel XII.

204 Über Nicolaus Thaddäus Gönner vgl. Neue Deutsche Biographie VI, S. 518 f.

205 Vgl. die ungezählten Ausfälle Prantls gegen die Jesuiten in: C. Prantl, Geschichte der Ludwig-Maximilians-Universität in Ingolstadt, Landshut, München, I und II, München 1872.

206 Wie man gelegentlich irreführend auch in neuerer Literatur lesen kann.

207 Schafhaeutl, Topische Geschichte, Tafel XIII.

208 Ebenda, Tafel XIV.

209 Vgl. zur frühen Geschichte des Ingolstädter Jesuiten-kollegs vor allem: B. Duhr, Geschichte der Jesuiten in den Ländern deutscher Zunge im XVI. Jahrhundert, I, Freiburg 1907, S. 611–615.

210 Schafhaeutl, Topische Geschichte, Tafel XV.

211 Ebenda, Tafel XVI.

212 Ebenda, Tafel XVII.

213 Ebenda, Tafel XIX.

214 Ebenda, Tafel XX.

215 Ebenda, Tafel XXI.

216 Ebenda, Tafel XXII.

217 Ebenda, Tafel XXIII. Den Herzogskasten zeigen die Tafeln XXIII (s. Abb. 135), XXIV (s. Abb. 137), XXV (s. Abb. 136), das Neue Schloß die Tafeln XXVI (s. Abb. 138) und XXVII (s. Abb. 139).

218 Zu Jungbauer vgl.: Die Musik in Geschichte und Gegenwart, VII, Sp. 386 f.

219 S. Hofmann, Die liturgischen Stiftungen Herzog Ludwigs des Gebarteten für die Kirche zur Schönen Unserer Lieben Frau in Ingolstadt. Ein Beitrag zum Verhältnis von Liturgie und Kirche, in: Sammelblatt des Historischen Vereins Ingolstadt, 87. Jahrgang (1978), S. 145–266, hier S. 216–218.

220 Vgl. P. B. Lins O. F. M., Geschichte des ehemaligen Augustiner- und jetzigen (unteren) Franziskaner- klosters in Ingolstadt, in: Sammelblatt des Historischen Vereins Ingolstadt, 39. Jahrg. (1919), S. 1–183.

221 Vgl. M. I. Hufnagel, Das Franziskanerinnenkloster in Ingolstadt zum Gnadenthal, in: Bavaria Franciscana Antiqua V, München 1961, S. 225–340. –

A. Schickel, Festschrift zum 700jährigen Jubiläum des Klosters St. Johannes im Gnadenthal zu Ingolstadt an der Donau 1276–1976, Ingolstadt 1976.

222 Im Schatten blieb z. B. der ehemalige Kongregations- saal Maria de Victoria, die Hl.-Kreuz-Kirche wurde schließlich abgebrochen, die Bürgerkongregations- kirche Maria de Victoria südlich des Münsters profaniert.

223 Ritter Gerstner, Die Stadtpfarrkirche zu Unserer lieben schönen Frau in Ingolstadt, Ingolstadt 1840.

224 J. Gerstner, Geschichte der Stadt Ingolstadt in Oberbayern, München 1853.

225 Die neue Evangelische Kirche in Ingolstadt, Nürnberg 1847. – H. Saalfeld, Erst aus der Kirche kam das Heimatrecht, in: Ingolstädter Heimatblätter 1968, S. 13, 16, 19 f., 23 f., 27 f.

226 Wolff (s. Anm. 187), S. 30.

227 B. Rupprecht (s. Anm. 114), hier S. 288–295. – Hofmann (wie Anm. 114).

228 Stadtarchiv Ingolstadt, Akt G. Schröpler.

229 Vgl. Hofmann, Die Alte Anatomie (wie Anm. 127), S. 10–13. – S. Hofmann, Die Ingolstädter Universitätspläne Veit Haltmayrs vom Jahre 1774, in: Ingolstädter Heimatblätter 1973, S. 33–35. – Die Angaben von Schafhaeutl, Topische Geschichte, Grundrißplan von 1677 (bis zum Jahre 1753; Tafel VI), Grundrißplan von 1753 (bis zum Jahre 1800;

Karl Tinti: Blick auf die ehemalige Augustinerkirche, St. Moritz und Herzogskasten (Kat. 282).

Tafel VII). Schafhaeutl in der Legende von Tafel VII: »Im Jahre 1750 bei der Restauration des Gebäudes, das von den Oesterreichischen bald als Caserne benützt worden war, wurde das Sacellum Sanctae Catharinae aus der linken Ecke des Gebäudes in die Mitte der Fronte verlegt und der Eingang bei a) an der westlichen Seite angebracht, wo früher die Kapelle war.«

230 Ebenda.

231 Duhr (s. Anm. 209), S. 612.

232 Sammlung von Baumeisterplänen im Stadtarchiv Ingolstadt.

233 Vgl. die Angaben von Schafhaeutl, Topische Geschichte, Tafel XV.

234 Vgl. die Angaben von Schafhaeutl, Topische Geschichte, Tafel XV.

235 Bayer. Hauptstaatsarchiv München, Abtl. Kriegsarchiv, Plansammlung Ingolstadt Nr. 1037.

236 Berühmt ist sein »Cantatum satis est: frangito barbiton!« Dieses Bekehrungserlebnis von 1623 rechnet Hubensteiner »zu den Leitbildern der bayerischen Barocklegende« (B. Hubensteiner, Vom Geist des Barock. Kultur und Frömmigkeit im alten Bayern, München 1978[2], S. 161).

237 Neue Deutsche Biographie I, S. 549. – E. Schäfer, Deutscher Horaz. Conrad Celtis. Georg Fabricius. Paul Melissus. Jacob Balde, Wiesbaden 1976, S. 113.

238 C. M. Haas, Das Theater der Jesuiten in Ingolstadt. Ein Beitrag zur Geschichte des geistlichen Theaters in Süddeutschland, Emsdetten 1958. Der wieder zum Leben erwachte große Tilly oder des großen Tilly Totenfeier von Jakobus Balde. In den Hauptzügen zum erstenmal übersetzt und erklärt von Dr. Joseph Böhm, München 1889, S. 130.

239 S. Hofmann, Ein bisher unbekanntes Porträt Bartholomäus Holzhausers im Ingolstädter Stadtmuseum, in: Ingolstädter Heimatblätter, 1976, S. 5–7.

240 Stadtarchiv Ingolstadt, Häuserblätter. – Es wäre auch denkbar, daß Joseph Dietrich eine Vorlage, die vor 1843 entstanden war, benützte.

241 E. Aichner, Die bayerische Landesfestung von 1800–1918, in: 20 Jahre Pionierbattaillon 10, Ingolstadt.

242 Allgemeine Militärgeschichte der Festung Ingolstadt. III. Teil. 1855–1873, Maschinenschr., Stadtarchiv Ingolstadt.

243 Alfred Quesnay de Beaurepaire, De Wissembourg à Ingolstadt (1870–1871), Souvenirs d'un capitaine prisonnier de guerre en Bavière, Paris 1891.

244 Ebenda, S. 76 f.

245 Ebenda, S. 137.

246 Ebenda, S. 138.

247 Ebenda, S. 145 f.

248 Ebenda, S. 250.

249 Ebenda, S. 97.

250 Ebenda, S. 170.

251 Ebenda, S. 173.

252 Aichner, a. a. O. (s. Anm. 241).

253 Alfred Quesnay de Beaurepaire (s. Anm. 243), S. 49.

254 Ebenda, S. 129, 187.

255 Ebenda, S. 269.

256 Ebenda, S. 281.

257 Ebenda, S. 293.

258 Allgemeine Illustrierte Zeitung, N. 2, S. 7.

259 S. Kat. 161.

260 J. Hofmiller, Ingolstadt, in: Bayerischer Hauskalender 1928, München, S. 115-122.

261 S. Wichmann, Franz von Lenbach und seine Zeit, Köln 1973, S. 20.

262 Vgl. die schriftliche Genehmigung für G. Schröpler, S. 159 f.

263 Akt G. Schröpler im Stadtarchiv Ingolstadt.

264 Abbruch des Feldkirchener Tors 1875, in: F. X. Ostermair, Führer durch Ingolstadt, Ingolstadt 1896, S. 16.

265 Ebenda, S. 14.

266 Stadtarchiv Ingolstadt, Häuserblatt. Dort nähere Hinweise. Ferner: Ostermair (s. Anm. 264), S. 42.

267 J. A. Schmeller, Bayerisches Wörterbuch, 1877, II., Sp. 511 f.

268 Ostermair (s. Anm. 264), S. 41.

269 Ostermair (s. Anm. 264), S. 41.

270 Ebenda, S. 42.

271 Hofmann, Schicksale zweier Professorenhäuser (s. Anm. 80).

272 S. Hofmann, Die Anfänge Ingolstadts als Stadt, in: Zeitschrift für bayerische Landesgeschichte, 32. Jahrg. (1969), S. 38–55, hier S. 40 f., 48.

273 Ostermair (s. Anm. 264), S. 27.

274 Ebenda. Vgl. auch H. Dotterweich, Der junge Maximilian. Jugend und Erziehung des bayerischen Herzogs und späteren Kurfürsten Maximilian I. von 1573 bis 1593, München 1962, S. 92.

275 Ostermair, Führer durch Ingolstadt, S. 27. – Vgl. auch S. Hofmann, Die Hochaltäre in Böhmfeld, Kleinmehring, Demling und Zuchering sowie die Altäre in Großmehring, in: Sammelblatt des Historischen Vereins Ingolstadt, 85 Jahrg. (1976), S. 149, hier S. 149–153, 222, 249.

276 Vgl. Grundriß S. 13 und Abb. 21, S. 41.

277 Ostermair (s. Anm. 264), S. 18. – R. Koller, Das Krankenhaus an der Schlößelstraße, in: Ingolstädter Heimatblätter 1967, S. 17–19, 21 f.

278 Ebenda.

279 Ebenda.

280 Hofmann, Die Alte Anatomie in Ingolstadt (s. Anm. 127). – Christa Habrich, Zur Geschichte des medizinischen Gartens und des botanischen Unterrichts in Ingolstadt, in: Jahrbuch des Deutschen Medizinhistorischen Museums Ingolstadt 1/1973–75, Ingolstadt 1975, S. 75–96.

281 Ebenda.

282 Laut Beschriftung des Blattes Kat. 119.

283 Ostermair (s. Anm. 264), S. 31.

284 Ostermair (s. Anm. 264), S. 10. – S. Hofmann, Theaterleben im alten Ingolstadt, in: Stadttheater Ingolstadt [Festschrift], Ingolstadt 1966, S. 60–77, hier S. 66 f. – S. Hofmann, Vier Jahrhunderte Ingolstädter Theatergeschichte, in: Das neue Theater in Ingolstadt [Beilage zum Donau-Kurier, 21. Jan. 1966, S. 10–15, hier S. 13].

285 H. Reidelbach, Bayern in Wort und Bild, München 1899, S. 151.

286 S. Hofmann, Das alte Rathaus zu Ingolstadt. Ein Werk Gabriel von Seidls, in: Ingolstädter Heimatblätter 1978, S. 37 f., 42, 45 ff.

287 Hofmann (s. Anm. 8), S. 447.

288 Ch. Dittmar, Karl August Tinti, in: Sammelblatt des Historischen Vereins Ingolstadt, 86. Jahrg., 1977, S. 95–96.

289 R. Hartmann, Das geliebte Haus. Mein Leben mit der Oper, München–Zürich 1975.

290 Hartmann, ebenda, S. 16.

291 Hartmann, ebenda, S. 9.

292 Günther Lutz, Die Stellung Marieluise Fleißers in der bayerischen Literatur des 20. Jahrhunderts, Frankfurt, Bern, Cirencester, 1979, S. 205, 162.

293 G. Rühle, Leben und Schreiben der Marieluise Fleißer aus Ingolstadt, in Marieluise Fleißer, Gesammelte Werke, I, Frankfurt 1972, S. 5–60, hier S. 13.

294 Vgl. Rühle, ebenda, S. 8–14.

295 Lutz (Anm. 292), S. 154.

296 Ebenda.

Register

Angesichts der nicht geringen Zahl von Ingolstadt-Ansichten, die nicht von professionellen Künstlern stammt, wurde darauf verzichtet, im Personenregister Künstler gesondert auszuwerfen. Ein Register der Objekte und Straßen soll der schnellen Orientierung über topographische Gegebenheiten dienen.

Personen

284

Orte

Objekte, Straßen

Karl Tinti: Blick auf Koboldblock, Pfeifturm und Glockenturm von St. Moritz (Kat. 280).

Abbildungsverzeichnis

Stadtarchiv Ingolstadt: Abb. 1, 2, 3, 4, 7, 8, 9, 10,
12, 16, 17, 18, 19, 20, 21, 22, 23, 24, 25, 26, 27, 28, 29,
30, 31, 33, 35, 36, 38, 40, 41, 42, 43, 44, 45, 46, 47, 48,
49, 51, 52, 53, 54, 55, 56, 58, 59, 60, 61, 62,
63, 64, 65, 66, 67, 68, 69, 70, 71, 72, 73, 74, 76, 77, 78, 79,
81, 82, 83, 84, 85, 86, 87, 88, 90, 94, 95, 96, 97,
98, 99, 100, 101, 103, 104, 105, 106, 107, 108, 109,
110, 111, 112, 113, 114, 115, 116, 117, 118,
119, 120, 140, 141, 142, 143, 144, 145, 146, 147, 148, 150,
151, 152, 153, 154, 155, 156, 157, 158, 159, 160,
161, 162, 164, 165, 166, 168, 169, 170, 171,
172, 173, 174, 175, 176, 177, 178, 179, 180, 181, 182, 183,
184, 185, 186, 187, 188, 189, 190, 191, 192,
193, 194, 196, 197, 198, 199, 200, 201, 202, 203,
204, 205, 206, 207, 208, 209, 210, 211, 212, 213, 214, 215,
216, 217, 218, 219, 220, 221, 222, 223, 224, 225,
226, 227, 228, 229, 230, 231, 232, 233, 234,
235, 236, 237, 238, 239, 240, 281, 289. Im Katalogteil:
Kat. 5, 35, 41, 42, 49, 54, 55, 56, 57, 59, 70, 71, 72, 80, 82,
84, 88, 89, 94, 97, 102, 104, 116, 118, 129, 133, 135,
137, 142, 143, 145, 154, 157, 158, 161, 164, 165, 166, 170,
173, 175, 176, 179, 183, 192, 195, 196, 199, 209, 211,
212, 213, 214, 215, 216, 217, 218, 219, 220, 222, 223, 224,
226, 231, 232, 233, 234, 235, 236, 239, 240, 241, 242,
243, 244, 245, 247, 257, 258, 260, 261, 263, 264, 267, 268,
269, 271, 272, 273, 274, 275, 276, 277, 278, 279,
280, 281, 283, 286, 288, 294, 295, 296, 297, 298, 299, 300,
305, 308, 310, 311, 312, 317, 319, 321, 324, 325, 326.
Universitätsbibliothek München: Abb. 121, 122, 123,
124, 125, 126, 127, 128, 129, 130, 131, 132, 133, 134,
135, 136, 137, 138, 139.
Germanisches Nationalmuseum Nürnberg: Abb. 5, 6,
89, 91, 92, 93, 195. Im Katalogteil: Kat. 24, 38, 87.
Bayerisches Hauptstaatsarchiv München: Abb. 13, 14, 15.
Staatsarchiv München: Abb. 80.
Bayerische Verwaltung der Staatl. Schlösser, Gärten
und Seen, München: Abb. 32, 39.
Staatsarchiv Neuburg: Abb. 11, photogr. Vorlage für
Umschlag.
Kriegsarchiv München: Abb. 102, 149.
Kunstsammlungen Veste Coburg: Abb. 57.
Verlag du Mont: Abb. 167.
Staatl. Graphische Sammlung München: Abb. 163.
Staatl. Münzsammlung München: Abb. 50.
Stadtarchiv München: Abb. 34.

Zu danken ist den im Katalog genannten Bibliotheken,
Sammlungen und Archiven, vor allem dem
Germanischen Nationalmuseum Nürnberg, der
Bayerischen Staatsbibliothek München, dem
Bayerischen Hauptstaatsarchiv München und der
Staatlichen Graphischen Sammlung München. Für
Hilfe und Hinweise bin ich im besonderen Frau
Dr. T. Seifert, Frau A. Marsch, Herrn Dr. A. Fauser und
Herrn W. Seitz zu Dank verpflichtet. Dank auch allen,
die Bilder zur photographischen Erfassung zur
Verfügung gestellt haben.   S. H.